名前が人を幸せにする！

姓名判断大全

THE COMPLETE ONOMANCY

運命学研究家　宮沢みち

はじめに

「姓名判断」という言葉は
だれでも聞いたことがあり、なじみがあると思います。
姓名判断の歴史をさかのぼると
古くは古代中国で陰陽五行や八卦(はっけ)などを組み合わせて行われ、
日本では平安時代には文字や音によって姓名の吉凶が占われ、
鎌倉時代くらいから画数にも注目されるようになったようです。
現在よくつかわれる81の総画数（1章）で
名前を判断する方法は意外に新しく、明治以降に流行(はや)ったものです。

その後も多くの占術者の方々が研究し、
実践を通して姓名判断の形ができたわけですが、
それは時代とともに変化し、そして今も変化し続けています。
むずかしい旧字も簡単な新字となって

人名に使える漢字も新しく改定されています。
また、吉凶の判断も社会状況により、その結果に違いもあります。
姓名判断は、まさに時代とともに進化しています。

姓名判断では、いろいろな角度から名前をみていきます。
名前全部、一文字一文字の画数を全部足した数字の
「総画」数（1章）で〝一生の運勢〟をみます。
また、（下の）名前の文字の画数を足した数字の「地格」（2章）で〝恋愛運〟を、
名字のいちばん下の文字と（下の）名前のいちばん上の文字の画数を足した数字の
「人格」（3章）で〝人間関係〟を、
名字のいちばん上の文字と（下の）名前のいちばん下の文字の画数を足した数字の
「極」（6章）で〝仕事運・将来〟をみることができます。
そして、五十音に宿る「音の響き」（4章）から
（下の）名前のいちばん上の文字でその人の持つ〝魂の性質〟、
五行思想の観点から五十音を5つに分類した「音の五行」（5章）から
（下の）名前のいちばん上の文字で〝家族との相性〟がわかります。

名前からわかる〔青木友里〕の場合

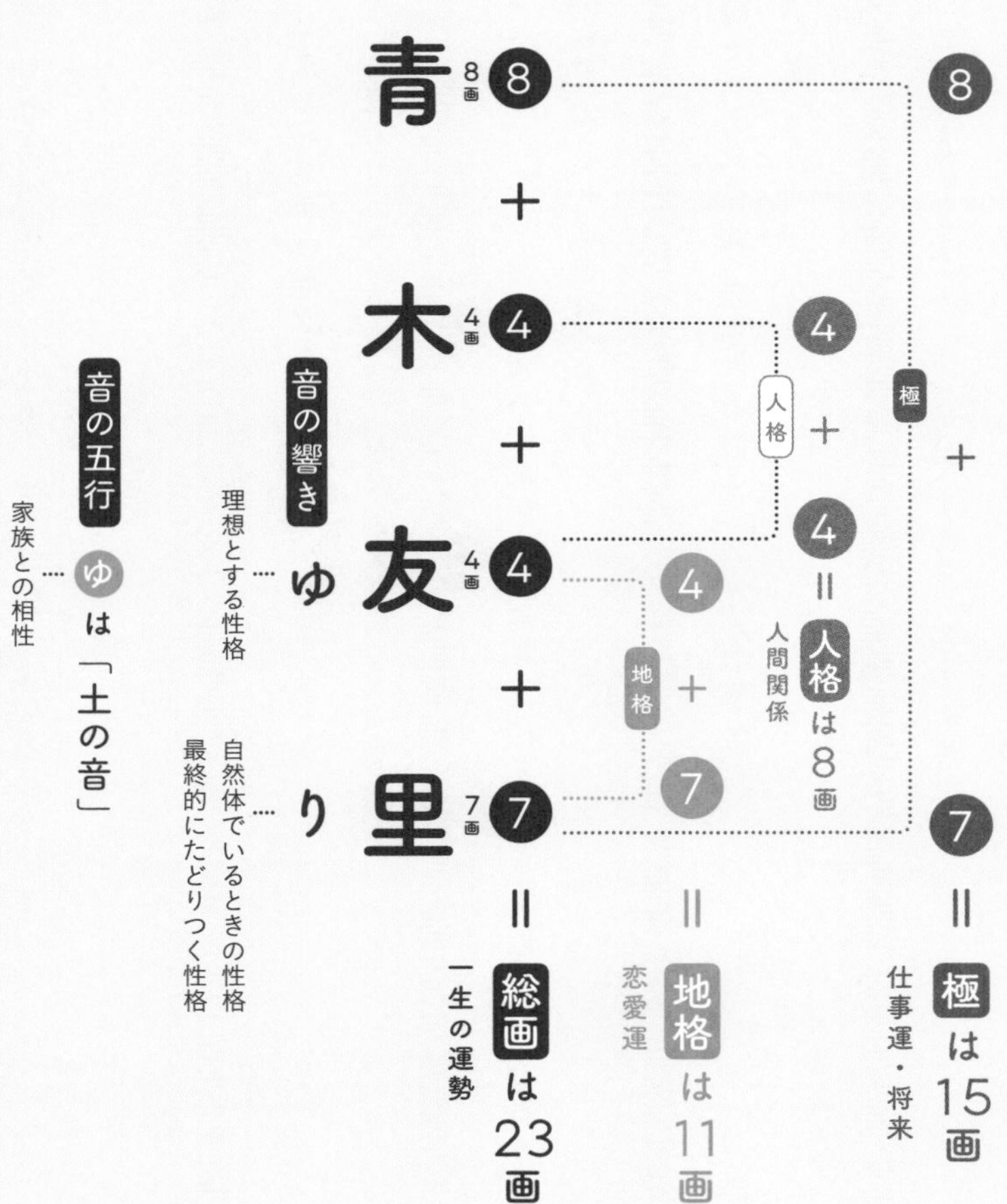

日々名前をつかい、何度も呼ばれ、それがあたりまえすぎて
自分の名前と真剣に向き合う機会はなかなかありません。
でも、名前は毎日、私たちの運命に影響を与え続けています。
名前には自分も親も知らない自分自身がそのまま表れており、
それを知ることは、自分のさらなる可能性を広げてくれます。
名前を知ることは、自分に与えられた天命を知ることです。

本書では、名前の持つ本当の力を知ってもらうために
長所だけではなく、短所もはっきりと記すようにしました。
短所も考え方しだい、努力しだいで魅力へと変わります。
自分の名前をよく知り、自分の名前を最大限に生かして
素晴らしい、あなたらしい人生を歩んでいってください。

名前には人を幸せに導くヒントがいっぱい詰まっています。
名前が、あなたを幸せにしてくれるのです。

宮沢みち

目次

序章 名前の力

1章 総画でみる一生の運勢

2章 地格でみる恋愛運

3章 人格でみる人間関係

4章 音の響きでみる魂の性質

5章 音の五行でみる家族の相性

6章 極でみる仕事運・将来

7章 印鑑で変える今後の運勢

巻末 五十音順 文字の画数

序章

名前の力

◆名前にはエネルギーがある

自分の名前について——、どうして自分はこの名前なんだろうと深く考える人はそういません。考える人がいたとしたら、この字が嫌いだとか、読み方がかわいくないとか、よほど気に入っていない場合くらいでしょう。たいていの人は、そういう名前ともう決まっているのだから、そこそこ気に入っているし、あえて考えてもどうしようもない、と名前について意外と無頓着です。

でもはたして、自分の名前について今さら考えてみたところで、別になんの意味もないことなのでしょうか。

試しに、自分の名前を紙に書いてください。そして、書いた名前をよーく見つめて、読み上げてみてください。目の前にある名前——、初めは文字の組み合わせで暗号のように見えていたものが、しだいに紙から浮き出てきて、なんとなく生きているように思えてきませんか。

実はそのとおり、名前というのはただ平面的な記号ではなく、今世でのあなたの人生をサポートしてくれるエネルギー体なのです。手相や人相と同じように、名前にはエネルギーの形、すなわち〝相〟があります。名前は今世での人生の方向性、災厄、引き寄せる人など、そのすべてを表しています。ただの文字と文字数の組み合わせが、命を持った私たちと合体したとき、名前自体も命を持ってとてつもないパワーが生まれるのです。その名前のパワーを自分の肉体と調和させ、上手に生かしていければ、人生、怖いものはなく、大きな波もうまく乗り越えていくことができるでしょう。

◆名前はすでに決められている

名前は、新しい命が誕生したとき、ほとんどの場合、親やその家族や親族、または家族が尊敬する人など、そばにいた人によってつけられます。

名前をつけた経験のある人ならわかると思いますが、名前をつける側に立ち、名前をつけるとき、「自分がこの赤ちゃんの名前を決めてしまっていいの？　一生この名前でこの子は生きるの？　この名前でいい人生を送れるの？」と必ずとまどいます。人の一生を左右する、こんな責任の重い作業であるにもかかわらず、あまりにも自由に名前というのを決めていいことに直面し、拍子抜けします。

また、なかには「簡単には決めないぞ、最高の名前をつけるんだから」と生まれるはるか前から、気合いを入れる人もいます。よさそうな名前をずらっと並べ、名字と照らし合わせているうちに、最終的に残った名前はとても少なく、そのなかでいちばんいいと思った名前も、本当にこの子に合っているのかなあ、これでいいのかなあと迷いに迷い、あげくの果てには、役所に届ける提出期日がきて、どうしても決めきれないと思ったときに、〝この子にはこの名前がいいんです〟と、ポンと何か自分の背中を押してくれる力が働いた感じでやっと決まります。

ところが、そうこうして名前が決定してしまえば、今度はその名前が、目の前に寝ている赤ちゃんにいちばんしっくりと合っているように思えて、あたかもその子にその名前がすでに決まっていたかのように思えてくるから不思議です。

そんなふうに名前をつけてみると、名前というのは、簡単に決まってもよーく考えてからつけても、結局のところ、見えない力というか〝縁〟によるところが大きいと感じます。自由に偶然つけられたように見える名前ですが、実はこの世に誕生するために肉体がつくられ始めたときから、名前もくっついてきていて、やはりその人にはその名前しかなく、すでに決まっているものなのです。

◆親も知らない名前の本当の働き

名前はとても奥深く、前世から決められていた今世での約束のようなものが織り込まれています。名前をつけた親は、名前の持っている表面的なところ、呼んだときにかわいい、漢字の印象がいいとか、そのときいいと感じた何かインスピレーションのようなもので名づけたと思いますが、名前はいろいろな角度から〝みる〟ことができ、名前の持つ力は名づけた親さえも知らないことが多いのも確かです。

そして怖いことに、親はみんな幸せになってほしい！と願いを込めてつけますが、名前は必ずしもそのとおりに働くわけでもなく、別の力を持っていたりします。

たとえば、「空（そら）」という名前の場合、親は大空のように広く羽ばたいてほしいと思ってつけたものかもしれません。しかし名前の動きは親の期待とは違って、空（くう）となり、肉体が空っぽになる、心だけになる意味合いも出てしまい、事故に巻き込まれたり、ケガをしやすくなったりします。同様に、たとえば、有希（ゆき）という名前も、逝き（ゆき）につながってしまい、名字や本人の持っているパワーしだいでは不運に見舞われかねません。

でも逆にいえば、親でも知らないような素晴らしい名前であることが多いのも事実です。名前というのは、ひとつの名前でもいろいろな側面を持ちます。名前の法則によって、名前をいろいろな角度からみていくことで、自分の無限の可能性を知ることができるわけです。

人の一生は短いものです。時間が限られています。できるかぎり早めに、自分の名前の持つ性質やパワーを知ることで、この先伸びるところや絶好のタイミングも知ることができ、迷いなく、自分の能力を最大限に発揮することができるのです。

◆いい名前の条件とは

名前をパッと見たとき、なんとなくその人を表すイメージがあります。華やかな名前、堅実そうな名前、やさしい名前と、名前からさまざまな印象を受けます。いい名前とは、本人の持っている名前の性質と本人の雰囲気が合っている名前のことです。

親は自分にないものを子どもに持たせたいと、すごくいい漢字をあてがったり、自分には足りないと思う、人生でこういうところがあったらいいのではないかという意味合いのある漢字を持ってきたりします。

ですから、名前を見て、その文字の意味することをまず重点的に大切にして生きるように心がければ、案外いい人生になります。その生き方が表れて、名前とぴったりの自分になることができれば、その人は幸せになれるのです。

しかし、せっかく名前に大切なことが記されているのに、まったく無視をしていたら人生は開けません。たとえば、「勤」という名前の人がまったく勉強も嫌い、働くのも嫌い、と名前に記された意味を無視して、心がけるべきことを放棄したとしましょう。名前に意味のある方面で努力をしない結果、社会からはじき出され、自分の人生に不満を持つことにつながってしまうのです。

基本的に、いい名前は読みやすく書きやすく、人にいい印象を与え、覚えてもらいやすいものです。人生が人との関わりで大きく左右されることから、いい名前というものが大きな役割を果たすわけです。

最近は親の気合いが入りすぎ、むずかしい読み方をしたり、当て字を多用したり、あえて画数の多いむずかしい漢字を並べたり、名前にこりすぎてしまう傾向があります。平凡を嫌ってのことでしょうが、その望みどおり、非凡で、相当努力しないと波瀾ばかりの人生になってしまいます。一度で読めず、何度も間違えられてしまうような名前もいい名前とはいえません。間違えるたびに訂正する作業自体に問題があり、間違えられて気持ちがいいはずもなく、間違えた相手とも気まずい関係となってしまいます。仮に、同じ能力を持っていたとしたら、だれからも愛されるような明るい印象を与える名前と読み間違われてばかりの小むずかしい名前とでは、まったく運気は変わってくるでしょう。

もし自分の名前について、全体のバランスや画数などに問題を感じていれば、セカンドネームを持つことをおすすめします。本書でいい画数や音の響きを調べて、自分が目指す方向に合った名前を持つのです。そうすることで、もとの名前の弱い部分もカバーされて人生も変化します。

◇同姓同名で運命が違うのはなぜ？

ここで問題になるのは、たとえ同じ名前でも、社会で成功する人もいれば失敗する人もいるということです。たとえば、北野武さんという人がいたとします。同姓同名でありながら、片方は世界的な有名人、片方は普通のサラリーマンということはあたりまえのようによくあります。

どうして同じ名前なのに、まったく違う人生を歩んでいるのか、名前が同じであれば同じ人生なのではないかと思われるのも当然でしょう。同じ名前でもまったく違う人生を歩む大きな理由は、各人それぞれ、もともと絶対的な宿命が違うこと、つまり、スタートラインが異なっているからです。生年月日が違う、生まれた家が違う、名づけられた本人の魂が違うなど、名前以外を取り巻く絶対条件が違ってくると、いくら同じ名前でも実際に歩む人生はそれぞれ違ってきます。

そんなことなら、名前なんか、なんの意味もないじゃないか、と思ってしまいそうですが、そうでもなく、名前には性質がきちんとあって、この部分は強い、この部分は弱い、人生の初めは好調で、晩年は厳しいなどといった一生の運勢のリズムなど一定の法則があり、そこは似ています。

あとは本人の持っている魂や今世での努力のしかたによって、名前のどういう部分がより強調されるのかで人生が変わってきます。世界的に有名になる人と、普通のサラリーマンになる人と、たとえ職業は違ったとしても、実は似たような人生の形を歩むといえるのです。

◆名前負けはするのか

よく「名前負け」という言葉を耳にしますが、名前がよすぎて人生がよくないようにいわれたりします。名前が立派なのにその人の人生がパッとしないことをいうわけですが、いい名前であれば、けっして負けることはなく、いい名前はいい名前なのです。ですから、いい名前を持っている人は喜ぶべきです。いい名前をつけた場合とあまりよくない名前をつけた場合では、いい名前をつけた人のほうが、もちろんよりよく生きています。いい名前でなかったら、「名前負け」の状態よりもっと負けばかりの人生というわけです。名前はよければいいに越したことはなく、人生を楽しんで生きていくことができます。

反対に、名前が凶、画数は悪い、音は悪い、バランスは悪いといわれた人で大成功している人も大勢います。名前というのはいろいろな側面を持っていますから、その人の生まれ持ったエネルギーが強く、うまく運用する術(すべ)さえあれば、凶と思われる激しい運の波も、チャンスに変えて乗りこなし、大躍進することがあるのです。

◆成功する人と成功しない人

成功する人は自分の長所や欠点をよく知っていて、マイナス面を補う努力をしています。客観的に自分の名前の特性を知ることで、自分の人生を自分でコントロールしていくことが可能となり、成功へ、幸せへと向かうことができます。

人の運命で、成功する人はいいことばかり起こっている、成功しない人は悪いことばかり起こっていると思われがちですが、そんなことはありません。成功する人でも、成功しない人と同じように災厄は起こります。

では、どこに成功する人と成功しない人の差があるのかというと、それは「悪いことが起こったときの切り抜け方」です。成功する人というのは、転んでもただでは起きないといわれるように、トラブルが発生したときに落ち着いて行動して解決し、ピンチをチャンスへ、さらなる飛躍へとつなげることができます。成功しない人というのは、ピンチが訪れたときにその波に飲み込まれ、人生を恨み、人を恨み、争いの心で何をやってもうまくいかなくなります。ですから、名前をよく熟知していれば、ピンチのときでも冷静に判断し、解決策を見つけることができるわけです。

◆名前を生かす方法

このように名前というのは、文字の組み合わせの結果、その文字自体が動き出し、人生に大きく作用します。自分の人生をさらに飛躍させたいと思ったら、まず、自分の名前をよく知ることです。

名前につかわれている文字、特に漢字の持つ意味はそのままズバリを表すので、自分の日常生活で毎日守るべきチェック項目と思って、気をつかってください。毎朝、自分の名前に記されたことをチェックすることで、人生をスムーズに送れ、自分を取り巻く環境が飛躍的によくなります。

本書を読んで、自分の名前の特性をよく把握してください。名前の長所と短所を知ってください。たとえば波瀾多く、事故が多い運を持つとわかれば、あらかじめ備えて無謀な運転はしない、危険なスポーツは避けるなど、自ら注意すれば大難は小難に、小難は無難に変えることができるのです。また、凶の運気を持つ人はその凶を自ら晴らすために、人が面倒だと思うこと、たとえばよく勉強したり、掃除したり、世の中のために尽くしたりすると、凶をかなり除くことができます。

また、性格的な短所、たとえば精神的に弱いとか、感情の起伏が激しいといったことがわかった場合は、まず、長所を最大限に伸ばす努力をすることから始めてみましょう。長所を伸ばすことを心がけると、欠点も少しずつカバーされ、最終的にムリなく、いい人生が歩めるようになります。

自分の名前を本当に生かしている人はまだまだ少ないですが、逆に成功している人ほど名前にこだわりがあり、名前を大切にしています。ダイヤモンドの原石と同じで、せっかく与えられた名前も、磨かないとその力を発揮しません。自分の名前をよく知り、愛して、磨いていけば、必ずいい人生になるでしょう。

1章

総画でみる
一生の運勢

◆誕生したときについた名前が一生を左右する

「画数なんて当たらないよ」という人がいるかもしれませんが、それは画数の一面だけをみているのにすぎません。数字には特性があって、画数によって、その数字の性質が異なります。同じ画数であれば、似た部分が必ずあるのです。

まず、総合的に人生全体の運勢の流れをみたいときは、「総画」から知ることができます。名字と名前の両方、名前全部の画数を足した数字が「総画」です。この画数はその人のキーナンバーでもあり、人生を切り開くうえでも重要な数字となります。

名前はほとんど変わることがありませんが、結婚をしたり、養子に入ったりすると名字が変わりますので、総画も変わってきます。当然のことながら、名前が本人に与える影響も変わり、人生が大きく変化します。ところが、その変化に柔軟に対応できない場合には、もとの名字に戻らされてしまうこともよくあります。離婚などがその例です。できれば、縁のあった名字なのですから、今までの自分のスタイルに固執せず、新しい自分になったつもりで、新しい総画の名前を受け入れられれば、新しい名前がさらにいい人生をもたらしてくれるでしょう。

とはいえ、もともと誕生したときにつけられた名前の影響が最も多く、一生を大きく左右します。吉数に生まれついていれば、たいてい、次に名前が変わるときにも吉数となります。

また、鑑定をしているとおもしろいことに、総画がいい人は、その家族や恋愛相手の総画もみんな吉数という現象によく出合います。特に画数を気にして名前をつけたわけでもなく、画数のいい人ばかりと付き合おうとしているわけでもないのに、自然といい画数の名前の人ばかりが集まりやすいのです。逆に、凶画の人の周囲には、出会う人も凶画の人が多くなります。"類は友を呼ぶ"といわれますが、名前の総画も同じで、運命の似た者どうしが集まりやすいのです。

◆吉凶の判断は数の持つ性質からきている

「総画」は全部で81画からなっています。なぜ81画かというと、1ケタの数1から9にひとつひとつ意味があり、それぞれを組み合わせると、9×9＝81となり、81通りの名前の意味がわかってくるわけです。また、最後の81画は1に戻って1画と同じ意味になり、それ以降82画は2画、83画は3画というように対応させます。

この81画は、流派によって若干違うものの、吉と凶はだいたい半分ずつです。一概に吉凶といっても、大吉から限りなく凶に近い吉も、大凶から限りなく吉に近い凶もあります。そもそも吉凶の判断は、数の持つ性質がもとになっています。

- 1は数の始まりですべての根源であり、天地自然の陰陽万物の母とされて「吉」。
- 2は天地が分かれて陰陽の2つの気を生じ、争いが起こるとされるので「凶」。
- 3は天人地の三才で、万物が生まれるとされるので「吉」。
- 4は分裂の2が2つ重なってできているので、破壊的な状態を意味して「凶」。
- 5は1から9までの真ん中の数で頂点の数であり、天地の中心の数なので「吉」。
- 6は極盛を過ぎて運気が下り坂になり始めた数ですが、まだ勢いはあるので「吉」。

・7は5の盛運に2の分裂数が加わったもの、また3の大吉数に4の分裂数が加わったものので陽の数でもあり、やや陰におかされて複雑な面を持つ数ですが「吉」。
・8は5という盛運に3の大吉数が加わったもので、反対に分裂数の4を2つ重ねた数でもありますが、強力な力を持つので「吉」。
・9は数の終極で9が屈曲の形をしていて極に達してつかえて曲がった形から行き詰まりの数で「凶」。
・10は9が極まった数で、次の11が始まる前の無を意味する数で「凶」。

1から9までは、5をてっぺんに山を描くように5までは上っていき、5を過ぎると下っていくカーブの線のようになっています。10の位も同様に50画になるまでは勢いがあり、大吉もいくつか出てきますが、それ以降は吉が多くなります。

81画における吉凶は、男女によっても判断は違ってきます。エネルギーが極端に過剰な数は女性には強すぎて、平凡に生きられないとするところから、男性にとっていい数字でも女性にとってよくないという画数があります。

◆「凶数」の考え方、生かし方

「総画」で幸運とされる画数は、一般社会で平穏無事に過ごしやすい、エネルギーの強さが適度に強い画数であり、余計な苦労をしないで成功する可能性が大きい数です。ただ、名前の画数81画のうち、凶も半分くらいあるわけですから、調べてみたら自分の名前は凶だったという人も多いでしょう。

凶というのは、エネルギーが過剰で衝突や困難ばかりを引き寄せる場合と、エネルギーが極端に弱すぎて体が弱く、根気が続かず、中途挫折になる場合と、大きく2つのパターンがあります。姓名判断は本人の肉体と名前との相性なので、エネルギーが強すぎる人であれば、分散させて人に尽くすようにすれば大成功する可能性もあります。逆に、エネルギーが弱すぎる人であれば、体をしっかり鍛えて精神的にも強くなる努力をすれば、運気は好転します。大吉でも大凶でも、成功はできるのです。

ただ、大吉の人と大凶の人が決定的に違うのは、大吉の人はひとたび成功すると、そのまま維持することができるのですが、大凶の人は1回成功したからといって成功に甘んじて怠けると一気に転落する危うさがあるところです。成功のかわりに何かを犠牲にしてしまうこともあり、油断することができません。ラクをしたいと思わず、常に日々向上心を持って取り組めば、ずっといい状態のままいられるでしょう。

人生というのは、その人の感じ方しだいです。大凶の画数を持つ人は、平凡な人生には飽きてしまいますから、ドラマチックな人生がうまくいくように努力すれば、納得した人生を送れるでしょう。さまざまな経験が、さらに、その人の魅力となります。自分の名前が大凶でも、悲観することはありません。自分に与えられたさまざまなことをうまく乗り越えて、素晴らしい人生にしましょう。

◆「総画」の数え方

まず、自分の名前の「総画」を数えてみましょう。紙に名前を書き出して、それぞれの文字が何画であるかを調べ、それらの画数をすべて合計すると「総画」になります。画数の数え方はいろいろな流派がありますが、本書では、戸籍にのっている文字を実際の筆づかいどおりに数えます。

ただし、戸籍にのっている文字が旧字であっても、ふだんの生活で新字を使っている場合には、新字で数えた画数の影響も受けますから、旧字、新字の両方を計算してみてください。

また、芸名やペンネームで活躍する人の場合、基本的には芸名やペンネームと本名の両方を合わせてみるようにします。ただ、芸名を使う頻度が多いほど、芸名の占めるパワーも強くなっていきます（特に芸名で成功した場合、芸名が力を持ち、逆にプライベートにまで影響を与えるため、本書では芸名で判断しています）。

姓名判断の流派によっては、さんずい（氵）は水（4画）からきているので4画、おうへん（王）は玉（5画）からきているから5画などと数える方法がありますが、本書ではあくまでも、実際に表記された文字を重視して、一筆（ひとふで）を1画とするので、おうへんは4画と、そのままの数え方をしてください。

漢字の数え方も、一は1画、二は2画、三は3画、四は5画、五は4画、六は4画、七は2画、八は2画、九は2画と、あくまでも実際の画数で計算します。

また、「々」は3画、長音符号「ー」は1画とします。

濁点（゛）は2画、「ぱ」「ぴ」などの半濁点（゜）は1画と数えます。ひらがな、カタカナの画数は、334ページを参考にしてください。

画数がよくわからないときには、巻末の画数表「五十音順　読み方で探す漢字の画数」（306〜333ページ）で確認してください。

姓名判断では、1から9までを数の基本の1巡りと考え、それが9巡りした81画数で占います。81画で、また1に戻ります。つまり、姓名の画数が1という人はいませんが、81画の人が1画の意味を持つことになります。以下、82画は2画、83画は3画を見てください。

例

青⑧＋木④＋友④＋里⑦＝㉓
↓
総画は23画

山③＋田⑤＋真⑩＋也③＝㉑
↓
総画は21画

1画

運勢の型
元

♀♂

吉数

「生命力に満ち、国の発展に貢献する」

数の始まりの1は、万物の起源であり、生命力に満ちあふれ、すべてのものの始まりの象徴です。爽やかでキラキラ輝くようなオーラを放っていて、自然と人々を引きつけてトップに立ちます。統率力があり、国の発展に貢献するような華やかな人生を送るでしょう。高い理想を持ち、実現するように日夜努力を続けているため、たとえ困難が訪れても、けっしてくじけることはありません。困難とたわむれ、困難をチャンス到来とプラスにとらえて切り抜けます。

ただ、欲が強すぎて、準備も整わないうちから暴走してしまうときもあるので、よき助言者をそばに置き、常に慎重な行動を心がけましょう。妥協せずに日々精進していくため、社会的な評価も高まり、名声や名誉も得られ、財を成します。また、健康にも恵まれ、生涯を通して豊かで楽しい生活が送れます。

アドバイス

天からのパワーは存分にあるため、あとはそれを実行する勇気と智恵を備えることです。〝急がば回れ〟という言葉のとおり、何事も基礎が大事なので、あせらずにやるべきことをきちんとこなしましょう。金銭面はおおざっぱすぎて詰めが弱いので、数字に明るい人をパートナーとしてそばに置くといいでしょう。

この画数の有名人

2画

運勢の型
分

「頭がよくて智恵があり、陰の支配者に」

表舞台に立つよりも、陰で人を支配して地位を築いていく人生です。人の前に出ることは好まず、できるだけ目立たないように行動します。外見は物静かそうに見えますが、内面は案外頑固で我が強く、自分の意見を通すでしょう。ときには、トラブルを起こして激しく対立してしまうこともあります。何か問題が生じると人のせいにして、自分が責任をかぶることはありません。初めは信頼してくれていた人たちも自己中心的な本性を知って、離れてしまうでしょう。気をつけないと心を許せる友人もいなくなり、不平不満だけ抱えた空しい日々となるので注意してください。また、パワー不足で、気力、体力に欠けているため、根気が続かず、職業も転々とするでしょう。

ただ、散財はしないで貯蓄を心がけているため、経済的には安定します。家族からは早く独立することになります。

アドバイス

自分がやってもらうのは当然、人に何かしてあげることはないといった傾向があります。してもらったことには感謝し、自分もできることはしてあげましょう。人との付き合いには気をつかわなさすぎるので、親しくなっても言葉は選び、ていねいな会話を心がけ、相手の喜ぶ話をするようにしましょう。

この画数の有名人

乙一（作家）

3 画

運勢の型
万

♀♂
吉数

［若いうち少々暴走もするが、晩年は安泰］

生まれたときから、進むべき道が天からの光に明るく照らされ、順調で恵まれた人生を送ります。品性があり、寛容で穏やかなので、小さいころからだれからもかわいがられ、苦労なく育ちます。頭脳明晰で抜群の記憶力を持ち、人の顔と名前もすぐに覚えて忘れません。直観力にすぐれ、先見の明があり、人をまとめる力も備えているので、よきリーダーとして信頼されるでしょう。ただ、若いころは情熱が先走りしてしまって、深く考えずに行動してしまい、失敗することもあります。が、年を重ねて経験を積んで、大業を成し遂げるでしょう。

健康面も恵まれていますが、健康を過信しすぎてしまうと、ムリをしすぎて体を壊してしまうので、ふだんから健康管理を心がけましょう。よき配偶者を得られ、温かく愛に満ちた家庭をつくり、子どもにも恵まれて楽しい時間を過ごします。

アドバイス

天から受けるインスピレーションを正確に実行するために、ふだんから地道な努力をして、幅広いジャンルに興味を持ち、勉強することが大事です。さらに運気を伸ばすためには、人から信頼を得て、人脈を広げる必要があります。ふだんから人には礼儀を尽くして、ていねいな付き合いを心がけましょう。

この画数の有名人

4画

運勢の型

裂

［精神世界を重視して、自己の内面を追求］

人も財も寄せつけないほどパワーが強く、ひとりでがんばる人生です。社交においても人と深く関わることはなく、精神世界を重視して、自分の内面を深く掘り下げることに喜びを感じます。おとなしく静かな面と、きつく激しい面の両面を持ち、どちらの面が出るかは相手によって分かれます。仕事では理想が高く、常にいいポジションに自分がいなければ許せないとがんばるため、それなりの成果をあげます。ただ、責任感から自己主張しすぎるところがあり、人間関係のまずさが仇(あだ)となって、その仕事に見合った評価をされず、無念さが残ります。

プライベートでは、愛情を受ける過程で欠落したところがあり、家庭をつくることに苦労するでしょう。意識して家族を大切にするようにすれば、穏やかな晩年になります。体が弱いので、健康管理はしっかりしてください。

アドバイス

完璧さを求めるあまり、人に対して厳しすぎるところがあります。人に厳しくしすぎると、相手は緊張して、本来の力を出せなくなってしまいます。自分によく動いてもらうためにも、相手を寛容にみることが大事です。また、体が疲れると感情が乱れるので、休息はきちんととるように心がけましょう。

この画数の有名人

UA（音楽）、つんく（音楽）、ノブ（芸人）

5画

運勢の型

盛

♀♂

吉数

［柔軟性があり、変化を楽しんで発展する］

どんな環境に生まれても、持ち前の積極性と行動力で、一代で大きな成功をおさめます。冒険や変化を好み、いろいろなものを柔軟に自分のなかに取り込み、新しいものを生み出す能力に長けています。そのため、おもしろく、充実した人生を送ることができます。また、忍耐力があり、精神的な強さも備えているので、どんなことが起きても動じることがなく、落ち着いて対処・行動し、難局も軽く乗り越えていくでしょう。温和で協調性があり、だれからも好かれるので、対人関係で苦労することはありません。意志が強くて真面目に努力を重ねるため、周囲からも信頼され、指導者としても活躍します。

また、健康にも恵まれて大きな病気もなく、しっかり健康管理をしているので問題ありません。家族もみんな仲がよく、問題が起こってもお互いに支え合い、乗り越えられるでしょう。

アドバイス

運も能力もあるので、個人的な夢は比較的ラクに叶えることができます。世のため、人のためになるような大志を抱いていくと、さらに運気はアップし、よい出会いがあり、ますます発展します。反対に保守的な発想になると、一気に運が停滞し、体調もすぐれなくなるので気をつけましょう。

この画数の有名人

タカ（芸人）、トシ（芸人）、のっち（芸人）、ＹＯＵ（タレント）

6画

運勢の型

愛

先祖に見守られ、才能豊かで幸運持続

先祖の大きな愛に包まれ、生まれてからずっと運のよさが続く、ラッキーな人生です。容姿端麗で豊かな才能を持ち、若いころからみんなの愛を存分に受けて育つため、性格も朗らかでやさしく、困っている人に対してすぐに手を差し伸べ、争い事は好みません。力のある人から引き立てを受け、地位や名誉も自然と手に入れていき、財産を相続して豊かな生活を送ることができます。先祖を大切にして謙虚ささえ忘れなければ、人が周囲に集まり、よく働いてくれるでしょう。

ときに運が強すぎて障害が起こることがありますが、それも流れが変わるのを待ち、あせらなければ、しだいに安定します。世間知らずで真面目なほうなので、たまによくない人も近寄ってきますが、うまい話にさえのらないように注意すれば問題ありません。家庭も明るく、安泰となります。

アドバイス

大きな決断をすることが多いのですが、迷ったときには「自分のご先祖様だったらどう行動するだろうか」と考えてみると、その答えが自然と得られます。情が強く、周囲が丸くおさまることを大事にしすぎるところがあるので、人のためにという発想でなく、まず自分はどうしたいかを大切にしましょう。

この画数の有名人

ISSA（歌手）、イルカ（音楽）、ピーコ（評論）、ホリ（芸人）、マイコ（女優）、ローラ（タレント）

7画

運勢の型

旺

♀♂

吉数

［周囲を圧倒する個性があり、運に恵まれる］

強烈な個性を持ち、意志堅固で、運にも味方されて思いどおりの人生を歩みます。プライドが高く、権力志向なので、人の何倍も努力を重ねて成功を手にするでしょう。社交的で世渡り上手なので、幅広い人脈を形成することができます。ただ、疲れたり気分が高まったりしたときに、気性が荒い面が出てしまうことがあるので、行動や言葉には気をつけてください。新しいことを吸収する力にすぐれ、センスがよくて器用なので、手に職をつけるといった専門的な分野の勉強を続ければ、いずれ独立し、その道で成功することも可能でしょう。

自己主張が強いゆえ、実績が伴わないと周囲から孤立してしまうので、気をつけましょう。健康面はがんばりすぎて、足腰を痛めやすいので注意しましょう。家庭運は会話を大切にすることで家族関係がよくなり、発展します。

アドバイス

自分がなんでもできてしまうため、できない人を責めることがあります。ダメだと怒っても、できない人が急にできるようにはならないので、対人関係が悪くなるだけです。人がなんでもできると思わず、できないところはフォローしてあげましょう。成長を見守るやさしさを持つと、いざというときに助けてもらえます。

この画数の有名人

杏（女優）、くっきー（芸人）、char（音楽）、マリエ（モデル）、ミムラ（女優）、ゆいP（芸人）、りょう（女優）

8画

運勢の型
貫

♀♂
吉数

独立独歩で意志を貫き、年齢とともに開運

独立独歩で地道な努力を続け、年を重ねるごとに発展する人生となります。人とくらべることなく、自分のペースを守りながら歩むので、ムリがありません。意志が強く、実行力があり、自分がこうしようと決めたことは最後まで貫き、夢も実現させます。苦しい状態になっても、人に頼ることなく、ひとりで耐え忍んで解決していくでしょう。性格的にも裏表がなく、常に人への気づかいをして周囲を和ませるように努めるので、みんなから好かれ、信頼されます。組織でも確実に頭角を現し、独立しても力を発揮して成功をおさめられます。先祖からの家業を継ぐ縁を持つため、家業を発展させていくこともあります。

健康面では神経が細やかすぎて、胃腸に弱さが出ることがあります。家庭運も良好で、晩年は多くの家族に囲まれながら、心穏やかに楽しい日々を送れます。

アドバイス

仕事中心となりすぎて、遊ぶことがなくなってしまいがちです。まず、スケジュールに遊びの時間を入れてから、他の用事を入れていくようにすると、よい仕事ができ、生活もさらに充実するでしょう。人の意見は参考程度にとどめて、自分のインスピレーションに従って行動することで、成功へ大きく近づきます。

この画数の有名人

aiko（音楽）、せいや（芸人）、タモリ（タレント）、HIRO（ダンサー）、ヒロシ（芸人）、ヒロミ（タレント）、マギー（モデル）

画

運勢の型

変

「コミュニケーション能力が高く、変化が好き」

運気に波が多く、変化の多い人生を歩みます。住所も仕事もひとつのところに安定することはなかなかありません。でも、コミュニケーション能力にすぐれているため、新しい環境になじむのが早いので問題はないでしょう。柔軟な考え方をするため、幅広い年齢層の友人を持つことができます。流行にも敏感でおしゃれなので、人からいつも注目を浴びる存在です。

ただ、精神的に落ち込んでいるときには、災害や事故、病気などを引き寄せてしまうところがあります。常に自分を前向きに保つ姿勢が重要です。起こったことはしかたないとあきらめ、切り替える姿勢を持つことができれば、運気はかなり改善されます。幼少期から家族の縁が薄かったり、配偶者との縁がなかなかなかったりする画数です。家族に理想を求めすぎる傾向があり、それが仇（あだ）となるので気をつけましょう。

アドバイス

努力の結果がすぐ出ないと、がっかりしてやめてしまったり、最後の詰めの段階で甘さが出たりします。あともう一歩の踏ん張りしだいで、どのくらい大成できるかが決まってくるため、気を抜かないようにしたほうがいいでしょう。何事も目先のことにとらわれず、先を見通して、あせらずに続けると成功へ導かれます。

この画数の有名人

イチロー（野球）、オカリナ（芸人）、KAN（音楽）、chara（音楽）、はな（タレント）、ヒカキン（ユーチューバー）

10画

運勢の型
空

現実を見ず、空想好きで社交を好む

空想がすぎて気持ちが大きくなり、実力以上のことに手を出して波瀾多き人生となります。現実を見ようとしないで、幻想のなかに生き、ラクをしていい生活を手に入れようとするので、うまい話にすぐのって、簡単にだまされてしまうことが少なくないでしょう。外見は守ってあげたくなるような弱い雰囲気を持ちますが、中身は智恵も働いてかなりしたたかで、ケンカをすると驚くような強い言葉が出てきます。でも、肝心なときには何も言えず、損してしまうことが多いでしょう。

だれとでもすぐ仲よくなり、社交的に見えますが、その半面トラブルが生じやすく、友人もころころと変わります。事故や病気、天災などを、生涯のうちに何度か体験する暗示があります。家庭では配偶者にあまり細かいことを言わず、寛容な心で接していけばうまくいきます。

アドバイス

人に期待しすぎて、不平不満が多くなりがちです。依頼心を捨て、自分でなんでも切り開く姿勢が必要です。変化が多いので、安定を求めるのであれば、セカンドネームなど本名のほかに名前を持つといいでしょう。読み方はそのままで漢字を変え、画数をよくするだけでも難が分散されます。

この画数の有名人

おのののか（タレント）、かしゆか（音楽）、DAIGO（タレント）、TERU（音楽）、バービー（芸人）、ベッキー（タレント）、MISIA（音楽）、三又又三（芸人）

11 画

運勢の型
徳

♂ 吉数
♀ 幸運画数 BEST 5

［天からの恵み多く、万物と調和して繁栄］

天からの恵みが多く、年を重ねるほど運はどんどんよくなっていき、なんの不自由もない人生を送ります。徳が高く、人のためによく尽くし、その結果、自分にたくさんの幸せがやってきます。温厚で慈悲深く、万物と調和しながら生きていて、雰囲気も上品で、よい友人と優雅で楽しい日々を送るでしょう。名声や名誉も得られ、人から尊敬されます。家でじっとしているよりも常に外に出て、何か行動していることを好み、いくつになっても好奇心が旺盛で、新しいことにチャレンジするため、年齢よりも若く見られることが多いでしていきます。流行にも敏感でセンスもよく、人生を楽しみます。

基本的にポジティブ思考ですから、問題が起こってもめげません。また困ったときには、必ず助けてくれる人が現れます。健康にも恵まれ、ムリさえしなければ病気で倒れることもないでしょう。家庭も安泰で子どもにも恵まれ、家族仲よく暮らすことができるでしょう。

アドバイス

かなりの強運なので、その強い運を上手に生かせるようにするには、体力をつけることが大切です。気持ちを明るく持っていられさえすれば、運気が下がることはありません。思っている以上に、周囲の人への影響力があるため、言葉を選んで話すようにし、思いやりを持つように心がけると、さらに運気はアップします。

この画数の有名人

今くるよ（芸人）、おたけ（芸人）、コロッケ（芸人）、友近（芸人）、ほんこん（芸人）、ｍｉｗａ（音楽）、やくみつる（漫画）、山下リオ（女優）

12画

運勢の型

瞬

「ひらめきがあり、瞬発力にすぐれる」

ひらめきがあり、瞬発力にすぐれ、いいなと思うことはなんでもアタックする人生です。地道にコツコツと努力をしているのは性に合わず、早く成果を得ようと、基礎をとばして一気に応用から入り、初めからむずかしいことをやろうとします。ただ、パワーが不足気味なので、根気が続かず、出だし好調なものの途中で飽きてしまいがちです。あともう少しで成果があがる一歩手前であきらめてしまうため、持っている才能を十分発揮しないままで終わってしまうことも多いでしょう。

金運の面でも、ギャンブルで一気に大金を得ようと安易に考えます。が、そんなうまくいくこともなく、散財の結果となります。自分の失敗を棚に上げ、うまくいかないのは他人のせいにして、あくまでも自分を正当化します。見栄を張りすぎて家族に負担をかけるため、家庭内のいざこざも多そうです。

アドバイス

あと一歩のがまんができないところがあるため、がんばるように叱咤激励してくれる配偶者や友人を持つことが、人生をいい方向に変える秘訣です。厳しいことを言ってくれる人ほど、大事にしてください。甘いことばかり言って、自分をラクなほうへ誘う人とは、迷うことなく縁を切ったほうがいいでしょう。

この画数の有名人

あ～ちゃん（音楽）、亜生（芸人）、ATSUSHI（音楽）、冲方丁（作家）、丘みつ子（女優）、きたろう（芸人）、千秋（タレント）、でんでん（俳優）

13画

運勢の型

広

♂ 最強画数 BEST 5

♀ 幸運画数 BEST 5

［知能にすぐれ、情報収集が得意で大活躍］

強運の持ち主で、頭脳明晰、自分の才能を最大限に発揮でき、成功を手に入れる人生です。知ることが好きで、情報に敏感です。明るく活気に満ち、コミュニケーション能力にすぐれ、広い見聞があるため、どこに行っても人気者になり、幅広い人脈を築くでしょう。感受性豊かで表現力があり、学術や芸能、芸術方面で活躍します。多少気分のムラがありますが、忍耐力さえつけば抑えられるので問題ありません。困難にぶつかっても智恵を生かし、冷静な判断をして切り抜けられます。

運気は晩年に向かうほどよくなり、安定します。経済的にも浪費さえしなければ、かなりゆとりのある生活が送れます。健康運は良好で、ムリさえしなければ病気になることもなく、長寿を全うします。家族も配偶者と子どもに恵まれ、幸せにあふれた一生を送るでしょう。

アドバイス

暗記力や記憶力が並みはずれて発達しているので、最大限に利用して深めれば、人生に大きく役立つでしょう。コミュニケーション能力が高いため、語学を勉強すればするほど上達するでしょう。人があまり話さないような国の言葉にチャレンジしてみるとおもしろく、大きな成果が出そうです。

この画数の有名人

あいみょん（音楽）、五木ひろし（音楽）、イモトアヤコ（タレント）、オール巨人（芸人）、北乃きい（女優）、Ｚｅｅｂｒａ（音楽）、大悟（芸人）、ヒャダイン（音楽）

14画

運勢の型
厳

頭脳明晰で真面目。義理堅く、厳しさも

平凡で安定した生活を求めているのにもかかわらず、実際は変化の多いドラマチックな人生です。頭脳明晰でバイタリティーがあるので、本来なら多くの人を引き寄せるのに、どこか暗く、人を拒むような厳しい雰囲気があります。真面目で義理堅く、しっかりしすぎているため、キツい印象になっています。対人関係ではトラブルが多く、苦労しそうです。それは自分が器用になんでもできるので、他人を批評しがちなところがあるためで、人を簡単に受け入れようとしません。社会問題に強い関心を持ち、ライフワークとして関わる場合も多くなります。

財運は波があり、お金がたくさん入ってきても浪費グセがあるため、気をつけないと手元にほとんど残りません。意識して貯蓄することが大切です。家庭運は相手の話をよく聞くようにしないと、家族の形態をとっていても仮面家族となり、孤立し、晩年寂しい思いをします。

アドバイス

〝来るもの拒まず〟ですが、人と関わることが面倒くさく、自分から求めていかないので、いつもいいように利用されるだけで、浅い人間関係で終わります。会話のときも、相手が話すのを待つだけでなく、積極的に質問上手となるようにしましょう。ふだんから本を読んだり、音楽を聴いたりして、話題を豊富にしてください。

この画数の有名人

江口のりこ（女優）、カズレーザー（芸人）、昴生（芸人）、スガシカオ（音楽）、中川礼二（芸人）、バカリズム（芸人）、みちょぱ（タレント）、ムロツヨシ（俳優）

15画

運勢の型

円

♂
最強画数
BEST
5

♀
幸運画数
BEST
5

［健康に恵まれ、若いころから成功して発展］

若いころから頭角を現し、大きく発展して地位と名誉を得られる人生です。心がいつも穏やかで、人との調和をはかって円満な生涯を送るでしょう。心やさしく、人に安心感を与える性格を持ち、困っている人がいればすぐに手を貸し、多くの人を助けます。何かしてあげても見返りをまったく求めないので、ますます人間的な評価が上がり、慕われます。感受性が豊かで、ものの本質を瞬間的にとらえることができます。一見、おとなしく頼りなさそうに見えますが、内面はとても強く、底力があります。決断力にすぐれ、直観が働くので、自分で事業を起こしてもかなりの財を築きます。

健康にも恵まれ、エネルギーが充実しているので、少々病気などしても回復が早く、すぐ元気になります。家庭運も配偶者と子どもに恵まれ、愛情あふれる幸せな生活を送ります。

アドバイス

気持ち控えめにすると、いちばんよく評価されます。自分の意見を言うときに主張がやや強すぎて、まわりにいる人が発言しにくくなってしまうことがあるため、場の空気を読みながら、発言するように注意してください。感謝の言葉が少ないので、多めに口に出すように心がけると、運気がさらにアップします。

この画数の有名人

いとうせいこう（作家）、太田光（芸人）、KREVA（音楽）、田中圭（俳優）、TARAKO（声優）、寺田心（俳優）、リリー・フランキー（俳優）

16画

運勢の型
福

♂ 最強画数BEST 5

♀ 吉数

［マイナスがプラスに転じ、最終的に成功］

運気が強く、浮き沈みが多いものの、マイナスをプラスに変化させ、最終的に成功を手にする人生です。問題を抱えやすいほうですが、プラス思考であまり深刻にならない精神的な強さがあり、ダメージを最小限に抑えることができます。がんばり屋で忍耐力もあるので、たいへんな苦難にも動じず、あきらめず、ピンチをチャンスととらえて前向きに対処します。粘り強さもあるため、目標を明確にすれば、たいていのことは達成されるでしょう。温和で明るい性格で、だれにでも親切で、目立って自己主張はしないものの、自然と人が集まり、リーダー的な役割を担います。そして晩年になるほど、運は向上します。

ただ、体力が落ちると強い運を受け止めきれず、運気もダウンしてしまうため、ふだんから体力をつけるように運動を心がける必要があります。家族運は自分の足りないところをうまくフォローして尊敬できるよき配偶者に恵まれ、立派な子どもを持つことができます。

アドバイス

人の世話が好きで、自分が人の役に立っていると思うと、つい余計な手伝いまでしてしまいがちです。あまりかまいすぎるとそれがあたりまえになって、かえって相手をダメにしてしまい、感謝もされません。親切は相手が必要とする最小限のことをと決め、その人が育つのを見守りましょう。

この画数の有名人

石川さゆり（音楽）、瑛太（俳優）、夏帆（女優）、久米宏（キャスター）、玉木宏（俳優）、ともさかりえ（女優）、氷川きよし（音楽）、みうらじゅん（作家）、水川あさみ（女優）

17画

運勢の型
華
♀♂
吉数

強運でスター性あり、非凡な才能で活躍

スター性があり、どこに行っても注目を浴びる存在で、輝かしい人生を送ります。平凡という言葉が似合わず、生まれつき人とは違った何かを持っています。他人より自分がどうしたいかが明確で、目標を定めたらそれに向かって突き進む強さがあります。多少強引なところもありますが、次々と不可能を可能にしていくでしょう。意地悪をされたり、人と対立したりしても、見た目のやわらかいやさしいイメージとまったく違い、一歩も引かない強さがあります。

ファッションセンスが抜群で、着るものやアクセサリーなどで自分をよく見せるように着こなすことが得意です。健康面はムラがありますが、もともと健康なので暴飲暴食をせずに睡眠をしっかりとれば改善されます。家庭運もよく、家族がよき理解者となり、支えてくれます。

アドバイス

魅力的なので人が集まってきますが、自分にとってその人が必要かどうかをよく考えて付き合うようにしないと、トラブルが多発します。イヤなことはイヤと、はっきり断りましょう。人と仲よくなっても、自分の全部をさらけ出さず、相手中心の会話にするとかえって対人関係はうまくいきます。

この画数の有名人

大竹しのぶ（女優）、神田うの（タレント）、甲本ヒロト（音楽）、国分太一（歌手）、坂上忍（俳優）、さだまさし（音楽）、中川大志（俳優）、山寺宏一（声優）、吉田羊（女優）

18画

運勢の型
勢

♀♂
吉数

［エネルギーが強く、智恵と勇気で成功］

エネルギーが強く、運に勢いがあり、智恵と勇気で成功を手にする人生です。勝負や交渉事は常に強気でのぞみ、頭の回転が速いので、相手をいつの間にか自分のペースに巻き込んで、最終的に自分に有利な結果に持っていきます。ただ、あまりにパワーが強すぎて周囲の人のよさを消してしまうところがあるため、自分ばかり目立とうとしないことがとても大事です。他人を大事にすればするほど、あなたの社会的地位も向上します。また、やや浪費グセがありますが、困ってもだれかがいつも助けてくれるので、それほど心配しなくてもいいでしょう。

エネルギーが過剰なときに体調が整っていないと、自分を抑えきれなくなってしまいます。疲れたと感じたら、早めに休むこと。家庭も安定していて、特にベタベタした関係ではありませんが、大事なときには結束する家族を築きます。

アドバイス

努力して何かを成すというより、智恵を働かせて最小限の努力でいい成果をあげられるタイプです。やみくもにがんばるというより、状況をよく判断して、何をしたらいいのかを常に考えるようにすると運気がアップします。ふだんから人の話をよく聞き、柔軟な頭にしておくことも、インスピレーションを受けるのには重要です。

この画数の有名人

石田ゆり子（女優）、岩松了（演劇）、上戸彩（女優）、中田ヤスタカ（音楽）、松たか子（女優）、柳井正（実業家）、山田孝之（俳優）、梨花（タレント）

19画

運勢の型

急

才能豊かで、いろいろなことに興味がわく

優秀な頭脳を持ち、才能も豊かで、いろいろなことに興味がわいてチャレンジする人生です。しっかり者で、何事にも挑戦する意欲にはあふれていますが、つい気持ちが先走りしてしまい、実力が伴わないまま行動して失敗することもあるでしょう。また、成功しても気を抜いていると、すぐ転落する危うさがあります。人が言ったことに左右されすぎて、なんでもやってみたくなり、手を出しすぎて肝心なことがおろそかになりがちです。すぐにラクをしようとする安易な気持ちを改めて、地道な努力を重ねることが、運を切り開くためには必要です。

スピードが出るスリルのあるスポーツや乗り物が好きですが、事故の暗示があるので注意が必要です。親や兄弟など家族との縁が薄く、早いうちに家を離れるでしょう。自分で築く家庭にも問題が生じやすい暗示があります。

アドバイス

感情のムラを抑えることで、かなり運気を安定させることができます。感情を抑えられなくなったときは、腰のあたりをゆっくりと円を描くようにさすると、気持ちが落ち着いてきます。今の自分の力量をしっかりと見極め、できることから計画的に行動するようにすると、難を抑えられます。

この画数の有名人

井川遥（タレント）、小栗旬（俳優）、大宮エリー（脚本）、白井晃（演劇）、田口トモロヲ（俳優）、竹内まりや（音楽）、中村ゆりか（女優）、一青窈（音楽）、山本彩（歌手）

20画

運勢の型
厄

［人柄よく二面性を持ち、不思議な魅力が］

慎重で気弱な面と、大胆で好奇心旺盛でギャンブル好きといった二面性があり、不思議な魅力を持っています。障害が多く起こりやすく波の多い人生になりやすいですが、それに負けない気持ちを持って一生懸命がんばって努力をします。ただ、ムリをしすぎてしまうと、精神的なバランスを崩し、自分が自分でもよくわからなくなるときがあり、混乱を生じます。もともと人柄がよくて人からも好かれ、友人も大事にしているのですが、精神的な不安定さが出てしまうと、せっかく築いた友人関係も自ら壊してしまうので気をつけましょう。

健康面はもともと丈夫でなく、少しの疲れが大きな病気を引き起こすことがあるため、過度の労働や夜遊びなどは控えたほうがいいでしょう。家族は甘えるだけでなく、感謝の言葉を伝え、お互いに思いやれることができばうまくいきます。

アドバイス

健康が整うとかなり運気は改善され、問題も最小限に抑えられます。食事をきちんととることから始めましょう。できるだけ新鮮な食材を食べるように心がけてください。睡眠もきちんととるようにして、寝ている間に食べ物のエネルギーをしっかり自分のなかへと取り込みましょう。

この画数の有名人

小沢一郎（政治）、川上弘美（作家）、金子ノブアキ（音楽）、粗品（芸人）、竹中直人（俳優）、中条あやみ（女優）、仲村トオル（俳優）、ホラン千秋（タレント）、光石研（俳優）

21画

運勢の型

栄

♂ 最強画数BEST5

♀ 最強画数BEST5

［意志が強く、トップに立ち、繁栄する］

意志が強く、独立独歩で前進し、若いころのがんばりが実を結び、中年期以降に大成する人生です。富を得られ、大いに栄えるでしょう。性格も親分・姉御肌で人の面倒見がいいので、周囲から尊敬され、信頼を得られます。ただ、派手に行動するために人から反感を買いやすく、ねたみも多いために煩わしいこともありますが、〝自分の能力がありすぎるからだ〟と楽観的にとらえ、気にするのをやめましょう。仕事はよくでき、事業の才能もあり、新しいアイディアが次々と浮かんではそれを生かして利益を得て、事業家として大成するでしょう。

ただ、人をねたんだり、ラクをしようとしたりすると、運気は一気に停滞します。男性は家庭運も良好で、子どもにも恵まれます。女性は運気旺盛のためにマイナス面が出やすく、夫と縁が薄かったり、一家を背負ったり、苦労の暗示があります。

アドバイス

若いころどのくらい努力してがんばったかによって、晩年の成功の大きさが決まってきます。人とくらべることなく、自分の感性を信じてマイペースで進んでいけば、必ずよい結果が出るでしょう。自分の夢を具体的に紙に書き出し、それが叶った様子を強くイメージすることで、夢が現実へと向かっていくでしょう。

この画数の有名人

柄本佑（俳優）、大泉洋（俳優）、小池栄子（女優）、武豊（騎手）、夏菜（女優）、成田凌（俳優）、八村塁（バスケット）、向井理（俳優）、山下智久（歌手）

22画

運勢の型
破

理想を高く持ち、地道に努力を続ける

理想を高く掲げ、地道に努力を重ねていく人生です。気持ちがやさしく、自分のことは二の次で、家族や人のために尽くしていきます。ポジティブ思考でパワフルに行動しますが、肉体が追いつかなくなることもしばしばあり、そうなるとトラブルが発生してしまいます。せっかく築いてきたものも、体の状態を把握していないと、一瞬にして崩れかねないので、気をつけなければなりません。自分のたいへんさを他人に見せるのはイヤで、たとえ実情が苦しくても、人には華やかに楽しく生活をしているように振る舞います。

晩年に備えて、若いころに基礎を固めておく必要があります。年を重ねるにつれ、健康面に不安が出るのでムリはできません。家族の縁は薄い暗示があり、夫婦間や子どものトラブルに悩まされることも多くなりがちです。困ったときには、親族よりも他人のほうが助けてくれることが多いようです。

アドバイス

遊ぶことが好きで、散財しやすいのですが、自分に投資するように心がけると、運命が好転してきます。興味のある分野を勉強し、知識を広め、人と積極的に交流することで、のちの人生に大きく役立つでしょう。人生に遅いことはありません。やりたいことが浮かんだら、その日からスタートしてみてください。

この画数の有名人

荒川良々（俳優）、奈緒（女優）、片桐はいり（女優）、中居正広（歌手）、マツコ・デラックス（タレント）、松本人志（芸人）、山中伸弥（医学）、吉沢亮（俳優）

23画

運勢の型

才

♂ 最強画数 BEST 5

♀ 吉数

［すぐれた才能を持ち、年齢とともに開花］

カリスマ性があり、明るく元気で、すぐれた知性で人を導く役割を担います。子どものときはおとなしくても、年齢を重ねるにつれて才能が磨かれ、自力で道を切り開きます。仕事がよくでき、チャンスにのるのもうまく、地位や名誉を得て大業を成し遂げるでしょう。人の面倒見もいいので交友関係も広く、いざというときには多くの人に助けてもらうでしょう。やや運気が強すぎるため、感情の起伏の激しさがありますが、表面に出さないように心がければ、トラブルも避けられます。健康にも恵まれ、人の倍以上動いているような活発さがあります。

男性は頼れる家長として家族をよく守り、いい家庭を築きます。女性はパワーが過剰で、仕事にのめり込みすぎてしまい、家庭を顧みなくなり、離別する場合も多いので、何よりも家庭を大事にするように気をつけてください。

アドバイス

ラクをしたがり、だれかに頼ろうとする気持ちがあると、まったく自分の力が出なくて、運気は停滞してしまいます。依頼心を捨て、自分のことは自分で考え、実行していくとおもしろいように開運します。目上の力のある人からかわいがられるので、礼儀を欠かさないように気をつけ、付き合いを大切にするとさらによくなります。

この画数の有名人

有吉弘行（芸人）、石原さとみ（女優）、宇多田ヒカル（音楽）、小泉今日子（女優）、堤真一（俳優）、堂本光一（歌手）、二宮和也（歌手）、矢沢永吉（音楽）

24画

運勢の型
成

♂ 最強画数 BEST 5

♀ 最強画数 BEST 5

地道に努力し、運にも恵まれて繁栄する

エネルギーに満ちあふれ、才知に富み、運に恵まれて成功を手にする人生です。インスピレーションがわき、それを生かして、何もないところから財を成していきます。若いうちはがんばった成果が出ないと不安になることもありますが、勉強して自信をつけていくうち、心配も消えます。一発勝負で成果を出そうとせず、コツコツと努力を積み重ねていくので、真の実力をつけ、繁栄が続くでしょう。臨機応変に対処できる能力を持ち、世渡り上手なので、幅広い人脈を築きます。真面目で努力家で、新しいものも積極的に取り込む柔軟さもあります。

ただ、やや短気なところもあり、熱しやすく冷めやすいところもあります。あまりムリはせずに健康管理にも気をつけているため、病気もほとんどしません。家庭は円満で、多くの財を子どもに残すことができます。

アドバイス

将来の目標を明確にして、努力することを続けていくと、もともとチャンスには恵まれているので、自然と目標を叶えられるでしょう。ただ、人からの気も受けやすく妨げられる場合もあるため、たくさんの人に会ったときは、家に帰ったらすぐにシャワーを浴びるようにすると、家の中によくない気を入れずにすみます。

この画数の有名人

生田斗真（俳優）、内村光良（芸人）、及川光博（俳優）、岡田准一（俳優）、小林武史（音楽）、田中哲司（俳優）、中島みゆき（音楽）、中村倫也（俳優）

25画

運勢の型

頑

♀♂

吉数

「欲が薄く、変化を好まず、気ままにのんびり」

才能に恵まれ、苦労知らずで、気ままにのんびりとした人生を送ります。欲は薄くて面倒なことは大嫌いなので、変化を好まず、できるだけ安定した穏やかな日を送りたいと考えます。しかし、実際は頑固な性質から対人関係のトラブルが多く、神経をつかうことになってしまいそうです。なんでも一本気に正面から相手にぶつかることを控え、もう少し柔軟な気持ちで人の意見を聞くことができるようになると、運気はグッと改善されるでしょう。チャンスにも恵まれますが、慎重すぎる性格のため、乗り遅れてしまい、あのときこうしておけばよかったと後悔することも多々ありそうです。

健康面は過信してムリをして仕事をすると、病気になってしまうことがあるので注意しましょう。家庭運は仕事を家庭内に持ち込まなければ問題はなく、家族楽しく暮らせそうです。

アドバイス

人当たりがいいので柔軟そうに見えますが、意外に自分の意見に固執しているところがあり、せっかくの能力を出しきれずにいます。まずは人の話に耳を傾け、いいところは積極的に自分のなかに取り入れていくといいでしょう。新しい視点が生まれ、視野が広がり、大きく発展します。

この画数の有名人

門脇麦（女優）、滝沢カレン（タレント）、竹内結子（女優）、田中みな実（タレント）、中岡創一（芸人）、橋爪功（俳優）、風吹ジュン（女優）、三浦友和（俳優）、役所広司（俳優）

26画

運勢の型
英

エネルギーが強く、チャレンジ精神旺盛

非凡な才能を持ち、英雄のようにドラマチックで波瀾に満ちた人生を送ります。真面目で前向きで、チャレンジ精神が旺盛。エネルギーが相当強いため、吉凶が極端に出てしまい、油断はできず、常に警戒心を持つことになります。人によって左右されることが多いため、平常心を保つようにしないと運気の乱れを呼びます。頼まれるとイヤとは言えず、自分のことを犠牲にしてまで助けようとし、結果的に迷惑をかけられたり、だまされたりすることもあるでしょう。突発的な事故には注意が必要で、体調がすぐれないときの運転などは控えてください。

体は生まれつき丈夫ですが、精神的に落ち込むと体力も落ち、健康面に不安が出てきます。家庭よりも仕事に生きる人が多く、婚期も遅くなりがちで、結婚しても家族間のコミュニケーションに欠けるところがあるので気をつけましょう。

アドバイス

夢を持つことはいいのですが、初めからラクをして大きなものを手に入れようとしすぎます。大きい夢ほど、ゆっくりと時間をかけないと手に入りません。自分の力を見極め、今できることから少しずつチャレンジして、目標を達成していくように心がけるといいでしょう。毎朝、その日一日にすることを書き出すのもおすすめです。

この画数の有名人

浅見れいな（モデル）、石川佳純（卓球）、大野智（歌手）、堂本剛（歌手）、水卜麻美（アナウンサー）、村上龍（作家）、優香（女優）、吉永小百合（女優）

27画

運勢の型

暴

［頭脳明晰で判断力あり、若いころから成功］

頭脳明晰ですぐれた判断力を持ち、若いうちからある程度の成功をおさめる人生です。ただ、パワーが強すぎて安定せず、浮き沈みが多くなり、良好な人間関係を築いて維持していくのにむずかしさがあります。ときに爆発することもあって、人が引いてしまったりすることもあるので注意しましょう。意見を言うときも自信があるので強めに言ってしまい、反感を買って悪循環になりがちです。プライドが高いところがあまり出ないように気をつけ、トラブルが起こっても逆切れしないようにすれば、孤立することは避けられるでしょう。

健康面はストレスを抱えやすく、体調もそれによって左右されます。環境を整え、健康管理をしっかりしないと大病につながります。家族はお互いに依存し合って、いいときはいいものの、問題が起きたときは負担が相当かかってたいへんです。

アドバイス

自分中心に会話を進め、知らないうちに自慢話をしてしまいそうです。相手からするとあまりおもしろいものではないので、相手に合った話題を選び、人の話もよく聞くように心がけましょう。相手も気持ちよくその場にいられるような空気をつくるように気をつかうことで、いい運気も生まれます。

この画数の有名人

井浦新（俳優）、奥田民生（音楽）、堺雅人（俳優）、白石麻衣（歌手）、中野信子（評論）、古谷有美（アナウンサー）、本田翼（女優）、本木雅弘（俳優）、吉岡里帆（女優）、山下達郎（音楽）

28画

運勢の型
独

志が高く、行動範囲が広く、友人も多い

志が高く、行動範囲も広く、目立つ存在です。運勢には波が多く、自ら困難のなかに入っていき、挑戦していくことに快感を持ちます。雄弁で説得力があり、波にのれば成功を手に入れられますが、欲が強すぎるため、能力以上のことに手を出してトラブルを招き、一気に転落する危うさもあります。人の評価を必要以上に気にして、いいところを見せようとムリをしてしまうことも。少しでも非難されると落ち込んだまま、なかなか立ち直ることができません。友人は多いものの、自分は心を開かず、関係が浅いため、孤独を感じることが多いようです。

健康面には不安があり、病気やケガをしやすいので、ふだんから注意するようにしましょう。家庭運は、男性は仕事ばかりであまり家庭を顧みない、女性は介護など家族の面倒をみてムリをするといった暗示があります。

アドバイス

気が強いので「いやだなあ」と思うと、強力なマイナスパワーを放出してしまいます。マイナスパワーは、すぐに病気や事故を引き寄せ、せっかく築いた人間関係も一瞬で崩してしまいます。心を穏やかにして、人のことはあまり気にせず、好きなものに囲まれて、楽しいことだけを考えて生活するといいでしょう。

この画数の有名人

岡田将生（俳優）、香川照之（俳優）、木村拓哉（俳優）、出川哲朗（芸人）、菜々緒（女優）、松本潤（歌手）、村上虹郎（俳優）、吉田拓郎（音楽）

29画

運勢の型

鋭

♀♂

吉数

［バイタリティーがあり、才能発揮して成功する］

運気隆盛でバイタリティーがあり、若くして才能を発揮して、成功をおさめます。頭脳明晰で意志が強いため、確固たる社会的な地位と名誉を得られるでしょう。見た目は容姿端麗で品があり、〝いい人〟といった雰囲気ですが、中身はしたたかで計算高く、物事の本質を見抜く鋭い目を持っています。変化することが好きで、ひとつのところにとどまって、じっとしているのは苦手です。変なところに神経質で完璧主義な面があり、自分の思ったとおりにならないと不平不満がたまり、ストレスとなります。気配り上手なので友人も多いのですが、慎重で警戒心が強いため、本当の心はなかなか見せません。

健康面は病気やケガをしやすいので、ムリをしないこと。家庭面では、男性はよき妻と子どもに恵まれますが、女性問題の暗示があります。女性は晩婚で、恐妻になりそうです。

アドバイス

ギリギリまで追いつめられると、爆発的な力を発揮します。逆にいえば、ギリギリになるまで何もしない気楽さがあるので、間に合わないこともあるため、早めに物事を進めるようにしましょう。問題が起こったらピンチと思わず、チャンスと気持ちを入れ替えれば、運気も一気に上がるでしょう。

この画数の有名人

天海祐希（女優）、池松壮亮（俳優）、柄本時生（俳優）、岸田繁（音楽）、久保建英（サッカー）、桜井和寿（音楽）、長渕剛（音楽）、満島ひかり（女優）、安田顕（俳優）、山田詠美（作家）

30画

運勢の型
波

「吉凶が交互に訪れるが上手に乗り切る」

吉と凶の両極端の運を持ち、よいこと悪いことが交互に訪れる人生です。生まれ持ったエネルギーに対して運のほうが強くなりすぎるときがあり、自分の人生にもかかわらず、意志とは違った何かが働いていると感じることが多いでしょう。性格は明るくて情が深く、やさしいので友人も多いのですが、気持ちにムラが出やすく、だれにも会わず、ひきこもるときもあります。仕事運は良好で、自分の好きなことを仕事にしている場合が多く、意欲的にこなしていきます。財運もよく、ギャンブルなどで散財しないかぎり、貯蓄もかなりできます。

健康面は波があり、いそがしいときのほうが気が引き締まって病気をしませんが、休日になったら風邪をひくところがあります。家庭運は良好で家族に恵まれますが、結婚に関心が薄く、家庭を持たずにひとりで生きる人も多いようです。

アドバイス

運気が低調なときには、あまりムリをしないで流れが変わるのを待つとよいでしょう。声が運気のバロメーターなので、大きな声を出すことができていたら運気回復していますが、声にハリや力がないと低迷しそうです。自ら歌を歌うなどして、はっきりとした声を出すように心がけましょう。

この画数の有名人

志尊淳（俳優）、草刈正雄（俳優）、小松菜奈（女優）、玉置浩二（音楽）、土屋太鳳（女優）、妻夫木聡（俳優）、浜崎あゆみ（音楽）、三谷幸喜（脚本）、宮崎あおい（女優）、米津玄師（音楽）

31画

運勢の型
輝

♀♂
最強画数
BEST
5

「強運で勇気があり、人の上に立って活躍」

運の強さと勇気を持ち、人の上に立って指導者として力を発揮し、富と名声を得られる人生です。智恵があり、どんな状況でも冷静に瞬時に判断することができるため、道を誤ることがありません。性格も温厚で面倒見がよく、会話も楽しいので、いつも多くの人が集まってきます。頭脳明晰で、意志が強く、いったん自分が決めたことは最後までやり抜くため、仕事でも相当な成功をおさめるでしょう。特に、実業のセンスに恵まれているため、事業家として大成する人も多いです。自分のことだけでなく、世の中全体がよくなるように、人々の暮らしがよくなるようにと願い、社会に貢献します。

健康面は良好で問題なく、肉体的にも精神的にも安定しています。ただし、健康すぎるあまり、過信して不摂生をしないように気をつけなければなりません。家庭運もよく、家族を守り、よい家庭を築いて発展していくでしょう。

アドバイス

イメージしたものを現実にしていく力を持つので、できるだけ大きな目標を持ち、強くイメージしながら努力を重ねていけば、相当な成功を手にするでしょう。頭を下げるのは苦手ですが、どれだけ人に感謝して頭を下げられるかが、大きな成功を手にできるかどうかの分かれ道となるでしょう。

この画数の有名人

麻生久美子（女優）、安藤サクラ（女優）、岩田剛典（俳優）、指原莉乃（タレント）、城田優（俳優）、高倉健（俳優）、竹内涼真（俳優）、仲里依紗（女優）、宮本浩次（音楽）

32画

運勢の型

和

♂

吉数

♀

最強画数
BEST
5

天の恵みをたくさん受け、自然と幸せに

生まれつき運がよく、天からの恵みをたくさん受けながら、幸せな人生を送ります。自分ががんばらなくても、自然と物事がうまくいってしまう得な性質を持ちます。才能は豊かで、それを生かすチャンスにも恵まれます。さまざまな人とでも調和する能力にすぐれ、だれからも愛され、人から引き立てを受け、年齢を重ねるにつれてさらに信頼も得られて安泰となるでしょう。苦労しなくても、地位や名誉を得られます。たとえうまくいかないことがあっても、すぐに協力者が現れ、問題を軽くクリアしていい形で再出発できます。お金にはそれほど執着しませんが、常に援助を得られたりして困ることはありません。

健康面は良好で、今の健康な体を過信して不摂生な生活を送らなければまずは問題ありません。家庭運も安定していて、配偶者とは中年期以降さらに仲が深まるうえ、子どもも親孝行なので幸せな生活となります。

アドバイス

謙虚さを持ち、周囲の人に感謝の気持ちを伝えるようにすれば、ますますよい運に恵まれます。人にしてもらうだけでなく、自分にもできることがあれば、積極的に行いましょう。人の前に立ち、目立つのはそれほど好きではありませんが、自分のイメージを表現するのは好きなので、絵や文章などで発表するといいでしょう。

この画数の有名人

明石家さんま（芸人）、有村架純（女優）、桑田佳祐（音楽）、高畑充希（女優）、広瀬すず（女優）、又吉直樹（作家）、松坂桃李（俳優）、西島秀俊（俳優）

33画

運勢の型

傑

♂ 最強画数 BEST 5

「エネルギーが強く、智恵と勇気で突き進む」

怒濤のごとく運気が隆盛し、智恵と勇気で道を切り開いて、社会的な地位をつかみます。エネルギーが強く、豪快で野心家で負けず嫌いなので、自分の信念は曲げず、どんな手段をつかってでも信念を通そうとします。知能が発達して判断力にすぐれ、気配りが上手で人の面倒見もいいので、よき指導者として周囲の人がついていきます。金銭面は生まれてから死ぬまで、お金に困ることはありません。大金を動かすのも動じないうえ、お金をかせぐ力もあります。お金のつかい方もかなり豪快で、人に借金を頼まれると、貸すくらいならあげてしまうタイプです。

ただ、変化の強い数なので、ついていけなくて転落する人もいます。特に女性は運勢が強すぎて、仕事はバリバリできるのですが、そのままだと付き合う男性をつぶしてしまいかねないので、控えめさも必要です。夢が大きいだけに、家庭をあまり顧みなくなるので気をつけましょう。

アドバイス

この数の運気をつかいこなすためには、受け止められるだけの健康な体をつくらなければなりません。体力をつけるためにも適度な運動を継続的にしてください。まっすぐ背を伸ばした姿勢を心がけて生活するといいでしょう。体調がよくないときは運気が一気に低下するので、あまり出歩かないように注意しましょう。

この画数の有名人

大島優子（女優）、亀梨和也（歌手）、清原翔（俳優）、草彅剛（俳優）、永野芽郁（女優）、降谷建志（音楽）、山﨑賢人（俳優）、星野源（音楽）、宮沢氷魚（俳優）

34画

運勢の型
奇

［パワーが強く、学術や芸術方面で成功］

若いうちに、学術や芸術方面で成果をあげて成功します。ただ、その後はさらに上向く場合と、急降下する場合の2つのパターンにはっきり分かれる人生です。いずれにしてもパワーが過剰なため、悪気がなくても我を通して、すぐにトラブルを起こしがちです。凶運が来ると次から次へと悪いことが起こり、お金がなくなり、健康は損なわれ、家庭は離散とすべてマイナス方向に進んでしまいます。凶の原因は自分の能力にうぬぼれることなので、凶が来ないためにも謙虚さを忘れず、初心にかえって努力を重ねるように心がけましょう。

健康面では弱さがあり、すぐに疲れを感じます。激しい運動は避けたほうがよく、ウォーキングや部屋のふき掃除のような軽い運動を日課にするといいでしょう。家族運は薄く、故郷を離れる暗示があり、晩年は我を通すと孤独で寂しくなります。

アドバイス

気分の浮き沈みがあり、自分の気持ちや考えをなんでも外に出しすぎて、損をしていることが多いようです。場所や相手をわきまえて、自分の感情をそのまま出すことは甘えだと自分を戒め、気持ちを外にぶつけないように、少しまわりに気をつかうようにしてください。人とは適度な距離で付き合うと、運気がアップします。

この画数の有名人

蒼井優（女優）、坂口健太郎（俳優）、鈴木京香（女優）、竹野内豊（俳優）、長澤まさみ（女優）、松任谷由実（音楽）、渡辺謙（俳優）、渡辺直美（芸人）

35 画

運勢の型

誠

［温和で誠実。人と調和して円満に］

温和で智恵があり、誠実に人と向かい合い、円満で幸せな人生となります。真面目で控えめで、人を押しのけてまで自分が前に出ようという欲はありません。人柄がよくて優秀なので、自然と認められ、尊敬を集めるでしょう。また、手先が器用なので、何をやっても手早く、感受性が豊かなので芸術や学問の分野で才能を発揮して成功する人も多いです。ただ、与えられたことはきちんとこなしますが、どうしても受け身で、自分で開拓したり、自分から進んで何かしたりするのは苦手です。自分の意見をはっきり言わないために、本意ではないことをさせられて、たいへんな目にあうこともあるので気をつけましょう。

健康は、不安があります。体には気をつけていますが、もともと丈夫なほうではありません。ムリは厳禁です。家庭運は幸せを待っていますが、自分で築く姿勢になればさらに安泰となります。

アドバイス

〝来るもの拒まず〟の性格ですから、すべて受け入れようとするため、いっぱいいっぱいになってしまうことがあります。自分がムリしているかなと思ったときは、正直に相手に断るようにして、できることだけきちんとするという姿勢がいいでしょう。人に上手に頼ることも覚えましょう。

この画数の有名人

相武紗季（女優）、綾野剛（俳優）、大橋卓弥（音楽）、狩野英孝（芸人）、桐谷美玲（女優）、陣内智則（芸人）高良健吾（俳優）、多部未華子（女優）、東野幸治（芸人）、百田夏菜子（歌手）

36画

運勢の型
乱

器用で実力もあり、専門的な分野で成功

器用で実力もあり、専門的な分野で成功する人生です。平穏無事な生活を望んでいますが、波瀾万丈となりやすく、かなり浮き沈みは激しいでしょう。運の急な変化も暗示され、転落することもありますから、気が抜けません。性格は義侠心があって情が深く、困っている人に頼まれるとイヤとは言えず、自分までトラブルに巻き込まれるようなところがあります。また、自分の考えがありそうで実はなく、人の意見に左右されてしまうところがあり、肝心なところで弱さが出てしまうので、もっと強い意志や冷静さが必要でしょう。深く考えずに行動してしまうところを改めないと失敗につながるので、あせらず、よく考えてから行動するように心がけましょう。

いつも体のどこかがよくない暗示があるので、落ち着いて行動するようにして、食事にも気をつかったほうがいいでしょう。

アドバイス

気分の浮き沈みがあり、短気で神経質なので、人にはむずかしく、暗い印象を与えてしまいがちです。いつも笑顔でいられるように、家の中に鏡をいくつか置くようにして、笑顔のチェックをしましょう。感情が乱れたら、まず顔を洗うこと。洗うことができない場合は、手のひらで顔をマッサージするだけでも効果があります。

この画数の有名人

佐藤健（俳優）、関根勤（芸人）、中村獅童（歌舞伎）、福士蒼汰（俳優）、松岡修造（テニス）、松嶋奈々子（女優）、薬師丸ひろ子（女優）、柳沢慎吾（俳優）

37画

運勢の型

努

♂ 吉数

♀ 最強画数 BEST 5

「独立独歩で大業を成し遂げ、富み栄える」

独立独歩で進み、大業を成し遂げ、富み栄える人生です。コツコツと努力を重ね、マイペースで目標を達成していきます。特に事務的な正確さを求められる仕事で、能力を発揮します。控えめでおとなしいわりに面倒見がよく、頼りがいがあり、実力があってもおごらず、見栄も張らないので、信頼を得られます。困難も多いものの、負けることなく目標に向けて努力し、地位と名誉を得られるでしょう。熱心な趣味を持ちやすく、ミュージシャンやキャラクターにはまることも多そうです。

健康面は体がそれほど丈夫でないので、過剰に働いて精神的ストレスが多いと、てきめんに出てしまいます。家庭運では男性はよく支えてくれる家族を持ちます。女性は仕事と家庭の両立が困難で、もとの家族の縁が強くて問題が多くなりそうです。故郷を離れた、別の土地での結婚のほうが幸せになります。

アドバイス

器用で、人を頼りにしたくない性格なので自分でなんでもして、ムリをしがちです。人にしてもらえるところは頼み、自分ですることを少なめにしたほうが、最終的により大きなものを得られます。まかせた仕事は信頼して相手に渡すようにして、途中で細かいことを言うのは控えましょう。

この画数の有名人

上野樹里（女優）、織田裕二（俳優）、香取慎吾（歌手）、是枝裕和（映画）、櫻井翔（歌手）、賀来賢人（俳優）、深澤直人（デザイン）、福山雅治（音楽）、吉岡聖恵（音楽）

38画

運勢の型
慎

芸能や芸術方面で豊かな才能を発揮する

知性があり、芸能や芸術方面で豊かな才能を発揮する人生です。真面目な努力家で、生まれつきの優秀さや手先の器用さをあわせ持つので、スタミナさえあれば、かなりの成功をおさめます。瞬発力にすぐれている半面、継続するだけの意志に欠け、初めは勢いがあっても持続せず、目標までいかないことも多いでしょう。また、慎重派で、自分の限界は心得ていて、無謀なことには手を出しません。外見も控えめでおとなしい感じなのですが、内面は野心が強く、競争好きで、ライバルが出現するとがぜん燃えるといった正反対の部分も持ち合わせます。

健康面はムリさえしなければ問題ありません。精神的に豊かで、穏やかで人を大切にするため、いい友人にも恵まれ、幸せな時間を送れます。家庭運もよく、明るく温かい家庭を築くことができるでしょう。

アドバイス

根気があまりなく、もう少しがんばればいいところまでいくのにやめてしまうことが多いので、続けるかどうか迷ったときは、とりあえずやり続けることを選びましょう。そうすれば、自分でも思っていなかったほどの大きな力がわき上がり、飛躍できます。人と積極的に交流して、よきライバルを持つのもいいでしょう。

この画数の有名人

市川海老蔵（歌舞伎）、片瀬那奈（女優）、加藤諒（俳優）、久保田和靖（芸人）、駿河太郎（俳優）、仲井戸麗市（音楽）、林家正蔵（落語）、宮崎駿（アニメ）

39画

運勢の型

超

♂ 最強画数 BEST 5

♀ 吉数

人並みはずれた知力と体力で大きく発展

運気は隆盛で、生まれながらにして財に恵まれ、努力すればするほど運が開け、富と名声も得て幸運な人生を送ります。人並みはずれた知力と体力を持ち、どんな悪いこともよい方向へ変える不思議な力を持ちます。ただ、吉凶が表裏一体なので、波瀾が多く、落ち込んだり、気を抜いたりしていると、一気に運気は下降します。問題が生じても落ち込むことなく、自分で運勢をコントロールして困難に挑んで解決していきます。生まれながらに徳を備え、人間的な魅力にあふれているため、いつも注目を浴び、リーダーとしてまとめる立場になります。

健康面は心配ありませんが、働きすぎて不注意でケガをすることがあるので注意が必要です。家庭運は良好ですが、外部の人からトラブルを持ち込まれて、かき回されやすいので、家族の結束を強くしておきましょう。

アドバイス

運が自分の波長とダイレクトに関わっているので、いつも明るく、落ち着いていられるように自分のまわりの環境を整えるように心がけましょう。仕事をするときは、気分が高揚するために音楽をかけるとよい成果が出るでしょう。手をできるだけつかうようにすると、余計なエネルギーを放出することもできます。

この画数の有名人

稲垣吾郎（歌手）、神尾楓珠（俳優）、清野菜名（女優）、瀬戸康史（俳優）、菅田将暉（俳優）、戸田恵梨香（女優）、野田秀樹（演劇）、満島真之介（俳優）

40画

運勢の型
激

「知識が豊富で好奇心旺盛、変化を好む」

知識が豊富で、新しい世界を知りたいと好奇心旺盛です。リスクのあることにも手を出し、スリルが大好きでギャンブルにものめり込みやすいタイプです。平凡で穏やかな生活などには興味がなく、今を生きていることを実感できるような刺激的な体験に価値を感じるでしょう。住居も仕事もひとつのところに定着するのを嫌い、いろいろと変わりそうです。はっきりと主張するため、自己中心的と思われますが、そのはっきりした態度が逆に魅力となり、人から好かれます。ただ、運気が激しく変わり、成功しても突然転落するといったことが起こりやすく、人生に無数の波乱が暗示されます。

健康面でも、突然の病気に見舞われることがあるので気をつけましょう。家庭運は望めばいい家庭を築きますが、遊び好きでよくモテるので、トラブルも多そうです。

アドバイス

激しい運気なので、どんなことも起こりうると思って、問題が起きても冷静に乗り切ることで、難を最小限にくい止めることができます。ただ、刺激だけを求めて、危ないなかに飛び込むのは、周囲まで巻き込むことになるのでやめましょう。成人後はいいセカンドネームを持つと仕事がさらに発展し、運勢全般も安定します。

この画数の有名人

新垣結衣（女優）、生田絵梨花（歌手）、伊藤淳史（俳優）、伊藤英明（俳優）、小嶋陽菜（女優）、佐藤浩市（俳優）、錦織圭（テニス）、野田洋次郎（音楽）

41画

運勢の型

貴

♀♂

最強画数 BEST 5

正義感が強く、人のために尽くして発展

高貴な雰囲気を持ち、物腰がやわらかで、人望を得て豊かな人生を送ります。清潔感があり、飾らない魅力があり、老若男女みんなから好かれて広い人脈を築いていきます。純粋で真面目で正義感が強く、人のためによく尽くすので、よき指導者としても活躍するでしょう。目標が大きければ大きいほど意欲を持って達成し、着実に地位も築きます。活動的に行動しますが、かなりの慎重派で、無謀なことは初めからしないため、失敗はほとんどありません。スター性があり、芸術や芸能の才能にも秀でており、練習を積み重ねてかなり高い評価を受け、その道に進む人も多いでしょう。また、一生涯財運にも困ることはなく、安定したゆとりある生活を送れます。

健康面も体力があり、病気もはね返す強さがあります。家庭運は子どもに恵まれて、喜びの多い時間を持てます。

アドバイス

人に気をつかうために、知らず知らずのうちにストレスがたまります。それを発散するため、食事や買い物などに向かいやすいのですが、それだけでは満足できないので、スポーツなど体を使って発散する方法にチャレンジすると効果があります。集団よりひとりでできる趣味を持つことも、人生をさらに楽しむ秘訣です。

この画数の有名人

佐藤可士和（デザイン）、篠原涼子（女優）、白濱亜嵐（ダンサー）、西野亮廣（芸人）、藤原竜也（俳優）、松井珠理奈（女優）、松岡茉優（女優）

42画

運勢の型
控

博学で能力はあるが、控えめで前に出ない

博学でなんでも知っていて、見た目も素敵で、カッコいい存在として注目されます。能力があるにもかかわらず、控えめすぎる性格から生かしきれず、もったいないことも多いでしょう。自分を過小評価しすぎて目立つことが苦手なので、どうしてもアピール不足になりがちです。人当たりがよく、社交的なのですが、欲が薄く、競争心もないために、せっかくの人脈があっても生かして社会で活躍しようとまで思いません。また、努力が苦手で器用になんでもできるわりには内容を深めるまでには至らず、だれかに強制的に指示されないかぎり、がんばることはないでしょう。経済的には真面目に働くので安定します。

健康面はエネルギーが不足し、ムリがきかないところがあります。家庭運は基本的に良好ですが、異性の誘惑に弱いのでトラブルには気をつけてください。

アドバイス

生まれつき、責任の重い、自分の力量以上のことを求められ、そのストレスからお酒に逃げてしまいがちです。お酒も飲まれてしまうところがあり、酔って余計なことを言ったり、とんでもない行動をとったりと失敗も多く、そのため、今まで積み上げてきたものが一瞬にして崩れかねないので気をつけましょう。

この画数の有名人

綾小路翔（音楽）、落合博満（野球）、関根麻里（タレント）、長瀬智也（音楽）、仲間由紀恵（女優）、三浦瑠璃（作家）、道端アンジェリカ（モデル）

43画

運勢の型

烈

［才能があって華やか、パワーが強くて豪快］

才能があり、華やかで豪快な人生を送ります。パワーがものすごく強いため、そばにいる人をはねのけてしまうところがあり、悪気がなくても我を通して人とぶつかります。じっとしているのは嫌いで、人の言うことを聞くのも嫌いです。自分の思うまま、気の向くままに生きていきます。ただ、そのわりに肝心なときに言うべきことを言えなかったり、信念を曲げてしまったりする弱い面も持ち、情が深すぎて悪い縁も切れません。智恵が働きすぎて、できるだけラクをしていい生活をしようと苦労や地道なことを避け、気をつけないと失敗をして、苦労を背負う結果になってしまうでしょう。

金銭面では不安定さがあります。お金は入るものの、散財の性質があるため、気をつける必要があります。自分はしっかりしていると思い込んでいますが、人を簡単に信じてしまい、詐欺にも合いやすいでしょう。異性関係はもめやすく浮気性のところがあるので、平穏な家庭を持つには努力が必要です。

アドバイス

お金のトラブルが人生に悪影響を与えかねないことから、しっかりとした経済観念を持っておく必要があります。まずは自分の使えるお金を、きっちり把握することから始めましょう。そのために、ふだんから家計簿や手帳にお金の出し入れの記録をつけるような習慣をつけるといいでしょう。

この画数の有名人

相葉雅紀（歌手）、綾瀬はるか（女優）、安藤美姫（スケート）、飯尾和樹（芸人）、伊藤蘭（女優）、斉藤由貴（女優）、椎名林檎（音楽）、篠田麻里子（女優）、高橋優（音楽）、溝端淳平（俳優）

44画

運勢の型
離

平凡に満足せず、特定分野で才能を発揮

特定分野の才能に秀でており、多くのことを望み、努力していきます。平凡な人生を嫌い、自分の考えは間違いないと自信を持って進みます。その結果、努力して大事業家や発明家などになって大成功して後世に名を残す可能性もあります。ただ、人の話をきちんと聞かなかったり、努力しなかったりすると、せっかくの才能も開かず、理想だけ大きく、現実は苦労ばかりの人生になってしまうので気をつけましょう。対人関係も社交的なのですが、人脈もあるわりに深く付き合うとトラブルが多くなり、人が離れてしまうようです。その一因として金銭面であまりにシビアで、自分が絶対損をしないようにするので、相手に不快な思いをさせてしまうからです。

家庭運は家族を気づかい、会話を大切にすれば円満となりますが、自分のことばかり考えて行動すると愛想を尽かされます。

アドバイス

人に何かをしてもらっても、当然なことと高飛車なところがあります。〝親しき仲にも礼儀あり〟で、家族や友人から何かをしてもらったときには、感謝の気持ちを言葉やモノで表しましょう。それがないと、しだいに遠ざかっていきます。人を見る目も甘いので、他人に気を許しすぎず、慎重に交際するようにしましょう。

この画数の有名人

安藤忠雄（建築）、江國香織（作家）、河瀬直美（映画）、近藤真彦（歌手）、佐藤勝利（歌手）、古舘伊知郎（アナウンサー）、横浜流星（俳優）

45画

運勢の型
昌

♀♂
吉数

［意志が強く忍耐力も。万難を排して成功］

意志が強くて忍耐力があり、万難を排して大きな成功をおさめます。決断力と行動力を備えているため、夢を現実のものにするでしょう。働き者で、行動することが好きなので、たいへんなことも苦労と思わずにがんばることができます。人生を通して急変の暗示があり、中年期には特に大きな困難がありますが、それも優秀な頭脳と智恵で切り抜けていきます。周囲とよく調和して着実に努力を重ね、財産と名誉を得られます。また、外見は豪快で近寄りがたい雰囲気がありますが、内面はやさしく繊細で面倒見もいいので、人望が厚いでしょう。

家庭運は波がありますが、動じない気持ちでいれば、流れがよい方向に向かいます。エネルギーが強すぎて、自分の体調がよくないときは、事故や災難に見舞われることがまれにあるので、安全を確認しながら行動しましょう。

アドバイス

せっかちなことが原因となり、行動が早すぎて確認がおろそかになると失敗することが多くなります。大きな仕事ほどあせらず、ていねいにこなしていくように心がけてください。夜は早めに寝るようにして朝は早く起き、午前8時までの太陽の光を浴びるとエネルギーバランスがとれて、落ち着いて行動できます。

この画数の有名人

新田真剣佑（俳優）、忌野清志郎（音楽）、梅沢富美男（俳優）、小島瑠璃子（タレント）、近藤春菜（芸人）、諏訪内晶子（音楽）、鳥越俊太郎（キャスター）

46 画

運勢の型
難

運命の変化で困難多いが、才知で乗り切る

貧しい暮らしから苦労して大金持ちになる人生と、裕福な環境からすべてを失うような災難や事故に遭遇する人生と、2通りに分かれます。どちらにしても運気が非常に強いので、平凡な生活を送ることはなかなかむずかしいでしょう。意志はもともとそれほど強くないので、人生の初めに苦労していたほうが、がんばる力がついて結果的に晩年がよい人生となります。才能は豊かで吸収力があるので、勉強すればするほど伸びていきます。人との関係で自分を主張するのが苦手で、利用されることが多いので、気をつけなければいけません。

健康面は体力がありそうでなく、ストレスや疲れから急性の病気になることがあり、注意が必要です。家庭運は相手の気持ちが理解できず、ぶつかるところが多くなりがちですが、あまりむずかしいことは言わないで笑顔で過ごしましょう。

アドバイス

ほめられて伸びるタイプなので、自分を高く評価してくれる人たちのなかに入ったほうがいいでしょう。よい面が伸びれば、欠点はあまり直そうとがんばらなくても、自然と改善されます。考え方が真面目で堅すぎると思われがちですが、真面目であることはとても大事なので、変わろうと思わず、マイペースでいきましょう。

この画数の有名人

菅野美穂（女優）、草薙航基（芸人）、島崎和歌子（タレント）、東儀秀樹（雅楽）、錦織一清（歌手）、藤ヶ谷太輔（歌手）、藤原紀香（女優）、間宮祥太朗（俳優）

47画

運勢の型

恵

♀♂

吉数

〔努力家で順調に発展し、念願が叶って繁栄〕

地道に努力を続け、順調に発展していき、念願を叶えて繁栄する人生です。運に勢いがあるので、長い苦労を乗り越えて目標を達成して、地位や名誉を得られるでしょう。才知にあふれてセンスもよく、華やかな雰囲気を持っているので、周囲に人が自然と集まってきます。気持ちがやさしく、温厚で真面目な性格なので、だれからも好かれるでしょう。勘が強くて、インスピレーションがわき、アイディアが豊富で、自分を信じて行動すれば素晴らしい結果を残すことができます。人と調和するのが得意なので、個人よりも組織で活動するほうが、自分の才能を大きく発揮することができます。

また、財運にも恵まれ、生涯困ることはまずないでしょう。健康面も心配なく、よほどのムリをしないかぎり、寿命も長くなります。家庭運も安定して、優秀な子どもに恵まれます。

アドバイス

目標設定が高いため、到達する間は不安になりますが、自分を信じて努力を重ねましょう。あせりがいちばん禁物なので、マイペースで集中力を高めていくようにすると、いい結果が出ます。うまい話についのりがちですが、そのようなおいしい話はないと慎重に対処したほうがいいでしょう。

この画数の有名人

賀集利樹（俳優）、加藤登紀子（音楽）、亀田興毅（ボクサー）、假屋崎省吾（華道）、宮藤官九郎（脚本）、斉藤和義（音楽）、水道橋博士（芸人）、成瀬巳喜男（映画）、柳楽優弥（俳優）

48画

運勢の型
優

♂ 吉数

♀ 最強画数 BEST 5

知徳を兼備して人望あり、陰のリーダーに

知徳を兼備して心やさしく、運にも恵まれて順調な人生を歩みます。意志が強くて、かなりのやり手なので活躍しますが、ワンマンで表に立つというより、陰のリーダーとして周囲との調和を大切にしながら物事を進めていきます。相談役やブレーンといったフォローする立場で行動したほうが、自分の持ち味を発揮でき、名声と名誉を得ることができるでしょう。経済的には大金を動かす能力に秀でていて、かなりの支出があるものの、それなりに収入も多いので心配ありません。

人気スターや政治家など人の前に立つ人はエネルギーを過剰に使ってしまうため、健康面で不安が出てきます。精神的にも安定せず、事故などの災いも呼びやすいため、十分注意する必要があります。家庭運は良好で家族仲もよく、お互いを助け合いながら生活します。

アドバイス

苦労することがほとんどなく生涯を送ることができる強運を持っているので、何も心配することはありません。人生をさらに楽しむためには、本を読むのもよいですが、外の人と関わるようなサークルに所属したり、セミナーなどに参加したりして勉強すると、よい仲間ができ、充実した時間を送れるでしょう。

この画数の有名人

岩館真理子（漫画）、遠藤憲一（俳優）、滝藤賢一（俳優）、加藤清史郎（俳優）、鬼龍院翔（音楽）、髙梨沙羅（スキー）、平野紫耀（俳優）、渡部篤郎（俳優）

49画

運勢の型

挑

［強烈な個性で、不運も幸運へ切り替える］

吉凶が混合して、幸運と不運が隣り合わせの変化の多い人生です。強烈な個性を持ち、自己アピールが上手で、人にインパクトを与えます。若いときに成功するものの、その成功を維持することがむずかしく、大きなことに手を出して失敗するパターンに陥りがちです。金銭問題を抱えることが多く、共同事業からトラブルが次々と起こり、まわりにいた人たちもしだいに離れていきます。よほど強い意志を持って状況を打開しないと、晩年は迷いが多く、寂しいものになってしまいます。

特に気をつけなければいけないのは、お酒との関係。お酒の席で気持ちが大きくなり、誤った判断をしてしまって、それが人生に大きな影響を与えてしまうのです。お酒を外で飲むときは、かなり気をつけてください。家族運は薄く、ひとりでいるのが好きなので、独身を通すことも多いようです。

アドバイス

感情的にムラが出やすく、マイナスエネルギーを呼んでしまうきっかけとなります。特に、夕方から夜にかけて気がゆるみやすいので、顔を洗うなどして気を引き締めるといいでしょう。また、自分の手本となる人物を探して、そのポスターを部屋の壁に貼ると、自分の波長を変えられます。

この画数の有名人

遠山景織子（女優）、葉加瀬太郎（音楽）、牧瀬里穂（女優）、渡瀬恒彦（俳優）

50画

運勢の型
弱

［若いうちに幸運に恵まれ、成功して活躍］

若いうちに幸運に恵まれて、難関の試験に合格したり、仕事で大業を成し遂げたり、人から注目を浴びます。ただ、人によってはその後、さらにいいところを見せたいと思うあまり、うまい話にのせられて、成功を持続するのがむずかしくなってしまい、晩年には富や名声も失いかねません。早いうちにいい思いをしてしまっているので、地道にコツコツ努力することがイヤになってしまい、一攫千金を狙ってギャンブルにはまることもあります。ギャンブルにはまり始めると抜けられないので、初めから手を出してはいけません。派手でなくても、幸せな生活を送るように心がけてください。

健康面は体力がなく、精神的にもときどき落ち込みやすいところがあります。家族運は自分からトラブルを持ち込まなければ安定しますが、そうでないと別れることになります。

アドバイス

弱いところを隠そうと、しっかりした自分を人に見せようとしてしまいがちですが、強い自分になるために、体を鍛えるところから始めると、体も心もあわせて強くなっていきます。スポーツを日々の生活に取り入れると、自然と自信がついてきて、人生も楽しく、人ともうまくいくでしょう。

この画数の有名人

高橋英樹（俳優）、橋田壽賀子（脚本）、藤森慎吾（芸人）

51画

運勢の型

謙

[運気が急上昇し、大きなチャンスが訪れる]

大きなチャンスが何度か訪れるので、才能を磨く努力を重ねていれば大きく発展して、富と名声を手にすることができます。しかし肝心なのはそのあとで、運気はそのまま拍車がかかったように急上昇し、本人の能力を超えたような動きをするため、かなりの努力を持続しないかぎり、逆に運につぶされ、せっかく得た幸せも消えてしまうでしょう。その困難から逃げず、謙虚さを忘れずに、冷静に問題を解決していけば、状況は少しずつ改善されます。若いころはいいのですが、中年期に入ると波瀾に巻き込まれやすく、晩年に向かうにつれ、エネルギーが弱まるので、早いうちに生活の基盤をしっかり築いてください。

健康面はかなり神経をつかうほうなので、精神的な疲れから体を壊しやすいです。家庭運は調和を大切にして、言葉選びを慎重にして暮らせば、争うこともなく円満となります。

アドバイス

個性が強すぎて組織になじみにくく、毎日単調なことも苦手なので、仕事はフリーでできる専門職を選ぶといいでしょう。時間の自由がきくのが理想なので、そのためにも勉強をしっかりして才能を磨くように心がけたいものです。早いうちに安定しても安心できないので、先々のことを考え、堅実な人生設計をしましょう。

この画数の有名人

木下優樹菜(タレント)、瀧本美織(女優)

52画

運勢の型
明

♀♂

吉数

強運で無から有を生み出し、心願成就

強運の持ち主なので、晩年に向かうほど運気は上昇し、安定して心願成就の人生になります。先見の明があり、無から有を生み出す強力なパワーを持っています。性格も明るく、積極性があり、エネルギッシュな活動家なので、やりたいと思ったことはすぐにチャレンジします。並みはずれた行動力と苦難に立ち向かう強い意志があるので、大業を成し遂げるでしょう。インスピレーションがわき、次々とアイディアが浮かぶため、イベントや祭り事などの企画でも力を発揮します。本来、人と同じ歩調で歩くのは苦手ですが、適度に合わせる努力もし、できないことはできないとはっきり言います。せっかちで次のことに気持ちがいってしまい、忘れ物なども多いでしょう。

家庭運はよく、配偶者も協力的です。子どもも優秀に育ち、大きくなって社会に貢献するでしょう。

アドバイス

エネルギーが強すぎるため、知らず知らずのうちに人に威圧感を与えてしまいがちです。相手があまり緊張しないですむように、笑顔を心がけましょう。また、自分の考えを述べるのはいいのですが、人に話す隙を与えないので、相手にも話すタイミングをつくってあげるようにするとよいでしょう。

この画数の有名人

遠藤章造（芸人）、斎藤佑樹（野球）、須藤理彩（女優）

53画

運勢の型

流

［よきパートナーを得て協力があれば繁栄］

運気は安定せず、人生の前半が幸せで後半が不幸になるか、あるいは前半不幸で後半安定する、というふうに人生の前後どちらかが繁栄して、もう一方は衰退することがあります。外見は華やかで、きらびやかに見えるのですが、内面には障害があり、挫折や苦労も多いでしょう。いいパートナーを得て協力してもらい、謙虚な姿勢でいることができれば、問題も最小限に抑えることができます。弱いところを見せたくないと変に強気なところがあるため、自分で苦労を抱えがちです。優等生タイプで自分をよく見せたい気持ちが強く、ファッションにも気をつかい、会話もむずかしいことを言ってがんばります。また、住居や職業は変わりやすく、安定しないでしょう。

家庭運もお金に関するトラブルで亀裂が入りやすいので、家庭内では極力お金に関する話題は避けけましょう。

アドバイス

人からよく見られたいという気持ちが人一倍強く、それが結果的に自分を苦しめてしまいます。人は人、上を見ればキリがない、下を見てもキリがないわけで、ムリのない生活を心がけましょう。だれとでも合わせられるため、自分を出さないで感情を中に込めすぎです。感情を少し吐き出す方法も覚えると、運気がアップします。

この画数の有名人

後藤輝基（芸人）、高橋春織（女優）

54画

運勢の型

攻

積極的で攻撃性あり。中年期が勝負

若いうちに独立し、中年期から運気に激しい波が出てきて、トラブルの多い人生となります。パワーが過剰で、悪気がなくても我を通して相手を攻撃する形となってしまい、いつの間にか孤立してしまいます。人に頼ることは苦手で、ひとりでなんでもやろうとします。直観力にすぐれ、頭がよく、欲が強く、現状には満足できないため、いろいろなことを望んで手を出します。が、あまり努力をするほうではないので、願いは叶わず、失敗することが多いでしょう。エネルギーが強いだけに、いったん悪い方向に流れ始めると止めることができないので、あらかじめ悪くならないように注意しましょう。

健康面は働きすぎが原因で、精神的な病気になる傾向があります。家庭運は主張が強すぎてトラブルが多く、気をつけないと家族から捨てられ、寂しい老後となります。

アドバイス

人とムリに仲よくなる必要はありませんが、いざというときにお世話になりそうな人には、ふだんから手紙やお礼を送るなどして交流を続けて、礼儀を尽くすように心がけましょう。理屈っぽいところがあるので、人との会話のときには、余計なことを言わないように気をつけたほうがいいでしょう。

この画数の有名人

磯野貴理子（タレント）、猪瀬直樹（作家）、衛藤美彩（女優）、渡邉美樹（実業家）

55画

運勢の型

新

「知性にすぐれ、運に怒濤の勢いがある」

運に怒濤の勢いがあり、上手にコントロールできれば華やかで豊かな人生となります。知性があり、バランス感覚にすぐれ、常に新しいことにチャレンジしてとどまることがありません。強い意志を持って、情に流されないように気をつけていけば、かなり大きな成功をおさめます。ただ、気を抜いて運に身をまかせすぎると、反対に衰退するので気をつけましょう。いつでも過信することなく、自分の才能を磨く努力を続けてください。人といっしょに何かをするということが苦手なので、組織よりも独立したほうが合っています。自分の力を冷静にみて、今の力で最大限できることをするように心がけましょう。

健康面は良好ですが、感情に波があるとき、事故やケガといった突発的なことが起こりやすく、特に注意が必要です。家庭運はよく、家族も仲よく生活できます。

アドバイス

気になることは早めに片づけるようにして、できるだけ考え込むことを少なくするようにしてください。人から頼まれたとき、なかなか断れなくて心を痛めることが多いのですが、その時点で自分にできることとできないことを明確に判断して、ムリがあることはできないと誠実にきちんと言えば、あとあとトラブルになりません。

この画数の有名人

瀬戸内寂聴（作家）

56画

運勢の型
迷

「能力はあるが積極性に欠け、迷いやすい」

能力はあるものの、パワー不足で根気が続かず、積極性もないので迷いが多くなりがちです。どうしようかと考えているうちに時間ばかり過ぎて、結局何もしないまま終わることが多いでしょう。問題が起こっても、根本から改めることをしないため、何度も同じようなトラブルを起こしてしまいそうです。自分の人生に責任感が少なく、だれかがなんとかしてくれるだろうと気楽なところがあります。才能があっても決断力に欠け、実行力がないので、チャンスを逃すことも多いでしょう。

一度転んでしまうと立ち直れず、不運続きになってしまうので、自分の人生は自分でつくるという強い気持ちで運命に立ち向かっていきましょう。また、優柔不断なところから家庭ではケンカが多くなるので、そのつどそのつど、小さなことでも判断を早めにするようにしましょう。

アドバイス

幸せは天から降ってくる、いつもだれかに幸せにしてもらうことを待っています。ラクをして幸せを手にしようとするより、まずは毎日の生活で、いっしょに住む人を気づかい、自分も心地よく過ごせるようにまわりの環境をよくしていきましょう。運命の力を信じて、迷ったときは最初に話があったほうを選ぶといいでしょう。

この画数の有名人

澁澤龍彦（作家）、武者小路実篤（作家）

57画

運勢の型

慶

♀♂

吉数

〔天からの恵みを受けられ、人と調和する〕

家運のいいときに生まれたため、天からの恵みを受けて自分のしたいことができる幸せな人生を送ります。生命力が強く、明るく前向きなので、周囲の人たちとも仲よく調和します。一生に一大難にあうといわれますが、たとえそういうことに遭遇しても、天からのパワーを受けて九死に一生を得られるでしょう。その後の人生も思いのままで、繁栄と成功を手に入れられます。聡明で勉強家、常に平常心を保ち、思いやりを持って人と接するので、だれからも好かれます。ユニークな感性と頭脳を生かして、芸術や学術方面で成功する人も多くいます。あまり社会と接するほうではないので、世間知らずのところもあり、それがかえってその人の魅力となっています。

健康面はもともと丈夫なので、ムリさえしなければ心配ありません。家庭運もよく、温かい家庭を築くでしょう。

アドバイス

ふだんから感性を磨くことが、開運の秘訣です。いい音楽を聴きにコンサートへ行ったり、美しい絵を見に美術館へ出かけたり、と芸術に親しむ場所へマメに足を運ぶことで、ますます自分のエネルギーを増やすことができます。災難から逃れるために、心と体の柔軟性を高めておくといいでしょう。

この画数の有名人

笑福亭仁鶴（落語）

58画

運勢の型

憂

♀♂

吉数

〔波瀾万丈でも、最終的に本当の幸せを得る〕

波瀾万丈ですが、最終的に幸せを手にする人生です。一度大きな失敗をしたあとは大きな幸運がやってきて、年を重ねるほど運は上昇して、晩年は安定します。判断能力にすぐれ、冷静に的確な行動をとることができます。また、困難が大きければ大きいほど闘志が燃え、正面からぶつかって解決していきます。問題が起きるたびに乗り越えて、大きく飛躍するため、トラブルは幸せになる前触れと思っていいでしょう。

ただ、精神力が弱っているときは、運命に翻弄され続けてしまいます。夢を持っても叶うこともなく、どんなに努力しても結果が伴いません。意志が強いか弱いかが、運を上手に乗りこなすことにとても重要となります。

健康面は苦労の積み重ねや悪条件の環境で不安定です。家庭運は配偶者に支えられながら、しっかりとした家庭を築きます。

アドバイス

ささいなことで一喜一憂して落ち込むのはバカバカしいので、失敗しても成長できるよい経験と思ったほうがいいでしょう。結果を急がず、じっくりと時間をかけて、勉強をして経験を積んでいくことが大切です。目標を高めに設定しすぎることが多いのですが、望みは大きいほどよく、叶うものも多くなります。

この画数の有名人

59画

運勢の型

飽

［生まれてから成人するまで苦労知らず］

生まれてから成人するまで、苦労がほとんどありません。ただ、ツキにまかせて何もしないでいると、成人したあと、突然努力しなければならなくなるのでたいへんです。パワーに欠け、根気がないので、急に努力しろと言われてもなかなか簡単にはできません。トラブルが発生することを想定して万全の対策を練るようにして、問題が起きても周囲にも迷惑が及ばぬように対処方法を準備しておくことが大事です。迷いが多く、時間をムダにしてしまうこともしばしば。何かを始めてもすぐ飽きてしまい、計画を変更してばかりいると、結局、何も身につかないまま終わるので気をつけてください。

健康面は疲れやすく、すっきりしないままなので、食生活から見直して、体力づくりをしましょう。家庭運はあまり恵まれず、その結果、仕事に集中できない悪循環になります。

アドバイス

欲ばってなんでもがんばろうとしないで、できることからコツコツと、一つできたら自分をほめてあげましょう。ペースが遅いので、人と自分とは違うと初めから人をあまり意識しないことが大事です。お酒を飲む人の場合、お酒の場での失敗が多く、人生に悪影響を及ぼすことが多いので、飲みすぎには注意してください。

この画数の有名人

笑福亭鶴光（落語）

60画

運勢の型

幻

災難が多いが、マイペースで進めば幸せに

運に激しく翻弄され、災難の多い人生となります。自分は普通の人とは違うと信じていて、目標に向けて何回もチャレンジします。能力があるのでなかなかの成果を出していきますが、あと少しというところで逆風が吹いてきます。失敗に弱く、プライドも高いため、うまくいかないと深く落ち込んでしまい、立ち直ることがなかなかできず、再起に時間がかかってしまうでしょう。その結果、チャンスの波がすでに去ってしまっていることも多く、成功は幻で終わってしまいがちです。自分に厳しすぎるところを改めて、人の目は気にしないで、マイペースで努力を続けられれば幸せはやってきます。

健康運は不安があります。慢性病を持ちやすいので、ふだんから健康管理をしっかりとしてください。家庭運はとてもよく、家族どうしに思いやりがあって仲よしです。

アドバイス

若いうちに運気が強く、かなり思い切った投資をして利益を得ますが、しだいに勢いは落ちるので、それを見越して、手堅くいったほうがよいでしょう。自分の力よりも少し落としたくらいのところで止めておくのがポイントです。パワーの強いとき、弱いときが極端に違うので、その時々で冷静に行動してください。

この画数の有名人

渡嘉敷勝男（ボクサー）

61画

運勢の型

繁

♀♂

吉数

〔社会的な名声を得て財を築き、繁栄する〕

一家繁栄して社会的な名声を得て、財を築く人生です。ふだんからいつ何が起きてもいいようにと準備を重ね、チャンスを持ち前の勘のよさですぐにキャッチして、最大限に能力を発揮します。意志が強く、忍耐力もあるため、困難がきてもあせらず、正面から突破するでしょう。自我はかなり強く、人のアドバイスをあまり聞いていないように見えるため、コミュニケーションがうまくとれずに損をしがちです。周囲とわかり合えるまではトラブルもあり、変なところで頑固で妥協しないので、敵も多くなります。それでも人間的魅力にあふれ、人に気配りして親切なので、味方もたくさんいるでしょう。

健康面はそれほど身体は丈夫ではないものの、日ごろから体づくりを心がけ不摂生をしなければ問題ありません。お酒によるトラブルを起こす暗示がありますので控えてください。家庭運は安定しています。お互いに干渉しないといったクールな関係ですが、問題が起こったときには結束して助け合います。

アドバイス

必要以上に人の上下関係をつけすぎるところがありますが、やめたほうがいいでしょう。だれに対しても、えらぶることもなく、また卑屈になることもなく、みんな対等に接したいものです。劣等感が強く、それを補うために肩書きにこだわりやすいのですが、ある程度の年齢になったら、偏見を持たずに人付き合いをしましょう。

この画数の有名人

南陀楼綾繁（作家）

62画

運勢の型
疲

神経が太く、問題にも深刻にならない

パワーが不足して気力に欠け、災難に次々に見舞われ、衰退していく人生です。やる気がなくはありませんが、いつも受け身で自分から行動することがありません。始めたこともすぐイヤになり、途中で挫折。問題が起こっても深刻になるわけでなく、しかたないとすぐあきらめてしまいます。改善しようと思わないためにいつもトラブルを抱えています。コミュニケーション能力が著しく欠け、他人との意思の疎通が苦手です。自分から話題をつくる努力をする、相手の話はきちんと聞くというあたりまえのことをするだけでも、ずいぶんよくなります。

健康面では抵抗力がなく、いつも病気をしているところがあるので、体力をつける必要があります。家庭運は幸せにしてもらうのを待ち、不平不満ばかりですが、幸せを自分でつくる気持ちに切り替えたいものです。

アドバイス

気力が続かないのは、エネルギーが不足しているから。食事に問題があることが多いので、まずは食生活を見直しましょう。食事の時間をゆっくりととり、食べ物に感謝をしながらいただくと、寝ている間に、食べ物のエネルギーを内側にためられ、体内にインプットすることができます。

この画数の有名人

63
画

運勢の型
実

♀♂
吉数

「愛情と物質に恵まれ、夢や希望も実現する」

愛情と物質に恵まれ、華やかで幸運な人生を送ります。生まれながらの強運なので、やりたいことはできてしまううえ、夢や希望も現実のものにしていきます。人となりは品格があり、才能豊かで、人間的な魅力にあふれて人を引きつけます。気持ちはやさしく、困っている人がいればすぐに助け、どんなことをしてあげても見返りを求めるような狭い心を持っていません。たとえ悪いことが起きてもいつもプラス思考で、それは意味があって起きたことと、あくまでも悪いようには受け取らず、頭も気持ちも切り替えて向かっていきます。また、人にさりげなく気配りができてよく働くので、仕事でも評価は高く、信頼されるでしょう。経済的にも安泰で困ることはありません。

健康面も良好で、いつも元気で寿命も長いでしょう。家庭面も配偶者と立派な子どもを得られ、末永く子孫も繁栄します。

アドバイス

人との付き合いに気をつかいすぎるところがあるので、ムリのない適度な距離を持った付き合いを心がけるほうが精神的にもラクで、運気も伸びていきます。頼られることも多いですが、面倒見がよすぎて力になりすぎてしまい、かえって相手が能力を出さなくなってダメにしてしまうこともあるので、ほどほどにするように。

この画数の有名人

64画

運勢の型

壊

正義感が強く、正面から戦いを挑む

パワーがとても強くてアクシデントに遭遇しやすく、周囲のものを破壊する力を持っています。悪気がなくても我を通して、すぐトラブルになります。真面目で正義感が強い、まっすぐな心を持っていて、自分が正しいと思ったとおりに行動して全力を尽くし、トラブルのなかに自ら入っていきます。行動力は素晴らしいのですが、思い違いが多く、また公正を保とうとするあまり人の意見で考え方がコロコロ変わり、一貫性のないのが残念です。気分にムラがあって飽きっぽいので、職業もよく変わり、ひとつのところにじっとしていられません。お金には無頓着で、すぐに浪費してしまい、困ることが多いでしょう。

健康面は肝臓に負担がかかりやすいので、注意が必要です。疲れているときは、ケガにも気をつけて。家庭運は自分中心すぎで相手を思いやらないと、寂しい思いをすることになります。

アドバイス

前向きなのはいいのですが、楽観的すぎて過信してしまうと、失敗することが多くなります。状況判断をしっかりして、慎重すぎると思うくらいの行動でちょうどいいでしょう。特に、口が災いとなる場合があるので、その場にいない人の話題は、悪口だけでなくほめることさえも控え、あいづち程度にしておきましょう。

この画数の有名人

笑福亭鶴瓶（芸人）

65画

運勢の型

寿

♀♂

吉数

運に恵まれ、品格と知性を備えて安泰

生まれつき運に恵まれ、物事がトントン拍子に進み、一生安泰な人生です。カリスマ性があり、品格と知性を備えていて、控えめながらもいつの間にかみんなの中心にいます。チャレンジ精神旺盛なので、何にでもチャレンジしようという勇気もあって、こうだったらいいなと思う希望をどんどん叶えていくでしょう。性格も裏表がなく、人柄もよく、魅力的です。明るく正直なので、まわりからも好かれ、特に目上の人から引き立てられます。仕事は自分の得意分野を生かしたものに就き、やりがいがあるのでていねいにこなしていきます。

金銭面は恵まれていて、一生お金に困ることはありません。大金を動かす力があるので、お金をたくさんかせいで豪快につかいます。

健康面は抵抗力が強く、風邪などにもかかりにくいうえ、健康管理もきちんとしているので、長寿となります。ただし、不注意なところがありますのでケガには注意が必要です。家庭運は良好で、子孫も繁栄します。

アドバイス

思ったことが叶う才能と性格があるので、夢はできるかぎり大きく持ち、具体的にどうしたいのかをイメージするといいでしょう。人に親切で徳を積んでいき、それは結局、自分の寿命となってかえってくることになります。年齢を重ねるごとに運がよくなるので、年齢を重ねることを楽しみましょう。

この画数の有名人

66画

運勢の型
危

［アクシデントに見舞われても冷静に対処］

年齢を重ねるにつれ、急なアクシデントや突然不幸に見舞われる波瀾万丈の暗示があります。金銭トラブルを起こしやすく、詐欺にもあいやすいものの、気持ちを乱さず、冷静に対処していきます。また、いつも穏やかでやさしい人柄なので人気があります。ただ、気持ちの面で弱いところがあるため、運にも人にももまれてしまいがちです。自分のことよりまず家族なので、やりたいことがあっても自分の意志を押し殺し、家族の意見に従い、あきらめます。でも、それは新しいことに憶病になっているだけであり、乗り越えて初めて幸せを手に入れることができます。家族への依存心を抑えて自立することができれば、運気は一気に上昇して活躍できるでしょう。

健康面は体が丈夫なので病気にはならないと過信しやすいのですが、ムリをして倒れることがあるので注意してください。

アドバイス

のんびりしすぎていて、「先のことはなんとかなる」と考えず、いざというときは人に頼ればいいと、考えに甘さがあります。依頼心を捨てないかぎり、いつも不満が多く、そのイライラした気持ちにトラブルが集まってくるので、初めから自分のことは自分でするようにして、何かしてもらった人には必ず感謝しましょう。

この画数の有名人

67画

運勢の型
伸

♀♂

吉数

［世渡り上手で目標を達成し、順風満帆］

若いころから頭角を現し、目標を達成して順風万帆な一生を送ります。真面目で人の巡りがよく、目上から引き立てを受けられて、社会的な活躍をします。世渡り上手で、人を動かす力もあるため、自然と地位も富も手に入れるでしょう。同年代の人たちのなかで、ねたんで敵対意識を持つ人たちもいますが、そんな人のことは全然気になりません。それより自分の好きな芸術や芸能のことを考えて、悪い気をシャットアウトして吹き飛ばします。有言実行タイプなので、なんでもこうしたいということを口にしながら前へ進み、本当にそのようになる努力を重ねていきます。

健康は良好で、いつも元気です。性格的に頑固なところがあるので、コミュニケーションをとる際には、誤解されぬように注意してください。家族運も良好でプライベートも充実します。

アドバイス

人との衝突には強さがあり、落ち込みませんが、そのようなときに気分にムラが生まれてしまい、事故やケガを引き寄せてしまいがちです。人との衝突は極力さけ、それでも衝突してしまったあとは、たとえば直後の乗り物に乗ることは控え、どうしても乗る場合は塩で手を清めてからにしましょう。

この画数の有名人

68画

運勢の型
勉

♀♂

吉数

〔才知にすぐれ、たゆまぬ努力をして成功〕

才能にすぐれ、知識も豊富で努力を重ねていき、徳を積みながら成功していく人生です。精神力は強く、一度決めたことは最後までやり抜くので、その結果、地位や名誉、そして財産を得ることができます。浮ついたところがなく、真面目で勤勉なので信頼も厚く、高い評価を得られます。助言や援助をしてくれる人にも恵まれ、たいへんなときには救ってもらえます。経済的には一生困ることもなく、きちんと貯蓄して余裕があります。お酒や浮ついた遊びにおぼれることはまずなく、特別なとき以外は、夜はあまり外出もしません。

健康面はいそがしいと体によくないように思いがちですが、この画数の人は暇になると逆にリズムが狂ってしまい、体調を崩してしまいます。また、若いうちに家庭を築くことで運気がアップし、子どもにも恵まれて幸せになります。

アドバイス

真面目すぎて、がんばりすぎると頭も体も煮詰まってしまい、よくありません。がんばったら意識的に少し休息して遊ぶという時間をつくっていくことで、才能をより発揮することができるようになります。警戒心が強いわりに人がいいので、詐欺のようなものにも簡単にひっかかりやすく、注意が必要です。

この画数の有名人

69画

運勢の型

滞

［一生に何度か大金に恵まれる強運がある］

一生に何度か大金に恵まれる強運に恵まれる、不思議な人生です。きちんとした心構えを持てば、労働意欲も高まり、怠惰な生活を送ることもありませんが、そうでないと苦労して得たお金ではないために簡単にバンバン使ってしまい、ゼロどころかマイナスになってしまうこともあります。地道に努力することの大切さを、つい忘れてしまうのです。お金に人生を振り回されることがないようにしないと、社会から見放されてしまうので気をつけてください。とにかく運気の波が相当激しいため、プラス思考でいかないと、普通では考えられないような出来事に見舞われるので気をつけましょう。

健康面は不安定で、少しのことですぐに体調を崩すのでムリはできません。家族運はコミュニケーション不足で、意思の疎通がなかなかできず、トラブルが起きやすいので注意しましょう。

アドバイス

マイナス思考をプラス思考に変えるためにも、もっとあきらめをよくすることが大事です。余計なものは、すべて断ち切らなければなりません。まずは家の中の不用品を廃棄することから始めましょう。友人関係は付き合いがよすぎて派手な印象なので、誘われてもムリをしない範囲での交際を心がけましょう。

この画数の有名人

70画

運勢の型
怠

智恵があって器用。お金に恵まれる

運気の波が激しく、常に揺れてしまう人生です。自分の意思とは関係なく、住居や仕事が変わりやすく、流動的で安定することがありません。智恵があって器用なのですが、ついラクをしたがり、肝心なときも「まあいいか」とつい手を抜いてしまうでしょう。人とのコミュニケーションも常に受け身で、社会性に欠け、無気力でおとなしく目立たず、ひきこもりがちです。強い意志と勇気がないと、いくつになっても親離れできず、自立することがむずかしいでしょう。お金には生まれつき恵まれていますが、貯金は一切考えず、成人してからは浪費が目立つようになり、人生に悪い影響を与えていきます。

健康面はムリをして体を壊しやすいので、体を休めるように心がけてください。家庭運はひとりのほうがラクに感じてしまい、家族と離れる暗示もあります。

アドバイス

軽い気持ちでしたことが大きな問題を引き起こしやすいので、少しでもまずいかなと思ったら、やめる勇気を持ちましょう。賭け事などは、少しだけするつもりが大金を使ってしまうので、初めから手をつけないことです。買い物は計画的にしましょう。そして、いいパートナーを持つことで運気は安定します。

この画数の有名人

71画

運勢の型

堅

♀♂

吉数

［堅実で慎重に進み、年を重ねるごとに開運］

生を堅実に着実に歩む人生です。人生の初年は、環境に恵まれていて、何も心配しなくても幸せに楽しく過ごせます。しかし人生の中盤は、思いどおりに物事が進まないことが多くなっていきます。それでも気持ちを強く持ち、あきらめずに努力をし続けるため、しだいに運が開けていき、年を重ねていくほど安定して幸せな生活となります。慎重でじっくりと考えてから行動するため、決断が遅く、実行力のないように思われがちですが、気にすることなくマイペースで進むことが大事でしょう。自分の気持ちを高めてくれ、大胆な判断ができるパートナーに出会えれば、さらに飛躍します。金運はとてもよく、ほしいものは手にすることができます。お金もムダに使うこともないので、貯蓄をしてかなり財を残します。

健康面はふだんから健康管理に取り組んでいるため、ほとんど病気をしません。家庭運はよい配偶者に恵まれ、いっしょに温かい家庭を築きます。

アドバイス

責任感が強いのはよいのですが、強すぎて、細かいところまで気になり、問題を抱えやすい傾向があります。何事にも瞬時に白黒をつけようとしますが、ときには事態を見守る心の余裕を持ち、グレーのままのものにも価値を見出すことができるようになれば、ストレスも減って状況も改善されます。

この画数の有名人

72画

運勢の型
虚

理想が高く、好きなことを追求する

人生の前半は好調ですが、後半になると運気は下り坂になります。パワー不足で気力が充実せず、何をしても途中でイヤになってしまいます。理想は高く、言うことも大きいのですが、実際は何もしないうえ、言うことと行動が全然違うことも多いでしょう。トラブルも多く、都合の悪いことは人のせいにしがちです。また、趣味に費やす時間やお金は相当なもので、好きなことは徹底的にやりたいと思っています。器用で頭もいいので仕事もできますが、お金に関心が薄く、頭を下げることが嫌いなので、商売などはまず向きません。そのため、趣味を生かして、その指導者になるのがいいでしょう。

健康面は体力がなく、消化器系が弱いので、日ごろから体力づくりを心がけてください。家庭面は調和の心を持っていれば、家族がまとまり、子どもも立派に成長します。

アドバイス

節目のセレモニーを大事にすることによって、運気は向上します。家族の誕生日はもちろん、結婚記念日、入学式、卒業式、成人式などを家族で祝う習慣をつけるようにするといいでしょう。自分から計画を立て、神仏に感謝の気持ちを表せば、家庭内はまとまり、外で活躍するよいエネルギーを与えてくれます。

この画数の有名人

73画

運勢の型

登

♀♂

吉数

「紆余曲折し、最終的には幸せを手に入れる」

紆余曲折しながらも、最終的には幸せを手に入れられる人生です。若いころは高望みばかりしていて、現実とのギャップにイライラすることも多く悩みがちです。自己主張が強すぎるため、人との関係もうまくいかず、トラブルが多くなります。中年期以降は自分の力量をよくわかってきて失敗が少なくなり、運気も安定します。自己主張が強すぎるため、初めは組織のなかで自分をうまく表現することがむずかしく、苦労も多くてたいへんです。でもそれも、年齢を重ねるにつれて社交術を身につけると、自分にも人にも完璧さを求めず余裕が出てくるため、いろいろなことがよい方向に動きます。その結果、かなりの地位や名誉を得られて、社会的にも活躍します。経済的には晩年になるほどよくなり、生活設計をしっかりすれば安泰です。

健康面は良好で、スポーツなども積極的に楽しみます。家庭面は生活設計をきちんと立てるため、経済的にも安定し、家族と幸せに暮らせます。

アドバイス

人の過ちに寛容になることが、運気を上げるポイントです。自分が器用なので人の行動が気になってイライラしてしまい、それが自分のペースを乱す最大の原因となるので、気をつけましょう。できなくて困っている人がいたら、感情をあまり入れないように注意しながら、指導していくようにしてください。

この画数の有名人

Mr.都市伝説関暁夫（タレント）

74画

運勢の型
寒

若いうちは好調で気力も充実する

パワーが過剰にあり、若いうちは好調で気力も充実します。ただ、体力が衰えてくると、自分に入るパワーが強すぎて、それに耐えきれなくなり、安定しなくなってきます。あまりに次々と問題が起こるため、初めはがんばってなんとかしようとしますが、しだいに気力もなくなり、なるようになれと流されっぱなしになります。自分が原因をつくったにもかかわらず、人のせいと責任転嫁しがちなので気をつけてください。

若いうちはいいのですが、問題なのは中年期以降です。もともと体が丈夫なほうではないので、精神的な不安定さも加わり、大きく健康を崩すおそれがあります。ムリのない人生設計を立てなければいけません。

家庭運は幸せが降ってくるのを待っていてもそのようなことはないので、自分で幸せをつくる努力をしましょう。

アドバイス

マイナス思考に陥る原因のひとつは、体力のなさです。おすすめは、剣道や空手など気の充実を重んじるスポーツで、自分の内にパワーをためて、しっかりと体をつくることで運気も改善します。また、言葉不足による誤解が多くなりがちです。感謝の気持ちも意識的に言葉にするようにしていくと、人との関係もよくなります。

この画数の有名人

75画

運勢の型
向

♀♂
吉数

若いうちから努力を重ね、晩年安定

若いころに積み重ねた努力が、晩年に影響を与え、安定した人生を送ります。性格は堅実で、部屋では読書を好みます。いろいろなことにツキがあり、行動力もあるため、ムリさえしなければ安泰です。社会的な評価を受けて人から認められるよりも、日々穏やかで愛のある生活に価値を感じ、自分でもそのようにして暮らします。障害もありますが、やる気でカバーしていき、何事にも真面目に取り組み、努力を惜しまないので、目標を達成するでしょう。周囲からも助けを得られ、支持されます。あまり欲を出さないことが大事で、あせって勢いがありすぎると結果を出せない傾向があるので、現実的に生きるように心がけましょう。

健康面も心配なく、一生平穏に過ごせます。家庭面も経済的にも恵まれ、家族仲よく暮らすことができます。

アドバイス

人に流されない性質で、何も心配がありませんが、生真面目すぎるために周囲にそれが伝わって、いつもピリピリとした雰囲気になりがちです。みんなもリラックスできるような気軽な雰囲気づくりを心がけることで、結果的に自分が気持ちよく生活できるようになり、サポートしてくれる人たちもしだいに増えます。

この画数の有名人

76画

運勢の型
薄

自己中心的で人と調和せず、ひとりで歩む

運気の波が激しく、人と不和が原因で孤立する人生です。能力があるのでひとりで物事に取り組んでいるうちは、いい成果をあげられます。でも、社会と関わってくると、プライド高く、あまりに自己中心的なので、周囲を見ないで行動して反感を買うようになってしまい、なかなかうまくいきません。コミュニケーション能力を意識的につけないかぎり、誤解されることが多く、どこへ行っても対人関係で苦労しそうです。自分の気持ちが人にはっきり伝わらず、気をもむことになります。経済的にはふだんは節約家なのですが、たまに一発逆転を狙って大損をすることがあるので、ギャンブルは極力控えましょう。

健康面は中年期に体力が突然落ちてストレスも加わり、病気になるおそれがあります。また、早い時期に親から離れて生活する暗示があります。

アドバイス

人との関わり方にむずかしさがあるので、できるだけ不特定多数の人と接することがなくてもよい環境をつくるとよいでしょう。そのためにもよく勉強をし、能力を磨いていくことが大事です。〝先生〟と呼ばれるような職業であれば、ストレスはかなり少なくなります。とはいえ、人への気配りは忘れずにしましょう。

この画数の有名人

画

運勢の型

克

♀♂

吉数

よいことと悪いことが交互に訪れる

よいことと悪いことが交互に訪れる人生です。人生の前半よければ後半悪く、前半悪ければ後半よい、と人生が大きく変わります。才能があるのでかなり大きな成功を手にしますが、安心してもいられず、突然そこから転落するような出来事が起こってしまいそうです。なんといっても若いときの努力が大切で、きちんとがんばっていれば、たとえ人生の後半が悪いといっても最小限の難で乗り越えられそうです。性格は明るく素直なので、人からも愛され、特に目上の人から好かれて、困ったときには大きな力になってもらえるでしょう。ただ、人がよすぎてだまされやすいので、口のうまい人には警戒してください。

健康面は体力がそれほどないので、規則正しい生活を送り、過度なスポーツを控えるようにしてください。家庭面はよい家族に恵まれ、困難をいっしょに乗り越えてくれるでしょう。

アドバイス

智恵が働き、人を上手に利用するところがありますが、頼りすぎてしまうと、思わぬ落とし穴があり、最終的に自分がたいへんになります。できるだけ人を頼らなくていいように、まずは自分に力をつけてください。自分が人に何かをしてあげようという気持ちになれれば、一気に状況はよくなるでしょう。

この画数の有名人

78画

運勢の型
温

♀♂
吉数

温和で意志が強く、専門分野で能力を発揮

中年期までは順調ですが、しだいに運気の乱れが出てくる人生です。知識豊富で才能があり、専門分野で能力を発揮します。温和で人当たりがよく、周囲からの人望が厚いので周囲から協力を得られ、たいへん充実した日々を送ります。ただ、年をとるにつれて、我が強くなり、強引に自分を押し通し、自分の能力を過信しすぎるところが出てきます。それによって、晩年にはしなくてもいい苦労を自ら呼びこんでしまいそうです。人からの忠告も全然聞こうとせず、むしろやめたほうがいいと言われると余計やろうと思ってしまうのです。それでも強い意志が困難も上手に乗り切り、最小限で食い止めるでしょう。

健康面は良好ですが、過労や睡眠不足などから自ら身体を痛めやすいので注意してください。家庭は円満で、ほどよい距離の家族で親子関係もよいでしょう。

アドバイス

中年期をいかに充実させるかによって、晩年の人生が決まります。趣味を通して、できるだけ多くの人と出会い、いい刺激を受けながら自分を磨いていきましょう。お世辞に弱いところがあり、話にのせられやすいので、口がうまい人には警戒しながら付き合っていき、本心はできるなら見せないようにしましょう。

この画数の有名人

79画

運勢の型

偽

「真面目に努力して、運が開ける人生」

初年運は厳しいのですが、年齢とともに開けていく人生です。バイタリティーがあり、元気いっぱいで、真面目で与えられたことはきちっと行います。ただ、人の目を必要以上に気にしてしまい、自分のペースを乱しがちです。人によく見られたい気持ちが強く、現実とはかけ離れたような大きなことを言ってしまって、それによってあとあと自分を苦しくしてしまいます。そういうところにつけ込まれて、人にうまくのせられ、だまされることも多くなるでしょう。自分は運が悪いと落ち込みますが、わざわざ自らトラブルのなかに入っていってしまっているだけなので、慎重な行動を心がければ、ずいぶん災難から逃れることができます。

健康面は丈夫で、多少のムリはまったく平気です。家庭面はよい配偶者に助けられながら、幸せで安泰となります。

アドバイス

やさしいのはいいのですが、やさしすぎはときに悪となります。トラブルに巻き込まれ、周囲に迷惑がかからないためには心の強さが必要です。人のために自分ができることはここまでと、自分の力量をきちんとわかっていることが大事です。まずは人のことの前に、自分の生活を充実させることに専念してください。

この画数の有名人

80画

運勢の型

障

［さっぱりした性格だが、集団は苦手］

運気の波が激しく、障害が多くて孤独な人生です。世の中に適応するのがむずかしく、社会生活になじめなくて、学校も仕事も通うのがたいへんでしょう。人にもよく見られたい欲求が強すぎるようです。頭もよく性格もさっぱりしていて、けっして悪い人間ではないのですが、幼いころの愛情不足が問題を起こしているようです。人と何かいっしょにするということが根本的に苦手なので、集団生活もうまくいきません。相手が自分の都合のいいように変わってくれるのをいつも期待しているところがありますが、人というのはそうは変わらないと認識しなければ、いつまでたっても孤立したままです。

健康面はいつでも何か病気を抱えているような感じで、ムリをしないことが一番です。家庭は災厄が多く、経済的にも不安定なので、ケンカが絶えなくなりそうです。

アドバイス

人との関わりが極力少なくてすむような、自分ひとりで進められる種類の仕事をするといいでしょう。かなり名前の影響が強いので、体調をすでに崩しているようであれば、画数のよい名前をもうひとつ持つようにすると運気は改善します。同じ読みで漢字だけ変えるのもおすすめです。

この画数の有名人

「総画」全80画の吉数表

1～80画の吉数を一覧表にまとめました。運勢のいい順に、「最強画数」（男女各５つ）、「幸運画数」（男女各５つ）、「吉数」（男女で31個）になります。

1 ♀♂吉数	2	3 ♀♂吉数	4	5 ♀♂吉数	6	7 ♀♂吉数	8 ♀♂吉数	9	10
11 ♂吉数 ♀幸運	12	13 ♂幸運 ♀最強	14	15 ♂幸運 ♀最強	16 ♂最強 ♀吉数	17 ♀♂吉数	18 ♀♂吉数	19	20
21 ♂最強 ♀幸運	22	23 ♂最強 ♀吉数	24 ♂幸運 ♀最強	25 ♀♂吉数	26	27	28	29 ♀♂吉数	30
31 ♀♂最強	32 ♂吉数 ♀幸運	33 ♂幸運	34	35	36	37 ♂吉数 ♀幸運	38	39 ♂幸運 ♀吉数	40
41 ♀♂最強	42	43	44	45 ♀♂吉数	46	47 ♀♂吉数	48 ♂吉数 ♀幸運	49	50
51	52 ♀♂吉数	53	54	55	56	57 ♀♂吉数	58 ♀♂吉数	59	60
61 ♀♂吉数	62	63 ♀♂吉数	64	65 ♀♂吉数	66	67 ♀♂吉数	68 ♀♂吉数	69	70
71 ♀♂吉数	72	73 ♀♂吉数	74	75 ♀♂吉数	76	77 ♀♂吉数	78 ♀♂吉数	79	80

2章

地格でみる恋愛運

◆名字は「先天的な運」、名前は「後天的な運」を表す

日本人の名前は、上が「名字」で、下が「名前」となっています。上の名字が〝先天的な運〟を表すとすれば、下の名前は〝後天的な運〟を表します。名字はその家を示していて、宿命としてその家と縁を持ったわけですから、なかなか自分の意志を働かせることはむずかしいのですが、下の名前は今世の自分そのものなので、自由に動かしていくことができます。

名字を「天」、名前を「地」ということから、名前の画数のことを「地格」といいます。この画数では、恋愛運やセックスについてのとらえ方を知ることができます。

人生で性がなぜ重要なのかというと、いうまでもなく、この世の中は男性と女性しかおらず、この男女が一対になったときに、性エネルギーの交流が起こり、生命エネルギーが生み出されるからです。この最たるものが、子どもです。人間がずっとこの世に存在し続けるためには、子孫が繁栄していかなければなりませんから、性がとても大切なのです。そして、生命エネルギーというのは、人生を創造していく力も与え、生活すべての原動力にもなります。生命エネルギーが減少すると、生きる意欲が落ち、健康にも大きく影響します。いくつになっても生命エネルギーを得られれば、若々しく、人生を楽しんで生きることができるのです。

気の合う同性といっしょに楽しむのもとてもいいのですが、エネルギーの点からみると、異性と交流することがとても大切になります。異性のエネルギーは、自分のエネルギーとはまったく違った種類のものです。異性のエネルギーを得ることで、やる気が生まれ、仕事も充実して、自分の人生を楽しくすることができます。

◆恋愛運やセックス観のわかる「地格」を生かして

そうはいっても、異性と仲よくなり、相手を理解するのはなかなかむずかしいものです。そもそも性が違うので、ムリもありません。出会って仲よくなるまでもたいへんですし、そのあと、出会ったころの刺激もなくなってきて、さらにそこから持続させていくのはもっとたいへんなことです。

そこで、「地格」で恋愛運やセックスのとらえ方など、相手の性質の奥深いところを知ることができるので、どんどん活用しましょう。そうすれば、本来、主観のみで突き進んでいく恋愛を客観的にみられ、思い出に深く残るようないい恋をすることもできるでしょう。

もし初対面で「お名前は？」と聞いて、相手が「ともこです」といったら、「どんな字を書かれるのですか？」と聞き、「友だちの友に子で友子です」と答えたところで、はい、計算。友子は友4画に子3画だから合計7画。「彼女は恋はゲームと考えているな、わりとオープンな性格だ」とすぐわかります。それにそって、会話の内容を選んだり、デートの場所を考えたりしていけばうまくいくでしょう。相手を知れば、こちらもムダなことをしなくても相手が求めていることがわかりやすいのです。

当然のことながら、相手だけでなく、自分の恋愛のしかたについてもわかります。わかっていそうで実はわかっていないのが自分のこと。相手がだれであってもだいたい同じようなことで問題が起こっているはずです。地格では、自分の恋愛パターンが決まっていますから、客観的に、注意すべき点を認識することができます。それを意識して実生活に生かしていけば、同じ間違いを繰り返さず、いい恋愛につながっていきます。

◆生命エネルギーが高まる心地いい関係を

結婚は、ひとつ屋根の下で男女が生活を営み、日々ともに生活するわけですから、お互いに生活を持続させる相性のようなものがあります（これは4章「音の響き」から知ることができます）。お互いが生かし生かされる関係となり、必要性を感じる人どうしがいっしょになります。しかし、恋愛にはそのような枠にはとらわれず、もっと自由に、さまざまなバリエーションがあります。それは、人と人との関係にはいろいろな距離感があるからで、それは相手によって違います。

恋愛というと相性のよしあしをよく聞かれますが、あえていえば、いいなと心惹かれる相手とは、みんな相性はいいのです。出会ったということは、何よりも縁があったということ。〈肉体的関係はなくても、男と女でいることで会話が楽しく、いい気分になった〉という場合、これも立派な性エネルギーの交流です。お互いにとてもいい刺激が生まれ、知らず知らずのうちに生命力がアップしているのです。肉体的関係のみというさっぱりした関係もありますが、それも同じように生命力アップにつながります。心だけの交流、肉体だけの交流、心と肉体両方の交流とどれも大切ですし、甲乙つけがたいものなのです。

もし、今、いいなと思う人がいるとしたら、それはとてもハッピーなことです。生命エネルギーの高まるチャンスです。その気持ちを大事にして、「地格」で相手を研究しながら、積極的にアプローチして、心地いい関係をつくっていくように行動してみてください。

◆「地格」の数え方

「地格」とは、下の名前部分の文字の画数を足した数のことです。この「地格」で、恋愛のパターンをみることができます。本書では、下1ケタによって10タイプに分けています。

たとえば、青木友里という名前の場合、名前の「友里」の部分の画数を足します。「友」が4画、「里」が7画で、合計11画となるので、1画のところをみてください。

例

青木友里 4＋7＝地格は11画→1タイプ

山田真也 10＋3＝地格は13画→3タイプ

◎本書では戸籍の文字を実際の筆づかいどおりに数えます。ただし、戸籍の文字が旧字であっても、ふだんの生活で新字を使っている場合には、新字で数えた画数の影響も受けるため、旧字、新字の両方を計算してみてください。

◎本書ではあくまでも実際に表記された文字を重視して、一筆（ひとふで）を1画とします。漢字の数え方も、一は1画、二は2画、三は3画、四は5画、五は4画、六は4画、七は2画、八は2画、九は2画と、実際の画数で計算します。

◎「々」は3画、長音符号「ー」は1画とします。濁点（゛）は2画、「ぱ」「ぴ」などの半濁点（゜）は1画と数えます。

◎漢字の画数がよくわからないときには、巻末の画数表「読み方で探す漢字の画数」（306〜333ページ）で確認してください。ひらがな、カタカナの画数は、334ページを参考にしてください。

理性が働き、恋におぼれない。理想は高く、好みがはっきりしている

いつも理性を働かせていて、恋におぼれることはありません。デートは事前によく考えて、かなりきちんとしたプランを立て、それを忠実に実行しようとします。デート中も盛り上げようと、会話がとぎれないように配慮したりします。ただ、彼女の話を聞くというより自分のことを語ってしまいがちで、それも仕事の話などかたい話が多く、いまひとつムードに欠けます。そもそも仕事が好きで、優先順位は仕事が一番であり、恋に熱心でないため、恋愛にのめり込むことはまずないでしょう。とはいっても、女性は大好きで、理想は高く、好みもはっきりしています。ただ、相手をよほどいいと思わないと行動はせず、関係を持つのは本気なときだけです。

また、セックスは義務的であり、本能でするというより、頭でする傾向があります。相手を楽しませようときちんとサービスをするので、相手もとりあえず満足します。ややせっかちなので、もっと時間をかけてていねいに愛撫したほうがいいでしょう。何より相手を愛しいと思う気持ちを持つことが大事で、そうすれば相手も奉仕してくれるようになるでしょう。

地格1画の例

涼、啓、悠、望、陸、隆、健、進、勇人、駿介、彰吾、優太、貴則、政博、佑輔、智哉、直嗣、一真、和也、恭一、兼一、光司、純一、達郎、拓也、直也、尚之、憲司、謙介

美しくセクシーで、男性から人気。命令され、支配してほしい欲求が強い

美しくセクシーなので、男性からはかなりモテます。社交的で明るいので、いろいろな人と広く浅い付き合いをします。支配されたい欲求があり、ワイルドな男性を求めますが、実際にはやさしくおとなしくて上品な男性ばかりが寄ってきます。自分に命令してくれる強引な男性が好みなのですが、なかなかそういう人とは縁がありません。体で感じるより、まず頭で考えてしまうところがあり、純粋な恋をしたいと思ってはいるものの、いざ好みの男性が現れると、学歴や収入などを厳しくチェックして、だれからも尊敬される男性でないと恋愛をやめてしまいます。人の目は関係なく、競争意識も持たず、恋愛は自分がいいのが一番と思えるようになれれば幸せになれます。

セックスに心から陶酔することはありません。もっと感じたいと思っていますが、自分のプライドと相手への遠慮が出てしまい、集中できず、大胆になりきれないのです。セックスの最中も声を抑えてがまんし、奉仕も少なめです。相手は悦んでいないと誤解してしまうので、自分をもっと開放したほうがいいでしょう。また、このタイプには同性愛も多いようです。

地格 1 画の例

萌、唯、菫、彩、萠、愛奈、七海、朋子、幸子、佳子、京子、千佳、藍子、絢香、琴美、遥香、博美、真理、里緒、理紗、詩織、音葉、清惠、志緒、亜由美、明日香、眞裕美

男性の場合 ♂

恋はこっそりと秘密に進行させる。一度別れてもまたよりを戻すことも

女性のことなどまったく関心がないように装いつつ、実際はかなり興味が強いほうです。恋は秘密にこっそりと進め、周囲にバレないように楽しみます。恋愛自体は打算的で、自分の出世や地位向上に役立ち、自分の支配下に入って、自分の言うことをなんでも聞いてくれそうな女性を選びます。社交的で前に出て活躍する女性より、自分の一歩後ろを歩くような控えめな人を好みます。ただ、関係が深くなるにつれ、最初の印象と異なり、相手の女性は気が強く、わがままになり、激しいケンカが絶えなくなりそうです。それはお互いに愛を与えてもらいたいという受け身の気持ちが原因です。人がよく、未練が多いので、一度別れても、また同じ人と付き合うこともあるでしょう。

セックスではスタートはいいものの、スタミナが続きません。ソフトすぎて野性味もあまりないので、相手によってはもの足りなく感じることもありそうです。また、せっかくいい雰囲気になったときの会話が重く、深刻な話題になりがちです。特に、女性の昔の恋愛話を聞き出さないように。余計なことは聞かず、ふたりの時間を明るく楽しいものにしましょう。

地格 2画の例

敦、智、明仁、昂太、克司、良平、恒之、泰人、俊之、達馬、一基、京介、拳人、耕二、俊也、大祐、友和、将人、雅哉、瑞紀、優司、優世、良毅、稜哉、麗士、篤樹

望みは高く、白馬の王子様を待つ。愛するよりも愛されて幸せになれる

恋愛は自分からアプローチしないで消極的なのですが、望みは高く、白馬の王子様をいつまでも待っています。恥ずかしがり屋の奥手で勇気がなく、好きな人ができても、恋を実らせるのにかなり時間がかかります。おとなしくて遠慮がちなので、好きだという気持ちが相手に伝わらなくて、唐突な行動をしてしまうこともありそうです。もともと自分をリードしてくれる男性が好きで、そういうタイプの男性に迫られるとすぐにほれてしまいます。繊細な性格なため、恋愛がうまくいかないと受ける傷が大きいので、自分で好きになるより相手に好きになってもらって交際するほうが幸運をつかめます。

セックスでは、最初は純情ぶって控えめで遠慮していますが、いざ始まると激しく濃厚に愛します。終わったあともべったりとくっつき、なかなか離れようとしません。独占欲が強く、嫉妬深いところもあるので、一度関係を持つと自分が一番でないと気がすみません。それを相手が窮屈に感じると、浮気されてしまうこともありそうです。結婚にこだわりすぎず、迷いや疑いを捨てて生きましょう。

地格 2 画の例

結、葵、久美、文佳、俊子、郁子、亮子、信子、友佳、美園、睦美、奏子、華乃、小春、遥、莉乃、香蓮、紗喜、詩音、愛美、瑠奈、里穂、麗子、和歌、歌織、絵梨香、瑠璃子

まめで話術が巧みなプレイボーイ。追われるより追いかけるのが好き

女性から人気があり、とてもよくモテます。女性のほうから声をかけられることも多いうえ、いいなと思う人には自分からも声をかけるプレイボーイタイプです。会話はおもしろく、細かい気づかいもできて相手を気持ちよくさせ、まめなので二股、三股かけても、相手に気づかれることなく交際できます。万が一浮気がバレたとしても、〝しかたないね〟と許されてしまうような憎めないキャラなので得です。でも、根は真面目で慎重派なので、恋には深入りしないようにしています。言うことを聞く女性を支配するというより、女性といっしょに楽しむほうが好きです。自分で追いかけるのが好きなので、女性があまりに積極的になると逃げたくなります。また、冷静で臨機応変に行動することができるので、トラブルがあっても解決します。年を重ねるほど魅力が増していき、異性関係も充実します。

セックスは好きですが、それほど強くはありません。セックスの好みはノーマルです。ただ、下半身に病気を持ちやすく、うつしたりうつされたりしないように気をつけましょう。中年から晩年にかけて、美女を愛人にする暗示があります。

地格 3 画の例

新、稜、聖、明弘、圭吾、宗平、悠人、英司、太郎、勇介、祐太、奏介、陸人、右京、一智、万馬、貴一、圭吾、大悟、智一、友哉、武蔵、曜平、優樹、凌太郎、謙志郎

女性の場合 ♀

情熱的で追いかけるほうが好き。かわいらしさと妖艶さの両方を持つ

魅惑的な雰囲気を持ち、恋愛に対しては情熱的で、追いかけられるより、追いかけるほうが好きです。恋は遊びだと思っていて、理屈抜きで恋を純粋に楽しもうとして、実際に本気で夢中になります。たとえ人前であっても、恋人とは平気でくっついて、ベタベタしたりします。大胆なわりにドライなところもあり、ときとして同時に何人もの男性と関係を持つこともあり、同時進行させることにはまったく平気で、普通にこなします。口先だけの男性にはまったく興味がなく、ムードのある口数の少ない男性にひかれます。でも、ちゃんと男性を選ばないと、ときに遊びがすぎてしまい、心も体もすりきれて破滅することがあるので気をつけましょう。

セックスは積極的でスタミナがあり、とても燃えるタイプです。かわいらしい表情から、しだいに激しい妖艶な表情へと大きく変わります。テクニックも相当なもので、男性はその魅力からなかなか離れられなくなってしまうこともあるでしょう。その半面、自分を満足させてくれる男性になかなか巡り合えず、寂しい思いをすることもあります。

地格 3 画の例

愛、文香、友美、由佳、朱里、朋代、昌代、悦子、彩乃、仁美、乙乃、亜衣、公香、桜子、万莉、桃子、雪乃、菜々美、綾音、聡美、真愛、美緒、優衣、理絵、瑠美、理香子

性的エネルギーが強く、遊び上手。理想は高く、かなりのロマンチスト

カッコよく、遊び上手で、異性にいつも囲まれています。魅力があり、モテるので、ひとりの女性に落ち着くことはなかなかできず、同時に複数の人と付き合ったりします。女性から見たら軽々しい男ですが、実際には人柄は悪くなく、かなりのロマンチストです。ただ、普通の人よりも性的エネルギーが強く、みんな本気なので、ある女性の前では本気でも、違う女性を見るとそれもまた本気になってしまうのです。理想が高いため、付き合い始めると、すぐに相手のマイナス面が見えて飽きてしまうため、ひとりの人と長く付き合えず、次から次へと相手を変えてしまいそうです。結婚も長続きするには相当努力が必要で、できずに離婚することもあるでしょう。

セックスはタフで、時間も長く、回数も多く、申し分ありません。若いうちから女性を知り、生涯、現役を続ける人も多いでしょう。ムードを大事にして、野性的なセックスは好きではありません。女性にかなり幻想を抱いているところがあり、セックスの前後、幻滅するような女性の行動を少しでも見てしまうと、そこで気持ちが冷めてしまい、また次を探そうとします。

地格4画の例

聡、肇、元、豪、一誠、史郎、郁生、亮平、瑛人、悠也、晴人、直樹、優作、賢治、恭介、将太、雅一、悠大、凌介、和樹、恭輔、晃輔、謙吾、耀太、貫太郎、清太郎

女性の場合
♀

かわいらしくて、セクシーで魅力的。男性を思うままにコントロール

上品な面とみだらな面といった違う顔をのぞかせて、セクシーでとても魅力的な女性です。性格はかわいらしく、控えめで静かですが、男性を思うままにコントロールする素質があります。移り気で、恋人が同時に2人になってもOKで、きちんと相手を分けて付き合えます。嘘をつくのも上手で、まったく気づかれないように浮気をして、万が一バレたとしても絶対に「知らないわ」としらをきり、本当のことは言いません。ぜいたくでお金づかいは荒く、現金に弱いため、相手にお金があるとわかると、たとえ好みでなくても感情を入れず、関係を持ちます。また、フェミニストな男性にも弱く、「この世で女性はきみひとり」という言葉にはイチコロで本気になったりします。

セックスは大胆で、ふだんの印象とはまったく違い、変貌します。体がよく反応して、自分の満足のために積極的に動きます。男性はその姿を見て、さらに感じ、喜ぶでしょう。ただ、激しく刺激的なセックスを求めすぎるところがあるので、もう少しゆったりとした気持ちを持つように心がければ、相手とよりよい関係が持続できるでしょう。

地格 4 画の例

碧、明子、万理、文華、成実、美世、麻子、悠子、絢乃、亜希、杏里、佳帆、琴乃、小雪、涼子、史香、光季、芽衣、萌子、由美、梨子、香穂、千鶴、愛菜、莉緒、恵梨子

女性の扱いが上手なのでモテモテ。あこがれの女性には果敢にアタック

自信家で、魅力があり、コミュニケーションをとるのも上手なのでモテます。女性全般にやさしく親切で、その気があるような素振りをするので、女性がすぐに反応して追いかけられることも多いでしょう。でも、その軽さのわりには、自分から簡単に好きになることはほとんどありません。ただ、いったん好きになると、とことん好きになり、しつこくアタックして相手をその気にさせます。みんながあこがれる容姿端麗な女性に果敢にアタックし、かなりの確率で成功させるでしょう。女性を大切にしてかわいがるので、女性のほうもよく尽くして、いい男女関係を築くことができます。ただ、なかには働くのが嫌いで、金銭的にルーズな男性の場合、女性にお金を貢がせてしまう〝ヒモ〟のような生活をする人もいます。

セックスでは精力があるのはいいのですが、そのためにテクニックの研究がおろそかになりがちです。毎回同じテンポで、変わりばえがしないうえ、相手のペースより自分のペースで進めてしまうことが多く、強引なところもあります。また、なかには女性よりも男性を性の対象としてみて、家庭と子どもがいても同性と関係する人もいます。

地格 5 画の例	輝、潤、毅、毅、徹、巧、弘、太一、恭平、健太、大貴、克典、健介、雅人、春樹、一徳、桔平、耕平、雅人、将史、陵太、篤哉、謙治、徹朗、祐樹、雅道、光洋、優弥

ドラマチックな恋を望んでひとりでシナリオを書き、満喫する

ロマンチックで、夢のある恋を求めます。理想が高く、恋に条件があって、男性の好みもはっきりしています。こんな恋愛をしてみたいと決めていて、人柄よりもムードのよしあしで男性を判断します。実際、恋人らしい人ができると、理想の恋愛を実行しようとします。平凡な恋はまったく望まず、お姫様気分が抜けないので一見口説きにくそうに思われますが、シチュエーションに弱く、素敵な場所で口説かれると簡単にその気になります。人間的に問題のある相手とも激しく恋をするので、結婚詐欺にいちばん狙われるタイプです。また、外国人からも好かれる恋の暗示もあります。結果的には、全般的に異性運はよく、いったん好きになると、母性を発揮して相手の気に入るようにつとめるため、いい恋愛を楽しみます。

セックスには変化を求め、ワンパターンが好きではありません。セックスは好きで、かなり興奮するほうです。母性を発揮してサービス満点なので、相手が離れられなくなるでしょう。また、不倫にもはまりやすく、幸福な結婚がむずかしくなるため、現実をよくみるように心がけましょう。

地格 5 画の例

舞、凜、里英、知里、美宇、紗矢、裕子、千尋、晶子、百音、千乃、亜季、音羽、万葉、千絵、菜月、成美、日菜、真央、真由、友菜、莉央、伶果、小百合、沙也加、久美子

男性の場合 ♂

信頼される雰囲気があってモテる。決断力は弱く、トラブル発生も

プレイボーイタイプとまったく遊ばないタイプの両極に分かれますが、信頼されやすい雰囲気を持っているので、どちらにしても女性にはよくモテます。女性に対しては甘く、悪いことはできません。自分からというより、相手から寄ってくるのを待ってスタートする恋が多く、頼まれると断れない性格を見越されて、女性にいいように使われてしまうこともあるでしょう。また、女性を大切にしすぎて、わがままにさせてしまいがちです。面倒見がいいので、相談をもちかけられることも多く、ほどほどにしないとトラブルを抱えやすくなります。ただ、決断力が弱く、もの足りないところもありますが、安心して付き合えるところが魅力です。

セックスに強さや激しさはなく、あくまでもソフトです。ゆっくりとしたペースで進め、相手の反応を見ながら楽しみます。研究熱心でサービスも満点なので、たいていの女性は悦びにひたるでしょう。ただし、仕事をバリバリするような男性的な女性にとっては、もの足りないことも多く、つまらなく感じてしまい、すれ違いが多くなります。

地格 6 画の例

篤、繁、大雅、英明、啓司、創太、彰人、元晴、正隆、康弘、辰彦、一平、仁人、康平、聖也、創太、太陽、颯人、英和、友貴、雄太、隆史、良祐、瑠偉、雄太朗

好きになったら、真面目で一直線。主導権をにぎって男性をリード

恋が人生で、真面目に真剣な恋をします。好きと思ったら一直線で、だれがなんと言おうと関係ありません。相手の気持ちすら考えず、自分が主導権をにぎり、恋を進めていきます。あまり女性的なやわらかさはなく、逆にたくましさのようなものを備えており、男性はそこに安心感を抱きます。ワイルドな男性より、中性的で品のある男性が好みで、好きな相手には徹底的に尽くそうとします。ただ、それだけ本気なので、うまくいく場合はすごくいい関係となりますが、そうでない場合は人生にまで大きな影響を及ぼします。できることなら少し余裕のある恋をするようにして、夢中になりすぎないようにしたいものです。恋＝結婚と考えているので、この女性と結婚した人は幸運ですが、ただ、女性が尽くしすぎて男をダメにすることもあります。また、酒による間違いを起こす人も多いでしょう。

セックスは好きなほうで、妖(あや)しい魅力があります。その半面、感じ方が鈍く、それほど満足感を得られることがなく、不満のまま終わることも多いでしょう。相手を変えて試そうとするため、未婚時代は男性関係が安定しません。

地格 6 画の例

光、薫、澪、亜紀、愛子、亜美、香里、里美、聖子、優香、志保、珠江、麻由、靖子、真帆、文乃、奈実、葉月、真妃、実季、実和、百華、理央、若奈、可奈子、麻里奈

男性の場合 ♂

ひと目ぼれから始まるパターン。甘えられるより甘えるほうが好き

〝第一印象がすべて〟のようなところがあり、ひと目ぼれから恋が始まるパターンがほとんどです。相手の欠点はまったく見ないで、自分の都合のいいように相手はこういう人だろうと完璧な姿をイメージします。自分の思うまま、その半面、相手の気持ちと関係なく積極的に行動することも多く、恋愛において失敗も多いでしょう。でも、さっぱりした性格で変にあきらめがいいため、あまりくよくよしません。一見すると男気があるように見えませんが、実は精神的にとても強く、しっかりしていて信頼感があります。女性に甘えられるより、自分から甘えるほうが好きなので、何をしても温かく見守っていてくれて、包容力のある強くてやさしい女性を好みます。女性の色気などにはあまり関心がなく、かえってベタベタされると、しつこい女性だと感じたりします。

セックスは気分がいいとどんどんサービスし、変化をつけて女性を感激させそうです。また、セックスの過程をゆっくりと楽しむ術(すべ)を心得ています。ただ、持続力があるほうではないのが難点。女性と一度関係を持つと、自分は気分がのらなくても相手がどんどん迫ってきて、面倒になってしまうことも多いでしょう。

地格 7 画の例

謙、駿、翼、志朗、佑真、高志、貴生、慶人、龍一、陽平、宗俊、尚哉、幹夫、一成、光一、友也、彰久、新太、一樹、蔵人、将吾、颯也、大輔、拓哉、友寛、陽平、龍一

魅力的で恋をゲーム感覚で楽しむ。冷たくされると、かえって燃える

女性として魅力があり、多くの男性からかわいがられ、注目を集める人です。恋をゲームのように楽しむ性格なので、苦しむような真剣な恋は初めからしません。冷たくされると、かえって相手を振り向かせようとして燃えます。プライドが高く、周囲が反対するような恋に進みたがります。また、ライバル意識が強く、勝気なので、友だちの恋人を横取りしたくなることもあります。そのため、恋のトラブルが多くなってしまいそうですが、ピンチのときには相手のせいにして、自分を上手に守ることもあります。ときに気まぐれで、男性の面倒をみてあげようと献身的になることもありますが、長続きしません。ぜいたくでカッコいい結婚をしたいと妥協しないため、まわりに異性がたくさんいるわりには婚期は遅れそうです。

セックスは出会ったその日でもするほど、オープンな部分があります。他人がなんと言おうと気になりません。自分が先導して、私ほどいい女はいないでしょうとばかり、女優のように陶酔していきます。男性に対してのサービスもかなりのもので、別れたあとも忘れられない存在になりそうです。

地格 7 画の例

優、瞳、杏、環、由貴、美奈、美佳、史絵、理名、玲奈、麗奈、昌美、一帆、和泉、香奈、聡子、朋香、奈美、寧々、麻衣、実咲、美幸、里紗、菜々子、真奈美、由美子、絵里奈

好きになるとあらゆる手段でゲット。口ベタだけれど、誠実さがある

相手のことを〝好き〟と思ったら、どんな手段をつかってでも自分のものにしようとする強引さがあります。相手も初めは乗り気でなくても、その勢いに押されて、最終的に付き合ってしまうというパターンが多いでしょう。一般的に美人といわれる女性よりも、ほっと安心できるような温かみのある雰囲気の人にひかれ、包まれてみたいと思っています。もともと口ベタなところがありますが、性格的に誠実なので、相手も信頼して安心したよい付き合いをします。いったん付き合い始めると同じ人と長く付き合い、よほどのことがないかぎり、別れることはないでしょう。

セックスは強いほうですが、それほど好きではありません。そばに女性がいればとりあえずするといった程度で、いなければいないで平気です。彼女がいないときも特に不自由を感じないでしょう。セックスが楽しいとは思うものの、あとあとのことまで考えると、面倒になってしまいます。浮気もわざわざ自らがんばってしようとまではしません。かえって自分ひとりのほうが気をつかわず、いいと思ってしまうようです。

地格 8 画の例

学、明、卓、空、穣、大輝、弘雅、宏彰、和浩、宗馬、高明、清志、健吾、誠司、新平、賢人、篤人、和馬、謙一、星哉、拓真、紀洋、聖司、龍二、義範、凜太郎

恋の経験は豊富だが、かなり純粋。好きな人に素直に好きと言えない

ボーイフレンドが多く、恋の経験も豊富なわりに、とても純粋なところがあります。派手そうに見えて、恋愛は地味で真面目。奔放そうに見えて、大胆なことができません。プレゼント攻撃やムードといった普通の女性が喜びそうなことにはあまり反応せず、やさしい言葉に弱く、特に〝結婚〟という言葉には敏感で、深く考えずに行動に及びます。一度恋に落ちると揺れることがなく、周囲の忠告にも耳を貸しません。自分で仕事を持っている女性が多いので、自立心が旺盛で経済力もある場合が多く、だれがなんと言おうと相手に尽くします。ただ、好きな人になかなか素直に好きだと言えず、意地を張ってしまうことがあり、好きな人をほかの人に譲ることもありそうです。

セックスは好きなほうで、性的なエネルギーがいっぱいです。ベッドの行為がつまらない男には、魅力を感じません。浮気には興味はなく、あくまでも1人の男性にすべてを注ぎます。ただ、セックスが終わると切り替えが早く、さばさばしています。なかには男性的でセックスアピールが弱く、セックスにあまり喜びを感じないまま人生を終わる人もいるでしょう。

地格8画の例	歩、幸、藍、雛、万穂、里彩、佳恵、慶子、璃子、真奈、瑞穂、礼子、華奈、京華、紗英、千穂、朋華、紀香、真季、麻里、美香、結衣、悠里、璃子、瑞穂、優菜、ともみ

やさしく気が利き、女性からモテモテ。クールで淡泊で、恋にのめり込まない

身のこなしがスマートで社交的で、だれとでもすぐ打ち解けて、気がよく利くため、女性から人気があってモテます。ただ、恋愛になると、とたんにクールで淡泊となり、恋にのめり込むことはありません。自分にとってあくまでも仕事が第一で、女性がメインになることはないのですが、女性は大きな力を与えてくれる存在だと大事にします。いつも自由で、1人の女性とだけ付き合わなければならないという考えはなく、それぞれ縁のあった女性を大切にします。女性関係が多くなっても、それぞれの人にていねいに対応するのでもめることはありません。しつこく束縛する女性は苦手で相手にせず、自立したさっぱりした女性が好みです。

セックスも嫌いではありませんが、セックスそのものより、そこにいくまでの過程を重視します。お金で女性のサービスを受けることにも抵抗感を持ち、そのようなことをしてもらわなくてもけっこうと考えます。周囲にいつも女性はたくさんいるので、間に合ってはいるようです。また、結婚後は浮気をしても家庭を大切にします。付き合う女性には親切なので愛人がいてももめることなく、みんなで仲よくなるという信じられないこともできてしまう人です。

地格9画の例	恒、俊、亮、昴、研、柊、友輝、太蔵、秀喜、和康、春馬、竜彦、勝志、達男、秀人、一茂、大成、良人、章典、慶太、聡史、大樹、駿人、祐一郎、光太郎、賢太郎

女性の場合 ♀

男性を魅了する天性の色気がある。喜ばせる言葉と行動で心をつかむ

ほれっぽく感情的なので、恋に笑い、恋に泣くといった恋愛中心の生活を送るタイプです。男性を魅了する天性の色気があるので、たいていの男性は狙われたらイチコロです。相手を喜ばせる言葉と行動で、相手をいい気持ちにさせます。恋の始まりは清楚で可憐な印象の女性ですが、しばらくすると、したたかさが透けてしまって、うまくいかなくなることも多いでしょう。感情がダイレクトでケンカも激しく、周囲を巻き込んで大騒ぎになることもあります。熱しやすく冷めやすいので、スピード婚をする場合も多いですが、別れるのも早い場合が多いので気をつけましょう。

気分にムラッ気があるため、セックスにメラメラ燃え上がるときと全然燃えないときと極端に違います。のっているときは相手を驚かせるほど精力的になり、やや自分本位すぎて自分の快楽ばかり求めて、相手のことを気づかうことなく放っておいたりします。また、気乗りしないときは、とたんに反応が鈍くなり、早く終わらないかなというオーラを出してしまうので、もう少し配慮が必要でしょう。

地格 9 画の例

茜、泉、香、千帆、百子、志乃、恵美、有子、美紗、珠美、彩佳、明菜、絵里、沙絵、沙智、詩帆、奈菜、浩美、真美、桃香、理英、留美、すみれ、志保子、実和子、美佐子

男女を区別しないで対等に扱う。甘えられるのも甘えるのも苦手

女性に対して厳しいところがあり、男女を区別しないで対等に扱います。女性の涙もなんの役にも立たず、かえってわざとらしく、うっとうしい人だと思いがちです。お色気ムンムンの女性より、さっぱりとした活発な女性を好みます。甘えられるのも甘えるのも苦手なのですが、ひとりでいるのも寂しいタイプなので、なんとなくいっしょにそばにいるのがいちばんいい恋愛の形です。恋には基本的に受け身なので、アプローチをされて初めて考えるようなところがあります。

セックスは熱しやすく冷めやすいので、初めのころはまめでも、だんだん関心が薄くなります。普通とは変わった愛し方にチャレンジしてみても、面倒くさがり屋なので、最終的には適当にすませようとしそうです。ただ、まれにマゾやサド志向の人が多いという画数でもあります。

セックスよりギャンブルのほうが好きで、セックスの最中も勝負のことを考えていたりすることもあります。性的バイタリティーはそれほどなく、ギャンブルなどちょっと違う方向で刺激やスリル、快楽に走るかもしれません。

地格0画の例

剛、哲、航、凌、将、護、大志、久志、元気、礼央、克也、岳人、栄一、一郎、諒平、龍太、知晴、一哉、大志、民生、直人、仁成、圭輔、貴明、友樹、龍介、良太郎

女性の場合 ♀

ロマンチックな恋をいつも待つ。表面的なことを重視して要求が多い

ロマンチックな恋にあこがれ、天から素敵な王子様が降ってくると待っているところがあります。単純でかわいらしい面があり、高級車に乗っていて背が高く、顔がちょっといい男性であれば、すぐ好きになってしまいます。男性からのプレゼントにも弱く、それだけで相手は自分をすごく愛していると信じて舞い上がってしまうでしょう。そのため、よくない男性にも目をつけられやすく、それで自分の人生が大きく揺れてしまうので、少し警戒心を持つ必要があります。相手を思いやり、物欲を抑えて、平凡な小さな幸せに気づくことさえできれば、よい相手と幸せになることができるでしょう。

セックスには関心が薄く、いつも受け身で控えめにしがちです。楽しみ方もよくわからず、それほどよくなくても相手へのサービスと思って、感じている演技していることも多いようです。よほど相手に恵まれないと大きな快感も得られにくく、心から満足することがありません。セックスのときも会話を大事にして、相手に求めるばかりでなく、自分がどうしたらもっと楽しめるかを積極的に工夫し、伝え合えば変わっていきます。

地格0画の例

桜、栞、華、一美、千里、万里、良子、佳絵、若葉、実結、清香、乙音、千寿、万李、佳乃、飛鳥、彩香、智奈、望海、雛乃、瑞希、萌香、結奈、恵利子、美和子、麻衣子

［COLUMN 1］

母音からみる男女の相性

名前をローマ字にしたときの母音には男女の関係の深さが表れる

名前をローマ字で記したとき、名前に含まれる母音に注目してみると、その人の特性がわかります。

まず、「a」はコミュニケーション能力が高く、だれとでもすぐに話を合わせることができ、自分をアピールする力があります。感情の起伏があり、好き嫌いもはっきりしている性格です。「i」は控えめにもかかわらず、ストレートでまっすぐな性格です。生命エネルギーが強く、内面を充実させ、マイペースで好きなことをやります。「u」はひとつのことをコツコツと掘り下げるタイプ。頑固で譲らない面も人のよさもあり、肝心なことは言えない変化する性格です。「e」は恵まれた運勢のもとに生まれ、変化を求めず保守的です。調和することを大事にして、人のために動いてばかりで自分の幸せを最後に考えそうです。「o」は持続力があり、同じことを繰り返す忍耐力があります。目先にとらわれず、長い目で先を見通すことができます。

また、母音で男女の相性をみることもできます。ふたりの（下の）名前をローマ字で書いてください。同じ母音の字が多いほど、相手を深く理解することができるのです。

お互いの名前がぴったり同じ母音だけで構成されている場合、もともと相性がよくて深く結びつき、特に最高のパートナーとなり、結婚してもうまくやっていけます。

まったく違う母音どうしのふたりの場合、初めは自分にないところでひかれ合うものの、仲のよさを持続するには、許す心を持ち、相手に尽くす覚悟が必要となります。

また、ふたりの母音が一部だけ違う場合は、上下の力関係が生まれ、違う母音を持つ名前のほうの人が優位に立ちます。ふたりとも同じ数だけ違う母音がある場合は、時と場合によって優位の順序が入れ替わります。

母音により、自然と仲よくなる相性か、努力して仲よくなる関係か、努力しても仲よくなるにはさらに努力が必要な間柄か、そういった男女の相性が簡単にわかります。

3章

人格でみる
人間関係

◆「人格」は対人関係のストレスを減らすヒントに

運がいい人というのは、人とのいい出会いに恵まれた人ということがいえます。どんなに能力があっても、どんなに努力をしても、それを認めてくれる人と出会えなければ、世に出ることはできません。社会で活躍したいという思いがあれば、自分の進みたい分野の第一線にいる人に、直接、教えを請うことが一番です。積極的にアタックすれば、案外、チャンスがあるかもしれません。

そんな実力のある人から自分が認められるためには、まず、自分の長所をよく知り、上手にアピールすることが大事です。たとえば、その実力者の性格をよく知り、その人の好む行動をとることも効果的です。

対人関係による仕事運をみるときに役立つのが、名前の「人格」です。人格とは、名字のいちばん下の文字の画数と（下の）名前のいちばん上の文字の画数を足した数ですが、本書では下1ケタによって10タイプに分けていきます。

対人関係における問題は、人が集まれば必ず生じるものであり、いちばん気になるところでもあります。仕事においての悩みといえば、ほとんどの場合、仕事の内容よりも、その仕事に関わる人間関係の悩みであり、ストレスを抱えていることが多いでしょう。あの人と合わないなあと思いながらも、仕事ではそうも言っていられず、顔を合わさないわけにはいきません。「あの人はどうしてこんな性格なの！」と嘆いたところで、その人が変わるわけではありません。期待するだけムダなことで、解決するためには、相手に対する自分の気持ちの持ち方を変えるしかないのです。

◆「人格」を生かせば、相手の性格がよくわかる

そのようなときに、この「人格」を知っていると、相手のことを知るのにずいぶん役立ちます。その人にイライラするというのは、こうしてくれるのではないかという期待があるからで、それがなかなか実行されないと期待を裏切られたと思って頭にくるわけです。初めから、この人はこういう人なんだとわかっていれば、「この点は言ってもしかたない」とあきらめがつきます。ですから、「どうして？」と疑問に思うこともなくなり、精神的にもかなりラクになれるのです。

たとえば、この章で説明する「9タイプ」の人と仲よくなったとします。出会ったころは話もはずみますが、そのうち、こちらが何もしていないのに、その人が急に不機嫌な態度をとるようになります。「どうしたんだろう？　気にさわることをしちゃったのかな？」と気になって気になって、仲直りしようとしても、どうにもならなくて困ったなあとため息をつくこともあるでしょう。そんなとき、人格が「9タイプ」とわかれば、それは本人の短気な性格からきているものであって、1回キレると手に負えないからしばらく距離をとっていたほうがいいとわかります。この先深く付き合わなくてもいいと判断すれば、こちらからあえて何か機嫌をとることもしないわけで、そう心に決めて対応すれば、気分的に余裕が生まれるでしょう。

このように相手の対人関係のタイプを知っていると、自分がその人とどう関わっていけばいい

いのかがみえてきます。もちろん、人間なので完璧な人などいません。自分も相手も長所、短所がいっぱいです。そのときそのとき、自分の気持ちと相談しながら、相手には寛容な態度で、お互いにムリのない付き合い方をすればいいのです。対人関係で「人格」を知っていると、このように冷静に客観的に人をみることができるようになるわけです。

◆「人格」の数え方

姓名判断では、「人格」とは、名字のいちばん下の文字の画数と(下の)名前のいちばん上の文字の画数を足した画数のことです。この「人格」で、対人関係による仕事運をみることができます。本書では、下1ケタによって10タイプに分けています。

たとえば、山田真也という名前の場合、名字の山田のいちばん下の文字「田」と名前の真也のいちばん上の文字「真」の画数を足します。「田」が5画、「真」が10画で、合計15画。人格15画となるので、下1ケタの5タイプのところを見てください。

例

青木友里 ④＋④＝人格は⑧画 ↓ 8タイプ

山田真也 ⑤＋⑩＝人格は⑮画 ↓ 5タイプ

◎本書では戸籍の文字を実際の筆づかいどおりに数えます。ただし、戸籍の文字が旧字であっても、ふだんの生活で新字を使っている場合には、新字で数えた画数の影響も受けるため、旧字、新字の両方を計算してみてください。

◎本書ではあくまでも実際に表記された文字を重視して、一筆（ひとふで）を1画とします。漢字の数え方も、一は1画、二は2画、三は3画、四は5画、五は4画、六は4画、七は2画、八は2画、九は2画と、実際の画数で計算します。

◎「々」は3画、長音符号「ー」は1画とします。濁点（゛）は2画、「ぱ」「ぴ」などの半濁点（゜）は1画と数えます。

◎漢字の画数がよくわからないときには、巻末の画数表「読み方で探す漢字の画数」（306〜333ページ）で確認してください。ひらがな、カタカナの画数は、334ページを参考にしてください。

1 画

人格

1	11	21
31	41	51

リーダー的性格

明るく元気で、人を引きつける魅力がある。
行動力のある野心家

☑社会的な性格

天から才を与えられ、常にトップを歩むリーダー的な性格です。独立心があり、創造性があります。

明るく元気で、人を引きつける魅力があり、多くの人を率いていきます。野心家で行動力があり、人を支配することに快感を得ていますが、その一方で面倒見がよく、困っている人がいたら放っておけず、自分がたとえ不利とわかっていても、助けてあげるやさしさもあります。

ふだんはおおらかな性格ですが、機嫌がよくないときもわりと多く、気に入らないことがあると人が一変、気がすむまで相手を攻撃します。その激しさにまわりを驚かせますが、しばらくすると、何事もなかったかのようにケロッとしています。自己中心的ですが、そういう人だからと憎まれることなく、みんなから愛されます。

対人関係

協調性があり、人当たりがいいので、みんなから好かれます。中途半端に人に頼るようなことはせず、自分のことは自分でやるといった、しっかりとした面があります。人にはやさしく、自分ができることはとことんやってあげようとします。なかには、他人のことばかりかまいすぎて、自分の才能を生かしきれずに終わってしまう人も多いようです。

知的好奇心が旺盛で、新しいものを知ることが、何よりも楽しいことです。頭がきれ、知識も豊富でいろいろなことを考えますが、いざ実行するとなると、躊躇するところがあります。理想ばかり先走って、経済的な感覚を欠いてしまい、社会と溝ができることもあるので注意しましょう。

同性に対する接し方

なれなれしすぎるのを嫌い、適度な距離を保とうとします。相手のことを尊重して、切磋琢磨しながらお互いの知識や教養を高めていこうとする関係を結びます。

異性に対する接し方

異性は異性として分けて考え、あまり自分の範囲に入れないところがあります。ただ、その異性が抜群に優秀で自分よりもすぐれていると認めれば、尊敬する心が芽生えます。

2画

人格 2 12 22 32 42 52

補佐的性格

細部にまで気がつき、しんぼう強い。だれかを補佐することで力を発揮する

社会的な性格

自分が前に出るより、だれかを補佐して力を発揮するタイプです。細かいところにまで気がつき、人を盛り立てるのが上手で、力のある人のそばにいれば自分もいっしょに地位を上げていきます。

勉強家なので、興味のある分野についてはよく学び、研究を続けます。集中力があるため、その道のスペシャリストになることも多いでしょう。ただ、知識があってアイディアは豊富でも、実社会で生かす行動力に欠け、チャンスが来ても慎重すぎて逃すことも多いかもしれません。また、完璧さを求めすぎたり、自分を過小評価してしまい、損をすることもあります。

やさしく純粋な心を持ち、心を癒やしてくれるような芸術には特に関心を持ちます。音楽や美術などを創造して楽しむことも多いですが、鑑賞して評論する力もあります。

対人関係

おとなしそうで、少し弱そうな印象がありますが、内面はしんぼう強く、自分の信頼する人のためには徹底的に尽くします。たとえその人が間違ったことを言っているとわかっても、その人が言うことはすべて正しいと考えます。そのくらい純粋でまっすぐで、迷わない人です。

ただその半面、関係がギクシャクしてしまうと、執着心や嫉妬心といった感情が生まれることが多く、この人を敵にまわすと怖い存在になります。気分を害さないように気をつかうことが、この人と上手に付き合う秘訣です。

また、積極性のある人がそばにいると、お互いによきパートナーとなり、大きく前進できます。

同性に対する接し方

目の前にいる人が自分の得になるかより、味方になってくれるかどうかを判断して、仲よくなるところがあります。相手に負担をかけられても気にならず、よく面倒をみます。

異性に対する接し方

同性とはまるで違った接し方で、自分をとりつくろい、よく見せようとしてがんばります。魅力があるので、男性という性を上手につかい、自分のほしいものを手に入れます。

3 画

人格 3 13 23 33 43 53

活動的性格

絶対的な自信を持ち、迷うことがない。
明るくエネルギッシュで活動的

社会的な性格

エネルギッシュで活動的な性格です。頭脳明晰で理論的な考え方をして、瞬時に、自分が進むべき最善の行動をシミュレーションすることができます。自分の考えに絶対的な自信を持ち、迷うことがありません。信念があり、いったん決めた目標はどんな手をつかってでも達成しようと努力して、かなり成功をおさめていきます。

また、自己管理能力が高く、自分の長所・弱点をはじめ、自分のことをよく分析していて、たとえトラブルが起きても、落ち着いて冷静に対処します。計画的にも物事を進めることや同じことを繰り返す作業を得意とし、かなりストイックに自分の世界に入り込み、能力を高めます。社交性があり、会話も上手、細かい気配りもできるので、人から信頼されて広い人脈をつくります。ほめ上手で、人を幸せな気持ちにさせます。

対人関係

自ら目立って前に出るタイプではないものの、人柄がよくて頼りになるので、常にみんなの中心にいて影響を与えます。ほめられることに慣れすぎてしまい、いくらほめられても、そのとおりだと思うだけです。自分はすごいと思っているところがあるため、たとえ他人からねたみや嫉妬で陰口をたたかれても、まったく相手にしません。

そもそも能力があるため、人のことは気にせず、マイペースで進み、人と対立することもあまりありません。自立心があって感受性が豊かで、仕事も遊びの一環として楽しく取り組むので、仕事仲間でさえ、遊び仲間の延長のように仲よく楽しくやっていくことができます。

同性に対する接し方

同性には気づかいを求めていて、礼儀正しいかどうかという面で、自分と合うかどうかを決めるところがあります。時間にルーズでない、挨拶できるなど基本的な行動をみて、それさえできていれば、フランクにうまく付き合えます。

異性に対する接し方

言葉づかいに敏感なので、相手がきれいな言葉を話すと相手を認め、いい仲間としてうまくやっていきます。

4
画

人格
4 14 24
34 44 54

複雑な性格

現実的で冷静で、シビアな面も。頭もよく、革新的で反抗心がある

社会的な性格

　愛想がよく、低姿勢で人付き合いがよさそうですが、内面はガードがかたく、シビアな性格です。現実的で向上心があり、根気もあってしっかりしていますが、反抗心が強く、過激で革新的な部分もあり、きっかけしだいでは暴走してしまうこともあります。普通の人には理解できないような複雑な面を持ち合わせているところが魅力です。きれい事をいくら並べられても、筋が通っていないと納得しません。

　よい面が発揮されれば、かなりのやり手なので、社会的にも活躍していきます。若いころは、持論を展開させて主張も強いのですが、年齢とともに性格も丸くなっていき、人の価値観にも耳を向けられるようになります。悪い面が出てしまうと、人とのトラブルが多くなり、信頼を失い、孤立した寂しい生活となります。

対人関係

自分のことは棚に上げて、人に厳しすぎるところがあり、いい人間関係を築くために多大なエネルギーを必要とします。真面目すぎて頑固、人に心を許すことはあまりないので、親友をつくるのが苦手。いつも孤独のなかにいます。感謝の心が薄く、人に何かをしてもらったときはお礼を言いますが、そこですぐ忘れてしまうことも多いでしょう。

人を使う立場になったときも、まかせきることがなかなかできず、自分ですべてをしなくては気がすまないために自分の負担が増え、まわりからは信頼されないという状態に陥りがちです。不平不満を相手にぶつけてしまいやすいので、怒る前にいったん考え直すようにするといいでしょう。

同性に対する接し方

自分より上か下か、とすぐ上下をつけたがり、上の人には必要以上に卑下し、下の人には傲慢な態度で支配しようとします。親友を持つのはなかなかむずかしいでしょう。

異性に対する接し方

異性に対しては極端にやさしく、甘やかすところがあります。そのため、いい心を持たない、したたかな人が近づきやすく、いいように利用されてしまいそうです。

5画

人格 5 15 25 35 45 55

快活な性格

快活で楽しいことを追い求める。おおらかさと神経質な面を持ち合わせる

社会的な性格

明るく快活で、楽しいことを追い求める性格です。柔軟性があり、変化が好きで、毎日を充実させようとします。人とはすぐに仲よくなりそうですが、意外に警戒心が強いため、ある一定の距離を持ち、ゆっくりと相手を観察します。また、見た目より、もともとの気質が真面目なので、暴走することもありませんから、トラブルはまずないでしょう。

おおらかな面と神経質な面の両方を持ち合わせ、その場に合わせて切り替え、周囲と合わせていきます。その二面性が魅力となり、たくさんの人を引きつけます。

行動力があるほうで、思い立ったらじっとしていられず、すぐに実行します。失敗しても、かえってそれをバネにする意志の強さがあり、自分のほしいものはほとんど手に入れていきます。自分に強い自信があり、才能にも恵まれていて、専門的な分野で活躍します。時代の流れにも敏感なので、努力すればそのまま成功をつかめるでしょう。

対人関係

素直でユーモアセンスにあふれ、多くの人とすぐに打ち解けられる社交性を持ちます。その半面、印象とは違い、情に流されることがなく、本音は絶対に見せようとしません。口もかたく、思いつきで会話をしているように見せかけて、発言はかなり慎重で言葉を選びます。責任感があり、引き受けたことはきちんと行うので、人から信頼されます。

対人関係のトラブルを起こすことはほとんどないものの、人の好き嫌いはかなりはっきりしています。付き合っていても、いったんイヤになってしまうと、あからさまには態度に出さずに、距離をおいて、さりげなく離れていき、もう二度と付き合わないといったクールな面があります。

同性に対する接し方

魅力があるので、いつも仲間が周囲を取り囲んで、華やかです。仕事でもよきライバルとして刺激し合いながら、みんなで目標を達成して喜びを分かち合います。

異性に対する接し方

セクシーで官能的なので人気がありますが、友人関係にはなりにくく、すぐに特別な感情を持たれてしまい、こちらもそれにのるような形になってしまいそうです。

6 画

人格 6 16 26 36 46 56

まっすぐな性格

正義感が強く、純粋で真面目。束縛を嫌がり、自由を求める

社会的な性格

正義感が強く、正直で、筋の通らないことは許せない性格です。真面目で融通がきかないところがあり、自分が納得しないことはまずしません。自分に対して、人に対しても、いつも正直に生きたいと考えています。ときには自分が不利だと思っていても、正義のために、自分よりも力が強い人と闘うこともあります。

また、美しいものやきれいなものが好きで、鑑賞する力にすぐれます。自分の身のまわりも整理整頓していつもきれいにしています。才能が豊かで、自分に絶対的な自信を持っています。努力を惜しまないため、目標を達成して社会的に活躍していくでしょう。

ただ、我が強いため、苦労が足りないと、傲慢でわがままな面が出てしまいます。妥協できるところはぶつからないで、妥協していく必要があります。謙虚さを心がけないと、せっかくのいい運気も落ちてしまうので気をつけましょう。

対人関係

自分の人生だから、やりたいように自由に生きたいと考え、極力しがらみのないようにしています。

人に指示されたり、束縛されたりするのが大嫌いなので、上下関係のはっきりした集団のなかでは、生きにくいところがあります。本来控えめな性格なので、自分と合わない集団にいると意見を言えぬまま、ストレスだけがたまってしまいます。気分にムラがあり、急に弱気になったり、急に暴れたくなったりするので、抑えるのがたいへんです。

率先して人の前に出るようなことはないものの、能力が高いために、いつの間にか責任のある役割をまかされてしまうことも少なくないでしょう。

同性に対する接し方

同性に対しては少し警戒心が強く、打ち解けるまでに時間がかかります。でも、いったん仲よくなると、深い関係になります。人数は少ないものの、よい友人に恵まれます。

異性に対する接し方

同性とまったく変わらず、同じように接します。自分からあまり積極的に友人関係をつくらず、来てくれたら話をして仲よくするといった受け身のことが多くなりそうです。

7画

人格 7 17 27 37 47 57

神秘的性格

神秘的で、直感に従って行動。目に見えないものを大切にする

社会的な性格

理屈よりもひらめきを大事にして、直感に従って行動するタイプです。物質的なことにはあまり興味がなく、目に見えるものより、目に見えないものに重要性を感じ、大切にします。

神秘的な雰囲気を持ち、言葉に強い力があります。マイペースで独自の世界を持っていて、人の目や評価はまったく気になりません。知識が豊かで意志が強いので、人から信頼されて、対人関係で苦労することはほとんどないでしょう。

人当たりがやわらかくて、もの静かな印象なのですが、実際は気が強く、自分と意見が違うときは聞いているふりをして、聞き流すこともよくあります。内面は芯が強く、どんな困難が起きても大丈夫とポジティブな発想で、あまり深刻にならずに乗り越えることができます。目上の力のある人からの引き立てを受けることもでき、実力以上の地位も名誉も手に入れていきます。

対人関係

自分のことが大好きで、他人には関心がありそうでないため、対人関係で悩むことがあまりありません。あるとしたら、体調が思わしくなく、精神的に落ち込んでいるときぐらいでしょう。いじめられたとしても、神経が図太いので、自分とは種類の違う人たちだと冷静に判断して無視してしまうので、知らないうちにやり過ごしています。

自分の気持ちを相手に言葉で伝えることが苦手なため、思わぬところで誤解されてしまうことがあります。また、人に気をつかわせてしまうことも多そうです。まず、自分がどう思うのかをきちんと話せるように練習することで、運気は改善され、さらに向上するでしょう。

同性に対する接し方

相手によって話題を変えていく柔軟性があります。いろいろな分野の人が集まってきても、すぐに親しくなり、楽しく、長く付き合っていくことができます。

異性に対する接し方

色気がなく、中性的なので、相手に性を意識させずに付き合っていきます。ただ、同性どうしのほうが気楽なので、あまり深い関係の異性の友人をつくることができません。

8画

人格 8 18 28 38 48 58

貫く性格

意志が強く、ひとつのことを貫く。困難を乗り越えるパワーがある

社会的な性格

意志が強く、人に惑わされることなく、ひとつのことを貫く性格です。自分の信じた道を、人に頼ることなく歩んでいきます。そして一度決めたことは、最後まであきらめません。有言実行型で、先々を見通した計画をしっかり立て、大胆かつ慎重に行動していきます。たとえ困難があってもくじけることがなく、パワーと知恵がありますから、軽々と乗り越えていきます。運を自分で引き寄せ、チャンスをつかみます。仕事をバリバリとこなしていき、若いうちから注目を浴びて成功するでしょう。

ときにはやや強引に物事を進める面もありますが、謙虚さをアピールするようにすれば、多くの人がそれを支持して力になってくれるので、最終的には自分の思いどおりの成果をあげます。目標設定を高くすればするほど、やりがいを感じ、成功は大きくなります。

対人関係

もともと社交が苦手で、初めて会う人とはどうしても緊張してしまい、うまく自分が出せません。愛想がなくて気むずかしく、クールな印象を与えてしまいがちですが、付き合ううちに実は心やさしく、話題が豊富でおもしろい人だということがわかってもらえます。

また、本来は控えめなのですが、この人と仲よくなりたいと思ったら、驚くほど積極的に相手にアポイントをとって、知り合いになるところもあります。

人の言ったことには敏感で、自分の意見もはっきりしているので、人とトラブルになりやすく、怒ったら自分からけっして折れないので、対立関係は長引きそうです。

同性に対する接し方

仲間意識が強く、同性の友人とはいつもいっしょにいたいと思っています。あまり気をつかわず、困ったときは助け合い、本音でなんでも話せる理想的な関係を築きます。

異性に対する接し方

異性に対してもあまり意識することなく、同性と同じように接していきます。相手も気をつかうことなく、異性でありながらも親友のようになれることもあります。

9画

人格 9 19 29 39 49 59

戦う性格

活動力旺盛で、必要以上に警戒心が強い。戦いながらほしいものを勝ちとる

社会的な性格

活動力が旺盛で、戦いながらほしいものを勝ちとっていく性格です。強気な発言をして、競争心をあらわにしますが、その半面、気が小さく、劣等感を持っています。他人に対しての警戒心が強く、自分のことを守るために必死になってしまいます。また、根気強く、単純作業を飽きずに続ける能力はありますが、あまり深く考えることをせずにその場その場で動くため、失敗もよくあります。

真面目で人がいいのはいいことですが、人から影響をダイレクトに受けやすく、詐欺などにも合いやすさがあります。自分の明確な考えがないため、発言の内容がコロコロ変わってしまいがちで、周囲はそのつど翻弄されてしまいます。一攫千金を狙って、特においしい話の誘いにのりやすいので気をつけてください。

何か自分に得意なことを見つけ、勉強して努力すると劣等感から解放され、チャンスを生かして驚くほどの成果をあげられます。

対人関係

とても短気なので、ちょっと気に入らないことがあると、怒りがどんどん膨らみ、自分でもコントロールできないほど心が乱れてしまいます。今まで築いてきた人間関係も、一瞬にして終わってしまうことも多いので気をつけましょう。

いろいろなことが器用なので、できない人の気持ちを理解することができません。自分も完璧な人間ではないのに、人のミスに対しては厳しく、徹底的に責めるため、その人間性についていけないと人が離れてしまいます。何かしてもらったときは感謝しないわけでもないけれど、感謝を言葉や形にうまくできず、損しがちです。寛容な心になることでまわりの人も育ち、自分も生きやすくなります。

同性に対する接し方

上の年代よりも、下の年代の人とよく付き合います。プライドが高いので、経済的にも能力的にも自分より上と感じる人とはあまり会いたくありません。

異性に対する接し方

彼氏彼女という特定の人と、それ以外の人とをはっきりと区別して付き合います。異性に対しても、同性同様に求めるものが多すぎ、しだいに離れていってしまうでしょう。

0画

人格 10 20 30 40 50

個性的な性格

スター性があり、個性的な魅力で人気に。思慮深く、人との調和を大切にする

社会的な性格

スター性があって個性的な魅力で、人を引きつける性格です。知識も豊富で、発想もおもしろく、なんでも器用にこなします。人の真似をするのではなく、自ら創造することに無上の喜びを感じます。柔軟性があるので、新しい環境にもなじめます。

人当たりがよく、見た目はソフトでやさしい印象ですが、内面は野心があって、しんぼう強いので、失敗も想定内と落ち込むことなく、どんな困難も乗り越え、夢を実現していくでしょう。ただ、体力が落ちてしまうとパワー不足になってしまい、無気力となりますから、規則正しい生活を心がけ、食事をきちんととることが大事です。

大器晩成型なので、年齢を重ね、あせらず休まず努力をしていくうちに、才能はより磨かれ、成功へとつながります。子どものころは比較的にのんびりしていますが、社会に出てから、実力を発揮して注目を浴び、活躍するようになります。

対人関係

明るく元気なので、人を引きつけ、周囲にはいつも笑いが絶えません。人との出会いにいい縁が多く、まわりの人からたくさんの愛情を注がれ、教養をつけてもらえるので、自信を持って自分を表現することができます。

控えめな性格なので積極的には発言しませんが、調和を大事にしているので、人から信頼を得ることができます。真面目で慎重派なので、失敗することはまずなく、思慮深さもあるため、大きなトラブルを抱えることもないでしょう。

ただ、あまりに恵まれているため、あなたをねたむ人が出てきて、誹謗中傷される暗示もあります。が、つまらないことに惑わされないでください。

同性に対する接し方

自分の気持ちを表現するのが苦手で、つい受け身になりがちです。主張が強い人には口で負けてしまうでしょう。仲よくしたいときは勇気を出して、自分から声をかけましょう。

異性に対する接し方

同性とはまったく違い、むしろ異性のほうを敬う態度を示します。ていねいに接するので、相手も気持ちよくなることができ、長い間、いい関係を続けていきます。

「人格」でみる社会的な相性

人格で社会的な相性と恋愛の相性がわかります。人格の下1ケタをみて、木（1・2画）、火（3・4画）、土（5・6画）、金（7・8画）、水（9・0画）で相性を調べましょう。いい相性から順に、「吉」「中吉」「凶」の3段階で説明しています。

中吉

もく（き）

1・2画

か（ひ）

3・4画

困難にとび込むのも、ふたりなら平気。勇気が生まれ、精力的に仕事ができる

「木の音」の人と「火の音」の人は相性がよく、お互いに強くひかれ合います。第一印象がよく、出会ってすぐに心が通じ合い、親しくなるのに時間がかかりません。「木の音」の人の知的好奇心の強さに、「火の音」の人はすごいと感心します。「火の音」の人の実行力を、「木の音」の人は尊敬します。ふたりがいっしょに組むことで、お互いの長所を引き出し合い、何倍にも仕事を広げていくことができる最高のパートナーといえるでしょう。また、困難な道へも、あえていっしょにとび込んでいく暗示もあります。

恋愛では、ひと目ぼれのようにして恋に落ち、一気に盛り上がります。他の人が入る余地のない、ふたりだけの世界をつくり、お互いにかたく結びつき、切磋琢磨して新しい関係を築いていきます。問題は「火の音」の人の移り気と、「木の音」の人の夢に走りすぎるところです。経済的な心配さえなんとか解決できれば、結婚までいく相性です。

中吉

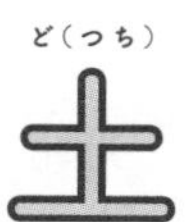

木(もく(き)) × 土(ど(つち))

1・2画　5・6画

正反対な考えなので、合わせるのはたいへん。それなのになぜかひかれ、くっつく関係

「木の音(もくのおと)」の人と「土の音(どのおと)」の人は考え方が正反対なので、ふたりだけでいるとお互いに疲れる相手になります。ただ、お互いに自分にはないところを相手が持っているので、強く影響し合います。知り合って間もないころはいいのですが、関係が深くなるにつれ、お互いの短所が気になり、マイナスの感情を持つことになります。「土の音」の人はとにかく細かいので、どんぶり勘定の「木の音」の人をいいかげんに感じ、警戒してしまいます。「木の音」の人は「土の音」の人が保守的であまりにも細かいのでうんざりしそうです。

ただ、おもしろいのは、知らないうちにくっついていることが多いことです。

恋愛では、周囲の人からは真面目な組み合わせだとみられます。結婚までいきそうに思われますが、道のりは遠く、きっかけがないと話は全然進みません。

「土の音」の人が男性の場合、「木の音」の女性の賢さを活用して仕事を始められるといいでしょう。

凶

もく（き）

ごん（きん）

1・2画　　7・8画

付き合い始めは長所を認め合うが、距離が縮まるにつれて不和になる

「木の音」の人と「金の音」の人の相性は、刺激的な関係で、仕事をいっしょにするのには向いています。「木の音」の人は「金の音」の人の華やかさを魅力的に感じるでしょうし、「金の音」の人は「木の音」の人の知的でカッコいいところが魅力的に見えるでしょう。

でも、親しくなっていくうちに、「木の音」の人が「金の音」の人のマイナス面を指摘して、気分を害するようなことをするようになり、「金の音」の人は「木の音」の人といっしょにいると知らず知らずのうちに萎縮してしまい、自分の長所を出しにくくなります。

恋愛では、「木の音」の人が「金の音」の人を支配しようとして束縛するため、「金の音」の人はストレスがたまりやすくなります。「金の音」の人が女性の場合はまだいいのですが、男性だとほとんどの場合、もっと自由にしてくれる他の女性に気が移ってしまいそうです。

吉

もく（き）

1・2画

すい（みず）

9・0画

親しくなるまでに時間はかかるが、歩み寄れば多くのことを学び合う

「木の音」の人と「水の音」の人の相性は、いいものの、うまく稼働するまでに時間がかかります。「木の音」の人は自分の考えがはっきりしていて、人の言うことをほとんど聞かないため、ふたりの仲は、「水の音」の人がいかにがんばって歩み寄れるかにかかっています。「水の音」の人も「木の音」の人にムリに振り向いてもらえなくても、ラクな関係の「金の音」の人たちといっしょにいればいいと思い、努力して気をつかってまで仲よくなろうとはしません。

また、「木の音」の人は「水の音」の人といることで、人とムリにも関わることになり、そのため、社交性が少し身につきます。「水の音」の人は「木の音」の人といることで、目標を持つことの楽しさを知ることができます。

相性はいいのですが、ふたりだけでは煮詰まってしまうところがあるため、第三者に協力してもらい、いっしょにいてもらうと関係は改善されるでしょう。

吉

か（ひ）

3・4画

ど（つち）
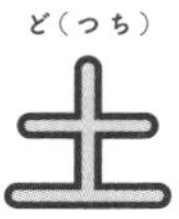
5・6画

相性は抜群にいい。お互いにないものを補い、瞬発力と持続力をあわせ持つ最強コンビになる

「火の音」の人と「土の音」の人の相性は、とてもよく、お互いにベストな関係です。「火の音」の人は「土の音」の人の堅実さを素晴らしいと尊敬し、「土の音」の人は「火の音」の人の情熱を持って行動していく姿をすごいと感心します。このふたりが組めば、「火の音」の人の瞬発力と「土の音」の人の持続力が合わさって、掲げた目標はみんな達成できるでしょう。ふたりは怖いものなしの最強コンビです。特に「土の音」の人は、「火の音」の人がそばにいてくれるだけでエネルギーを吸収でき、助けられることになります。

恋愛では、「火の音」の人の激しい愛と、「土の音」の人の穏やかな愛とが合わさって、出会ってしまったら最後、お互いに〝運命の人〟としてなかなか離れることができません。「火の音」の人は全身全霊で「土の音」の人を愛するため、引き離されるよほど強い力が働かないかぎり、ふたりはそのままゴールインするでしょう。

凶

3・4画

7・8画

エネルギーの強い者どうしひかれるが、すぐに考え方の違いが明らかになる

「火の音」の人と「金の音」の人の相性は、刺激的な関係で、エネルギーが強い者どうしなのでひかれ合います。目標を持つと、「火の音」の人はエネルギーを外から取り入れるのに対して、「金の音」の人は内側からエネルギーが出てくるので、ふたりの本質はまったく違います。それが最初はふたりにとって魅力に感じ、お互いに高め合う関係になり、華やかな業界でいっしょに仕事をするのに向いています。

ただ、付き合い始めると、「金の音」の人は「火の音」の人の真面目すぎるところが合わなくなってしまいます。「火の音」の人も、「金の音」の人がみんなから注目されることをうらやむようになります。

恋愛では、激しく恋をしたいときには最高のカップルです。ただ、あまりに燃えすぎて、飽きるのも早いふたり。変に情がからむと長く付き合いますが、ほとんどの場合、お互いにもっと合う人を見つけて離れていきます。

凶

3・4画

9・0画

どんなに長くいても交われない。距離を持って、干渉し合わないこと

「火の音」の人と「水の音」の人の相性は、考え方が根本的に違い、重なる部分がほとんどありません。初めからうまくいくほうがまれで、だいたいはお互いに警戒し合い、苦手意識を持ってしまいます。長くいっしょにいると、悪い人ではないことはわかっても、いまひとつ心を許すまでにはいきません。そのため、白々しいほど、うわべだけの付き合いになってしまいます。「水の音」の人が「火の音」の人のよさを消すような印象がありますが、実際は「火の音」の人が「水の音」の人のやる気をそぎ、「水の音」の人も「火の音」の人に合わせることに疲れてしまい、しだいに離れていきます。

恋愛では、「火の音」の人は「水の音」の人のクールで大人っぽい雰囲気にひかれ、「水の音」の人は「火の音」の人の子どもっぽく熱くなるところを好ましく思います。ただ、それも一時的で、いっしょにいてもケンカが多くなり、それも冷戦状態なので修復はむずかしくなります。

吉

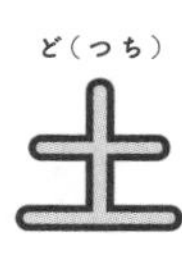

ど(つち) 土 5・6画

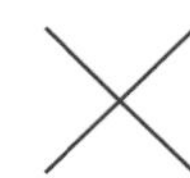

ごん(きん) 金 7・8画

役割分担がはっきりして生かし合う。華やかさと堅実さがそろい、仕事に最適

「土の音」の人と「金の音」の人の相性は、理想的ともいえるカップルです。「土の音」の人の手がたく真面目な性質で、「金の音」の人の華やかでゴージャスな面がより輝きます。「金の音」の人は「土の音」の人の助けによって、安心することができます。「土の音」の人も「金の音」の人を尊敬してあこがれるところがあり、いっしょにいることで緊張をほぐしてもらえて、気分の切り替えをすることができます。

仕事のパートナーとしては、緻密さと大胆さが合わさるため、怖いものなしです。「金の音」の人は「土の音」の人に、大胆になることと華やかに生きることの楽しさを教えてくれます。「土の音」の人は「金の音」の人に、先を見通した計画性のある日々の過ごし方を実践してくれます。ふたりが合わさることで、それぞれが社会的に注目される存在になっていきます。ふたりでアイディアを出し合えば、大金を得ることも多く、上手に運用して残すことができます。

凶

初めは急速に仲よくなるものの、しだいに考え方の違いでトラブルも

「土の音」の人と「水の音」の人の相性は、刺激的な関係で、初めはいいものの、深入りすると衝突が多くなりそうです。「水の音」の人のアバウトな柔軟さを「土の音」の人がみたら、いいかげんで許せなくなり、「土の音」の人の手がたさを「水の音」の人がみたら、ケチでがめつく映ります。

ただ、仕事ではふたりの考え方がまったく違うので、いいアイディアが出て広がりそうです。でも、他の人も加えてみんなでチームを組まないと、最後の最後に大きなトラブルが発生しそうです。プライベートではできるだけ会わないようにして、表面的な付き合いにとどめておくのが無難です。

恋愛では、ひかれ合うことの多い組み合わせですが、「水の音」の人のほうが「土の音」の人よりも優位に立ち、ムリな要求をするので、「土の音」の人はストレスがたまりやすくなります。ただ、結婚に至るには、周囲の人から強く協力してもらわないとむずかしいでしょう。

吉

ごん(きん)

7・8画

すい(みず)

9・0画

柔軟で、スター性のある者どうし。仕事も遊びも気が合い、盛り上がる

「金の音」の人と「水の音」の人の相性はとてもよく、ふたりのスター性が発揮されて、まわりから目立って見えます。「水の音」の人は「金の音」の人のプライドの高さをやわらげて上品さを引き出し、「金の音」の人は「水の音」の人の不安定感をなくして輝きを増す力を与えます。遊び仲間としてももちろんいい関係を築きますが、仕事のパートナーとしてもふたりいっしょにいるとパワーが強いので、よい成果をあげることができ、楽しくやっていけます。

ただ、ふたりとも堅実性がなさすぎるため、経済的には大成功するか大失敗するかの両極端に分かれるでしょう。でも、そんなときもあるよと気にしないで、いつも前向きです。

恋愛でもとても相性がよく、お互いを思い合いながらも、束縛しすぎないで自由にやっていけそうです。ただ、モテる者どうしなので、多少問題はありますが、お互いに干渉しすぎなければ、結婚の可能性も大です。

1・2画　1・2画

学びの縁がある。知的好奇心旺盛で、お互いに切磋琢磨して向上できる関係

「木の音」の人と「木の音」の人の相性は、学びの縁があり、お互いによき友人となって切磋琢磨し合う関係になります。知的好奇心が旺盛なふたりなので会話はいつも楽しく、深い内容の話もできます。お互いに理想が高く、行動力もあるため、いっしょにやりたいことがあれば、よきパートナーとなり、助け合いながらがんばります。

ただ、お互いのことがわかりすぎるところがあり、マイナスなことが起こったとき、修復するのがむずかしいほどのトラブルになって、絶縁することもありそうです。相手の痛いところがよくわかるため、ピンポイントで責めてしまい、ふたりの関係がこじれてしまうのです。

恋愛では、「木の音」どうしだと友人感覚のままで、〝友だち以上、恋人未満〟の関係になってしまうことが多いでしょう。ふたりでいると恋人ムードになりにくく、付き合っても議論ばかりで話がむずかしすぎて気を抜けなさそうです。

吉

か（ひ）
3・4画

か（ひ）
3・4画

悪いところを引き出し合ってしまう。衝突が多いが、ライバルには最適

「火の音（かのおと）」の人と「火の音」の人の相性は、衝突しやすく、トラブルが生じやすくなります。お互いに自己主張が強く、相手の話をあまり聞かないため、ささいなことでも誤解が生じ、感情的にぶつかってしまいます。思ったことは口にしないといられないところがあるので、気をつけているつもりでも、つい余計なことを言ってしまいそうです。

また、お互いに相手が気になるようなことまで引き出してしまう性質があるため、いっしょにいると穏やかな気持ちになれません。ふたりのいざこざを見て、周囲の人たちも評価を下げてしまうので、極力、ふたりきりで仕事や付き合いをするのは控えたほうがいいでしょう。ただし、競争するような仕事では、よきライバルになる可能性があります。

恋愛では、一夜かぎり、ひと夏の恋など、短期限定であれば、最高に盛り上がっていくでしょう。ただ、長続きさせるには相当の努力が必要となります。

吉

ど（つち）

5・6画

ど（つち）

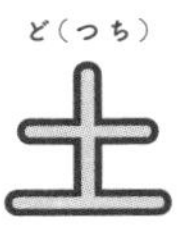

5・6画

似た者どうしで発展はないものの、悲しい気持ちを分かち合える

「土の音」の人と「土の音」の人の相性は、堅実な者どうしなので、とても気が合います。性格が真面目で、余計なこともムリなことも言わないので、お互いに安心して付き合える関係になります。特に、気分が落ち込んでいるときは、本当に心の奥底まで理解してもらえるので、親きょうだい以上に、親近感を得られるでしょう。

問題なのは、ふたりでいるだけで満足してしまい、発展がないことです。お互いにチャレンジするタイプではないため、同じところをぐるぐるまわる状態のまま、たとえ問題が起きても解決できることはほとんどありません。依頼心を捨て、人をあてにしなければ、運は一気にアップします。

恋愛でも、初めはとても気が合って、ふたりは最高にいい組み合わせです。ただ、それ以上盛り上がることもなく、そのため結婚まで進展することは、かなりムリをしてがんばらないとむずかしいでしょう。

凶

ごん（きん）

7・8画

×

ごん（きん）

7・8画

お互いの輝きを打ち消し合うことも。お金の切れ目が縁の切れ目となる

「金の音」の人と「金の音」の人の相性は、お金があるうちはとても楽しい時間を過ごし、お金がなくなると縁が切れてしまいがちで寂しさがあります。遊び友だちとして仲よくなることが多いのですが、それもうわべだけで、内心では相手には負けないと張り合った関係になりがちです。そもそもお互いに目立って輝く性質があるのに、いっしょにいるとそれを消し合ってしまう傾向があるのです。ふたりだけでいるより、他の人が入ったほうがお互いの魅力が高まるでしょう。

また、精神的にもろいところがあるため、お酒が入ったり、体調が悪かったりすると、つい甘えが出て、内面を相手にぶつけてしまい、衝突してしまいそうです。

恋愛では、お互い相手に完璧さを求めて、理想を追い求めてしまいがちです。自分と違う面が少しでも見つかると、その人がもうイヤになってしまいます。ただ、失恋したばかりなど、心の弱りきったときにひかれる相手です。

吉

すい（みず）

すい（みず）

9・0画　　9・0画

お互いが気配り上手。トラブルもなく、趣味や遊びをいっしょに楽しむ関係に

「水の音（すいのおと）」の人と「水の音」の人の相性は、お互いによく気がきくので、トラブルがなく、とてもいい関係です。コミュニケーションもよくとり、楽しい時間を過ごすことができます。むずかしい話なんかはほとんどせず、話題は趣味や遊びのことばかりなので気がラクです。

ただ、自分の話ばかりして相手の話を聞かないので、会話がズレてしまいがちです。お金に関してはお互いにシビアなので、細かいことの積み重ねで、お金が原因で離れてしまうことがあるので気をつけましょう。

恋愛では、お互いのことがわかりすぎるため、情が生まれて、ケンカしてはまた仲直りして、とずるずると長く付き合うパターンになりそうです。恋の始まりではひと目ぼれもありますが、もともとお互いにいろいろな人と付き合いたい気持ちが強いため、ひとりに限定して付き合うのは、相当がまんが必要になります。

4章

音の響きでみる
魂の性質

◆名前の持つ「音の響き」がその人をつくり上げる

自分の名前は、生まれてからずっと一日に何度も呼ばれ、これまで気が遠くなるほどの回数、いろいろな人から呼ばれ続けています。日々呼ばれている音がそのつど魂に響いています。名前が呼ばれているときは、魂が動いているときなのです。特に名字よりも下の名前は、もの心つく前から毎日のように呼ばれて（愛称でも）いるわけですから、自分の名前が自分の人生に影響を与えないわけがありません。同じ名前をずっと聞いているうちに、この名前は私自身だと認識し、名前の示すとおりの自分へとなっていくのです。

「名前といえば、まず画数」と思われがちですけれども、画数以上に重要になってくるのが、実は名前の「音の響き」です。特に名前の呼び方は、自分の基礎や根底を形づくるものとなります。なぜなら、自分が名前を文字として認識するよりも先に音で認識するほうが早く、いつも呼ばれている音のエネルギーによりその人の魂の形が育ち、決まってくるからです。

「言霊（ことだま）」という言葉を耳にしたことがある人も多いと思いますが、口から発せられた言葉にはみんなエネルギーが宿っています。ひと言ひと言が、玉〈霊〉になっていて、向けた相手に飛んでいき、ぶつかります。たとえば、よい言葉はきれいな色をした玉なので、その言葉を浴びれば浴びるほどよいエネルギーとなり、悪い言葉は汚い色をした玉となり、その言葉を浴びれば浴びるほどよくないエネルギーでいっぱいになり、運気も弱まるのです。

そのように、言葉というものはエネルギーを持つわけですが、このことは名前にも密接に関わってきます。その理由は、五十音の一音一音に性質があって、意味があり、その組み合わせで名前が成り立っているからです。そして音にはそれぞれ波動があり、一音一音がエネルギーの塊となります。そのため、同じ名前を呼ばれ続けていると、その人が持っている肉体と言霊のエネルギーとが調和して、その人をつくり上げていくのです。また、好意を持って名前を呼ばれた回数が多いほど、プラスのエネルギーを得られ、悪意を持って名前を呼ばれた回数が多いほど、マイナスのエネルギーを得てしまうのです。できれば、自分の名前を多くの人に知ってもらって、好意を持って呼んでもらえれば、エネルギーは何倍にも広がっていきます。

◆同じ文字の名前でも、読み方が違えば人生が変わる

音の影響で魂の形がある程度かたまってくるのが、6才半くらいです（それ以降、文字の読み書きができるようになるくらいから画数の影響も少しずつ表れます）。それは子どもの脳の構造とも関わってきて、言語を自然に習得する能力と同じ脳の部分に、名前の音がすり込まれていくからです。「三つ子の魂百まで」といわれますが、名前の読み方もそんなところがあって、小さいときに呼ばれた名前の音が一生影響を与えていきます。年齢を重ねても、小さいころに呼ばれていた愛称で呼ばれると、心が安らぎ、ほっとするのもこのためです。

このことからもわかるように、名前は、同じ漢字でも読み方が違えば、当然、働きも違ってきます。画数は同じなので、人生のリズムや対社会性のような点は似ていますが、プライベートな面や根本の性格はまったく異なります。

たとえば「文子」という名前の場合、読み方が「あやこ」と「ふみこ」ではまるで違います。

「あやこ」であれば経済的に安定し、「ふみこ」ではコミュニケーション能力に長けていい人との出会いがある、と能力も違ってくるわけです。

また、名字を愛称で呼ばれる場合には、下の名前がなかなか生きません。特に、名前の表す異性運がいまひとつになってしまうでしょう。今、名字だけでしか呼ばれていないとしたら、自分の才能が発揮しきれていないことになります。さらに大きく発展したいときには、まず、名前を知ってもらうこと、そしてフルネームで相手に認識してもらえるようになればしめたものです。そのために、自分でもできるだけ自分の名前を略さず、ていねいに書く習慣を持つことが大事です。

◆名前の一音一音の並び方で意味が大きく違ってくる

名前はその一音一音も大切ですが、その音の並び方も重要です。まったく同じ音を使っていても、順番が違えば、名前の意味も違ってきます。

まず、名前のいちばん上の音は、その人が理想とする性格を表しています。こういう自分でありたいという願望です。育てられた環境で性格とは反対の部分が出ていることもありますが、成人して本人が自立心を持ち、努力していくことでその音のよい部分を伸ばしていき、自分の魅力として生かせるようになります。社会に出たとき、職場などで「私はこういう人間」と人に見せる表面的な性格でもあります。

次に、二番めの音は、その人が自然体でいるときの性格、もともとの本当の性格を表します。

家庭でくつろいでいるときには、この二番めの音の性格が出ているのです。一番めの音以上に大切なのが、二番めの文字です。家庭運がこの文字でまるで変わってくるので、人生そのものに影響が出ることになります。たとえば、ここに「つ」などが入っていると、おとなしそうに見えてもまさにつぶれるの「つ」といった感じで、一度でき上がったものをつぶすほどの破壊的な性質があることから、形にとらわれない自由な人生を歩みます。また、「りゅうたろう」「りょうこ」というように、二番めに小さい文字がくるときには、普通の「ゆ」や「よ」の意味を持ちつつ、「ん」の音と同じようにその前の文字、「りゅうたろう」の「り」や「りょうこ」の「り」といった字の持つ性質を強めることになります。

いちばん下の音は、最終的にその人がたどりつく性質を表します。「ようこ」であれば「こ」、「まみ」であれば二番めの音と同じ「み」、「しんのすけ」であれば「け」となります。「まさみ」と「まさと」では一番め、二番めの音が同じでも、最終的にまったく違う人生になります。年齢を重ねるごとに、このいちばん下の文字の表す性格が濃くなっていくでしょう。

◆名前に「ら行」が入っていたら周囲の人を大事にすること

このあとで説明している五十音の意味をみてもわかりますが、「あ、か、さ、た、な」といった各行によって「木(もく)、火(か)、土(ど)、金(ごん)、水(すい)」と5つのタイプ（5章）に性質を分けることができます。

すべての行のなかで、人の名前につかいにくいのが「ら行」です。「ら」がつく名前を思い浮かべてみると、おしゃれでカッコいいイメージもありますが、日本人の名前には強すぎるところがあります。いつも回転していて落ち着かず、変化が多い音ですから、じっくりと安定した人生とはなりにくく、よいパートナーに恵まれないかぎり、波瀾万丈になります。ただ、「ら行」の人は手先が器用で、自分でなんでもやろうとして人を必要としないために、個人で行動するときはいいのですが、集団になるとむずかしさが出てきます。また、気持ちが安定しにくいところからトラブルも多く、事故やケガなどに人一倍注意しなければなりません。

もし、自分の名前に「ら行」が入っていたら、周囲の人を大事にして、調和していくように心がけましょう。そうすれば、反対に「ら」に広がりの意味が出てきて、かなりの成功をおさめることでしょう。ただ、いったん気を抜いてしまうと、転がり落ちるということを忘れてはいけません。

◆名前の音の並びの意味

名字にくらべて、名前は文字で書かれるよりも音で呼ばれることのほうが多くなるものです。生まれたときからいつも呼ばれているうちに、その音が性格に影響を与えます。あなたの名前をひらがなで書き、チェックしてみてください。

◎いちばん上の音

その人が理想とする性格を表します。こういう自分でありたいという願望です。これは職場や学校など、人に見せる表面的な性格として表れる場合が多い。

◎二番めの音
その人が自然体でいるときの性格を表します。家庭でくつろいでいるときなどには、この二番めの性格が出てきます。

◎いちばん下の音
最終的にその人がたどりつく性質を表します。年齢を重ねるごとに、いちばん下の文字の表す性格が強くなります。

例

友 ゆ……いちばん上の音
里 り……二番めの音 いちばん下の音

真 し……いちばん上の音
ん……二番めの音
也 や……いちばん下の音

A
ア

音のグループ

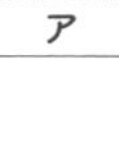
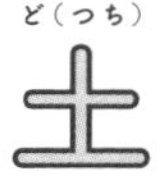

ど（つち）
土

【あ】で始まる例

あきお、あきのり、あきら、あつお、あつし、あつや、あつろう、あゆむ、あらた、あらん

あい、あおい、あかね、あかり、あさこ、あすか、あみ、あやか、あやこ、あゆみ、ありさ、あん

天からのエネルギーを存分に受け、まぶしく光り輝き、周囲に愛を注ぐ

感受性が豊かで、性格も明るく、光り輝く魂を持ちます。品格があり、落ち着きのなかに爽やかさがあって、周囲の人たちに愛を注いでいく役割を担います。また、どんな困難にも負けない生命力の強さがあり、間違っていると思うことについては徹底的に闘い、正義を通そうとしていきます。

五十音のなかでは初めの音であり、天を象徴する音でもあります。この音を持ったということは、数字の1と同様に、カリスマ的な絶対性を持った魂なので、社会に対して義務と責任を負う立場となっていくでしょう。ひとつひとつの発言や行動が周囲に大きな影響を与えるため、自分の影響力を再認識して、ふだんからの勉強を怠ることなく、ますます魂の輝きを増すように精進してください。

い

I
イ

音のグループ

【い】で始まる例

♂ いおり、いくお、いくま、いさお、いさむ、いちろう、いつき、いっせい、いっぺい、いぶき

♀ いく、いくえ、いくみ、いずほ、いずみ、いちか、いつみ、いぶき、いよ、いろは

ゆったりとしたしなやかさがあり、調和しながら周囲に生気を吹き込む

ゆったりと呼吸をするように、しなやかに動く魂を持ちます。TPOをわきまえて、魂の動きの速さを変えながら、周囲と調和をしていき、まわりに生気を吹き込んでいきます。穏やかでおっとりとした性質に加えて、どんな困難にも負けない根性と忍耐力があり、少しずつ前進しながら、確実にエネルギーを蓄えます。

えらくなりたい、トップになりたいといった俗っぽい欲はなく、自分のリズムを大事にしながら時間を有効に使いたいと考えています。競争とは無縁なので、自ら目立とうとして前に出ることはないものの、能力があって周囲に認められるため、自然と人の前に出されてしまうことが多いでしょう。

本をたくさん読んで勉強をすることで、判断力にさらにスピードが生まれて、優柔不断さがなくなります。

U
ウ

音のグループ
土（どつち）

【う】で始まる例

♂ うい、うきょう、うこん、うさみ、うしお、うたお、うちゅう、うみ、うみと、うもん

♀ うい、ういか、うきえ、うきの、うた、うたえ、うたこ、うの、うみ、うめ、うらら

万物を生む爆発的パワーがあり、人を静かにやさしく包み込む

万物を生み出す爆発的なエネルギーのある魂です。温かくぬくもりがあり、人をやさしく包む寛容さがあり、愛に満ちあふれた性質があります。控えめですが、静かに気が立ち上り、何もないところから新しいものを生み出す力があります。

自分では積極的に動くことはないものの、素直で明るい性質なので存在感があり、いつの間にか人の輪の中心にいます。リーダーとなるのは苦手なタイプで、人のしがらみなどは大嫌いなため、できるだけ自由に動きたいと考えます。思慮深く、自分だけの世界に入ることを好み、ひとりの時間を大事にしていて、人にもあまり入り込まれたくないところがあります。また、創造性があり、芸術的な表現力にすぐれます。鑑賞する力もあり、ゆっくり絵画を観たり、音に対しても敏感で音楽を聴いたりして、豊かな時間を過ごします。

え

E
エ

音のグループ

土（ど（つち））

【え】で始まる例

♂ えい、えいいち、えいきち、えいこう、えいご、えいさく、えいじ、えいすけ、えいた、えつじ

♀ えいみ、えつこ、えま、えみ、えみこ、えみり、えり、えりか、えりな、えれな、えれん

活気があり、枝が伸びるように発展。エネルギーがあり、影響力が強い

枝がどんどん伸び、発展するような魂です。エネルギーに満ちて活気があり、細胞がどんどん分裂して増殖を繰り返すように、広がっていく性質があります。周囲に対して影響力が強く、みんなを自分の味方のように取り込んでいきます。自己中心的に物事を考え、それが正しくても正しくなくても周囲を納得させてしまうような妙な強さがあります。

また、じっとしているのは苦手なほうで、いつも変化を好みます。好奇心が旺盛で、自信家でもあるため、かなり幅広く行動していくので、いいこともある半面、トラブルもいっしょに抱え込みやすいところがあります。魂には困難を乗り越える力はあるものの、肉体がついていけないこともあるので、注意深く行動したほうがいいでしょう。

O
オ

音のグループ

ど（つち）
土

【お】で始まる例

♂ おうすけ、おおぞら、おくと、おさむ、おと、おとじ、おとひこ、おとふみ、おとや

♀ おうか、おきの、おと、おとえ、おとか、おとね、おとは、おとわ、おりえ

地底から響く、重厚で深みある波長。すべてのものを合体して融合させる

大きく高貴で威厳のある魂です。地底から響いてくるような重厚で、深みのある波長を持ち、活気があり、すべてのものを合体させ、融合して整わせます。どんなことにも動じず、揺れない安定感で人を安心させ、和合させる役割を持ちます。また、慎重であまり自己主張はせず、周囲との調和を第一に考えます。

調和を大切に考えるわりには、マイペースでかなり頑固な面があり、自分の考えはまず変えず、人の意見もあいづちをうちながらも、ほとんど聞き流します。また、警戒心が強いので、親しくなっても余計なことは話さず、心を完全に許すことはありません。

器用でひとつのことに集中して最後までやり抜く力もありますが、それには方向づけをしてくれるよきパートナーとなる人物が必要となります。いい人との出会いがあれば、一気に物事が進展します。

か

KA
カ

音のグループ

もく(き)
木

【か】で始まる例

♀ かえで、かおり、かおる、かこ、かずこ、かずほ、かな、かなえ、かほ、かりん、かれん

♂ かいと、がく、がくと、かける、かずあき、かずとし、かずひろ、かずや、かつゆき、かなと

刺激好きで陽のエネルギーが強く、エネルギッシュでとても活動的

感覚が鋭く、刺激に喜びを感じる、陽のエネルギーが強い魂です。勝気で派手なことが好きで、炎のように感情が燃え上がる性質を持ちます。エネルギッシュでじっとしていることができず、とても活動的です。外見はおとなしい印象を持たれることもありますが、自分がいちばん目立つことが大好きで、かなりのナルシストです。

生命エネルギーが強いため、両極端に運命が動いていきます。教育をしっかり受けた場合は、品格を備えて魂は輝き、人を引きつけて名声も富も得られますが、教育が足りない場合には品がなく、人が遠ざかって排除されることが多くなるので、勉強することが大切です。先天的には運はいいので、後天的にも良識を持って努力を積み重ねましょう。それを怠れば、自分と自分を取り巻く人を転落させる怖さもあります。

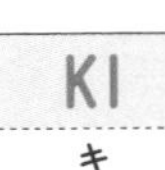

音の
グループ

【き】
で始まる例

♂ きいち、きっぺい、きみお、きよし、きよしろう、きよまさ、きょういち、きょうご、きょうへい

♀ きあら、きい、きえ、きくの、きこ、きょうか、きょうこ、きよえ、きよか、きらら、きりこ

木が伸びるようにまっすぐな精神。感覚にすぐれ、エネルギーが充実

感覚がすぐれ、エネルギーが充実した魂です。木が伸びるように向上心を持ち、正義感が強く、自分の信念をまっすぐに通す性質です。健康な肉体と精神を持ち、五感が発達していて、性格も明るく活発なのでどんどん発展します。集中力があり、いったん自分の世界に入ると、他のものが何も見えなくなってしまいます。自分のやりたいことだけする、やりたくないことはしない、とはっきりしています。それでも周囲ともうまく調和して、学びの縁でいい友人と出会うことができ、人生で大きな影響を受けるでしょう。

プラス思考で頭の回転が速く、即断即決します。特殊な才能に恵まれ、努力家で忍耐力もあり、専門を生かした道を歩みます。スター性があり、早いうちから頭角を現すことが多いでしょう。コミュニケーション力を鍛えることが成功のカギとなります。

く

KU
ク

音のグループ

もく(き)
木

【く】で始まる例

♂ くにあき、くにお、くにひこ、くにひさ、くにひろ、くにゆき、くらのすけ、くろうど、くんぺい

♀ くみ、くみか、くみこ、くらら、くりす、くるみ、くれあ、くれな

神秘的で内側に向くエネルギー。保守的で変化を好まない

内側に向くエネルギーを持ったかたい魂を持っています。外に目がいかず、変化も好まず、常に自分の所属するグループを守ろうとする性質があります。秘められた部分も多く、人に神秘的なイメージを与えます。才知があり、初対面でもすぐに仲よくなれるところがありますが、心のなかはガードがかたく、だれとでも距離を持って交際します。また、マイペースなので、人に左右されることはありません。

生まれた環境はよく、責任を持たされる立場となり、真面目に努力してそれを受け継ぐことが多いでしょう。感情の起伏はあまりなく、冷静に判断ができます。ただ、陽の気がさかんで、自分を過信して行動した結果、肝心なところで水が不足してしまって潤いがなくなり、枯れてしまうことがあるので注意しましょう。

KE
ケ

音のグループ

もく（き）
木

【け】で始まる例

けい、けいいち、けいご、けいすけ、けいた、けん、げん、げんき、けんご、けんすけ、けんた

けい、けいあ、けいか、けいこ、けいと、けいな

細かく振動し、変化を敏感に察知。煙のようにとらえどころがない

細かく振動して、周囲の変化を敏感に察知する魂です。煙のようにとらえどころがないところがありますが、人柄はとてもよく、やさしさがあり、自分のまわりをいつも気にしながら慎重に行動するタイプです。正直で嘘がつけませんが、自分の気持ちが乱れていてもそれを表面に出すことはなく、まわりにも悟られないようにします。

気が強くて負けず嫌いなのですが、ひとりになるのは嫌いで、寂しがり屋な面があります。人を引きつける魅力があるので仲間もすぐにでき、その中心にいつもいたいと思っています。ただし、よくない仲間も引き寄せるので注意が必要です。

名前の音のなかではいちばん波瀾万丈の人生になりやすく、恋愛も仕事も若いころに越えなければならない壁がありますが、精神力の強さで乗り切ることができるでしょう。

こ

KO
コ

音のグループ

木（もく（き））

【こ】で始まる例

♂ こう、ごう、こういち、こうき、こうじ、こうすけ、こうせい、こうた、こうだい、こうへい、ごろう

♀ こあ、こう、ここあ、こころ、こずえ、ことね、ことは、ことみ、ことり、このみ、こはる、こゆき

安定するとすぐ満足して停滞。大きな愛にあふれた温かい性質

大きな愛にあふれた温かい魂です。万物に恵まれて、さらに大きなものを生み出していく性質です。控えめで、でしゃばるところがないので、健康的で性的魅力にあふれ、男女問わずに人気があります。

生まれたときから恵まれていて、欲が薄い傾向があります。このくらいでいいと自分の人生において、ある程度のラインで満足して落ち着いてしまうと、よさが発揮できず、滞ってしまいますから、常に上を目指してがんばっていったほうがいいでしょう。

また、依頼心が強いのも運気停滞の原因になりますから、自分のやるべきことはきちんとやっていったほうがいいでしょう。肉体の感覚を大事にして、それに従って行動すると人生が切り開けますが、理性を重視しすぎてしまうと、体を壊したり、トラブルを抱えたりとマイナスの結果になります。

音の
グループ

ごん（きん）

【さ】
で始まる例

さかえ、さきと、さくや、さすけ、さだお、さちお、さとし、さとる、さねゆき、さぶろう

さえ、さおり、さき、さくら、さくらこ、さとえ、さとこ、さほ、さやか、さゆり、さりな

悪いことは消し去り、福を呼び寄せ、爽やかで明るく、清潔感がある

すべてのものが芽吹き、新しい命が生まれるような魂です。何かが始まるワクワクするようなエネルギーがあり、悪いことをすべて消し去って福を呼び寄せる性質です。爽やかで明るく、清潔感があります。心は繊細なのですが、くよくよマイナスへと考えることはありません。やさしく穏やかな気持ちでいることが多く、人の心を瞬時に読み取ります。控えめながらも初対面の人とも物怖じせずに付き合い、ユーモアセンスもあり、楽しい会話を提供します。たくさんの人がいつもまわりに集まってきて、明るい笑顔と笑い声が絶えないような雰囲気をつくります。自信を持てば、大開運するでしょう。

ただ、困難と思われる道へ自ら飛び込んでしまい、苦労しやすいところがあるので、人のアドバイスも謙虚に聞き、冷静に判断することが大切でしょう。

し

SHI

シ

音のグループ

ごん（きん）

【し】で始まる例

♂
しおん、しげる、しもん、しゅう、しゅんた、じゅん、しょうご、しょうじ、しんご、しんじ

♀
しおり、しおん、しずか、しずの、しの、しのぶ、しほ、しゅり、じゅり、しょうこ

静かで落ち着き、安定して微振動する。光と音に敏感に反応する

静かで冷たく、凝縮された魂です。落ち着いて安定し、微振動する性質です。大地の底の底から構成されたようなかたさと強さがあり、そこから外界へと多くのものを生み出していきます。初めは警戒心が強く、慎重なために他人と自分の世界の間に壁をつくりますが、いったん大丈夫だと思うと、少しずつ心を開きます。

ただ、明るい場所はまぶしすぎて疲れるので、やわらかい光のなかで過ごしましょう。音にも敏感に反応して、極端にびっくりしたり、神経にさわったりします。

幼いころに苦労の暗示がありますが、負けず嫌いで芯がしっかりしていて、困難にも立ち向かう勇気があるので乗り越えられるでしょう。その苦労さえ乗り越えられれば、信じられないほどの素晴らしい才能を手に入れることができるでしょう。

神聖でしっかりとした中心を持つ。透明感があり、純粋で美しい

透明感があり、純粋で美しい魂です。侵してはいけないような神秘のベールに包まれた神聖な性質を持ちます。しっかりとした中心を持っていて、おおわれていますが、そのおおうものが環境によって大きく変わっていきます。本来は慈愛に満ちていて、世話好きで人のために尽くすのですが、育った家庭に問題があると、純粋すぎる魂を守ろうと肉体が強いものを引き寄せることがあり、それが悪いもののことも多く、病弱だったり、性格的に人に意地悪をしたりと逆な面が出てきたりします。

また、言葉に普通以上に強いエネルギーを持ちます。発言がいちいち人に強く伝わりすぎるところがあって、いい言葉は人を伸ばし、悪い言葉は大きく人の心を傷つけてしまいます。人の前に出るのは苦手で、人の後ろに隠れるように控えめです。

音のグループ

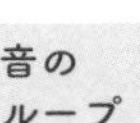

【す】で始まる例

♂ すぐる、すずお、すずと、すすむ、すなお、すばる、すみお、すみや

♀ すい、すいらん。すず、すずか、すずね、すずよ、すみ、すみえ、すみか、すみこ、すみれ

せ

SE
せ

音のグループ

ごん（きん）

【せ】で始まる例

♂ せいあ、せいいちろう、せいご、せいじ、せいしろう、せいたろう、せいや、せな、せんり

♀ せいか、せいこ、せいな、せな、せり、せりか、せりな、せりの、せれな。せんり

男性的で勇ましくて絶えず変化し、活発で勢いがあり、広がっていく

活発で勢いがあり、広がっていく魂です。男性的な勇ましさがあり、とどまることがなく変化を続けます。いいときと悪いときの波が大きく、ドラマチックな人生が展開します。華やかなことが好きで、自信があり、瞬発力にすぐれていて、思い立ったらすぐ行動して、あまり深いことは考えません。頭がよく、プライドが高く、自分がいつもトップでないと気がすまなくて、集団のリーダーとして君臨します。スター性があるので、人を引きつけて離さない魅力も備えています。

世渡り上手で、初対面の人とでも気さくに話せる会話術を持ち、強い部分よりも、あくまでもやわらかく清潔感のあるイメージを植えつけます。自分に必要なものと不要なものを瞬時に判断して見極め、いらないものは人でもモノでもばっさり切り捨てます。新しい環境にすぐ順応して、人生を楽しみます。

SO
ソ

音のグループ

【そ】で始まる例

♂ そう、そういち、そうご、そうし、そうすけ、そうた、そうたろう、そうへい、そうま、そうや

♀ そう、そうこ、そな、そのえ、そのか、そのこ、そのみ、そよ、そよか、そら、そらみ

明るくやわらかさがあり、上昇志向が強く、空のように広い

空のように広く、ふわっとやわらかく軽い魂です。明るく、一見無欲に見えますが、かなり上昇志向が強く、成功するために努力を惜しみません。協調性があり、だれとでもすぐ打ち解けて仲よくなれます。穏やかでソフトな物腰ですが、言いたいことはとりあえず言うといった口の達者な面があります。正直すぎて余計なことまで言って失敗しがちです。能力もあり、外見もいいのですが、争い事には弱く、競争するときには引いてしまい、よい結果が出せません。あと一歩というところで粘りがなく、結果を出しにくいのです。自分が前に出るより、だれかをバックアップしたりするほうが得意です。ただ、人への気配りが足りず、自分が中心にデンと座ってしまうところがあります。寂しがり屋でひとりでいるのはあまり好きではなく、だれかといるとほっとします。

た

TA
タ

音のグループ

火（か（ひ））

【た】で始まる例

♂ だい、たいが、だいき、だいご、だいすけ、たいち、たかひろ、たかふみ、たくみ、たくや、たけし

♀ たえ、たえこ、たかこ、たまえ、たまお、たまき、たまこ、たまみ、たみこ、たみえ

いろいろなものをひとつの塊にし、力強く燃え上がるような性質

重みがあり、力強く燃え上がるような魂です。活動的で、いろいろなものを取り入れ、大きなひとつの塊にまとめ上げていく性質があります。気が強くて人とのコミュニケーションもさかんに行い、いろいろな種類の人と親しくなっていきます。一見すると控えめに見えますが、積極的で行動力があり、目標を達成する意志の強さと忍耐力があります。

ただ、運気が強い分、災厄も引き寄せてしまうことがあるので、乗り越えなければなりません。迷ったときは、異性からのエネルギーを得て、解決することになります。問題が起こっても、ひらめきを大事にして、決断してすばやく対処します。負けず嫌いで努力家なので、大きな成功をおさめ、活躍していくでしょう。知的好奇心旺盛で、技術を必要とする分野の仕事で才能を開花し、趣味もプロ級になります。

CHI
チ

音のグループ

か（ひ）
火

【ち】で始まる例

♂ ちあき、ちかし、ちかひろ、ちから、ちはや、ちはる、ちひろ、ちよのすけ、ちゅうや

♀ ちあき、ちえ、ちえこ、ちえり、ちか、ちさと、ちづる、ちなつ、ちなみ、ちはる、ちひろ、ちほ

万物を生む力と死滅させる力を持ち、活動的でぐるぐると循環する

活動的で万物が生まれるもとであり、ぐるぐると循環している魂です。生み出す力と死滅させる力の両方をあわせ持ち、新しいものをつくっていく性質です。大地のように雄大なパワーがあり、多くのものを守る役割を持ちます。必要以上に人にも自分にも厳しく、不平不満が生まれがちです。地道で少しずつ堅実に歩みますが、精神的な充実を求めて、常に安定するところを探します。ムダづかいもギャンブルもしませんが、自ら苦労を買って出て、災厄を引き寄せるときがあり、思わぬ出費に見舞われることがあります。

上品な雰囲気があり、知性を重んじていて相手にも合わせることができるので、友人も多く、楽しい時間を過ごせるでしょう。ただ、いろいろな人を引き寄せすぎて、トラブルもいっしょにやってくることがあるので、警戒心も持ち、断る勇気も持ちましょう。

つ

TSU
ツ

細かい塊が集まってひとつになり、活発なパワーを放出していく

細かい塊がたくさん集まって、ひとつになっている魂です。人をたくさんまわりに集め、からまり合いながらエネルギーを充満させて、活発なパワーを放出する性質です。友人を呼び、集め、人の和のエネルギーを得て、どんどん栄えていきます。非凡な個性を持ち、情緒豊かで、感情を表に出します。センスがよくておしゃれで、目立つ存在です。

一見おとなしそうですが、内面に爆発するような激しさがあり、大胆な行動をして周囲を驚かせます。普通の幸せにはあまり関心がなく、自分の能力を生かして初めて喜びを感じ、マイペースで進んでいきます。自信を持ち、自己表現も上手です。派手なものや新しいものが大好きで、ほしいものは手に入れます。情に弱く、人を見る目も意外にないため、だまされやすいので気をつけましょう。依頼心を捨てれば、大きく飛躍できます。

音のグループ

火（かひ）

【つ】で始まる例

♂ つかさ、つぐお、つぐはる、つとむ、つぬ、つねお、つねひこ、つばさ、つゆき、つよし

♀ つかさ、つきの、つきほ、つきみ、つぐみ、つづみ、つむぎ、つゆみ

TE
テ

スピード感があり、柔軟性にすぐれる。人を包み込む豊かさがある

音のグループ

火(かひ)

【て】で始まる例

♀ ♂

てつ、てつお、てつし、てった、てっぺい、てつや、てるあき、てるお、てるゆき、てんま、てんめい

てまり、てるさ、てるな、てるの、てるは、てるよ、てるみ、てれさ

活動的で、豊かできりっとした魂です。神経が細やかで柔軟性があり、どんな相手にも自分を合わせられる性質です。頭脳明晰でひらめきがあり、正直で嘘をつけず、裏表がなく、交際上手なので目上の力のある人からかわいがられます。控えめながら考え方がしっかりしていて、ときに強引なところもありますが、仕事も早いので信頼されます。ただ、人を導くタイプではなく、与えられたことを正確にこなすのが得意で、出世に興味なく、責任を持たされることが嫌いです。

モノも人も引き寄せる運があり、多くのものに囲まれて不自由することがないでしょう。大きなトラブルもなく、トントン拍子の人生です。傲慢になったり、努力を怠ったりしなければ、晩年まで安泰です。生まれ落ちた土地の神様に守られて願いが叶い、最終的にまた、出生地あたりに縁を持つ場合も多いです。

と

TO

ト

音のグループ

か（ひ）

【と】で始まる例

とうま、とおる、ときお、としあき、としき、としひろ、ともかず、ともき、ともひろ、ともや

とあ、とうこ、としえ、ともか、ともえ、ともの、ともみ、ともよ、とよこ、とわ、とわこ

繊細で敏感な動きをしつつも、どっしり重量感のある安定した性質

安定して落ち着いた、どっしりと重量感のある魂です。知識よりも本能的な勘に従って、状況を的確に把握する敏感な性質です。問題が起こっても動じることなく、冷静に瞬時に判断して対処します。願いがあれば、念によってそれを成就させていきます。おおざっぱなところと繊細なところの両面を持っていて、人を導く役割を担います。優秀で実力があっても、素朴で飾らないので、みんなからよく慕われて、自分のためよりも人のためにいつも行動して、それが最終的に自分のところに帰ってきて益をもたらします。

処世術に長けていて、先見性もあり、数字に強く、仕事でも大きな成果をあげます。出生地と縁があり、遠くに離れてもまた戻り、地域のために貢献する人も多いでしょう。

音のグループ

【な】で始まる例

ないと、なおき、なおたろう、なおと、なおはる、なおや、なおゆき、なつお、なりひで、なると

なお、なおこ、なおみ、なぎさ、なつ、なつき、なつこ、なつみ、ななみ、なほ、なみ、なるみ

地味な性質がしだいに華やかに変化。温かみがあり、穏やかでやわらかい

温かみがあり、穏やかでやわらかい魂です。男は男らしく、女は女らしくと性に忠実です。人との関係を大事にして、感情表現が豊かで親しみやすく、だれに対しても態度を変えることがありません。上品でまめで、きちんとしていて、人に不快な思いをさせることはないでしょう。欲は少なく、趣味や遊びを重視して楽しいことをして人生を送りたいと思い、むずかしいことにチャレンジすることはめったにありません。

ただ、素晴らしい潜在能力があるので、やりたいことを始めてみると成果はすぐにはっきりと出てきます。地味にしていてもしだいに華やかさを増し、家族は安泰で幸せになります。執着心がなく、大切なものだけを身のまわりに置き、あとは手放します。周囲に流されずマイペースで、明るさがあって常に前進するので大きな成功を手にするでしょう。

に

NI

ニ

音のグループ

火（かひ）

【に】で始まる例

にしき、にじお、にじのすけ、にじろう、にちか、にへい、にんざぶろう

♀

にいか、にいな、にこ、にちか、にな

柔和で喜びに満ち、笑いを発信する。高貴で汚れたところのない美しさがある

高貴で汚れたところのまったくない、美しい魂です。柔和で喜びに満ちあふれ、笑いの振動を持つ性質があります。生まれてからずっと大きな愛に包まれて育っているので、人にも愛情を注ぎ、周囲を幸せにします。気分の浮き沈みがなく、いつも平和な心です。バランスがとれていて、流行のものに敏感で関心が強い一方、古いものにも興味を持ち、造詣が深く、両方からよい部分を自分のなかに取り入れていきます。

人の話をよく聞くうえ、自分の意見もはっきりと持っているので、上手に会話を進めていき、よりよい信頼関係を築くことができるでしょう。芯が強くて、自分の発言にも責任を持ち、選んだ道を着実に進みます。感性が豊かで、自己表現する能力にも長けています。

また、活発でスポーツやアウトドアなどもこなし、運動神経も抜群です。

NU
ヌ

音の
グループ

か（ひ）
火

【ぬ】
で始まる例

ぬいと、ぬきや、ぬくみち

ぬあ、ぬい、ぬいか、ぬきあ、ぬみ、ぬみの

負のパワーが働き出したら注意して。湿り気のある混沌とした性質

湿り気があり、いろいろなものが折り重なり、混沌とした魂です。能力があり、内面が充実していて、天からも多くの恵みを受けられる性質です。謙虚で目立つことを好まず、控えめで、人に喜んでもらえることが自分の喜びと感じ、人のためにとことん尽くします。自立心があり、自分のことは自分で解決しようとして人に相談することもありません。よく働いて、家族の成功を陰で支えることになります。

生まれつき体が丈夫なほうではないので、ムリがきかず、ついがんばりすぎて病気にもなりやすいところがあります。我が強く、嫉妬心などをひとたび持ってしまうと増幅してしまい、相手を徹底的に痛めつけるような怖さがあるので、ほどほどにしたほうがいいでしょう。年齢が高くなるにつれ、その傾向が強くなるので気をつけましょう。

ね

NE
ネ

音のグループ

か（ひ）

【ね】で始まる例

♂ ねいり、ねお、ねる、ねろ、ねんじ

♀ ねい、ねいみ、ねお、ねね、ねねか、ねのか、ねみ、ねる

安定して災難を寄せつけない。明るく活発で、愛で満たされている

明るく活発で愛で満たされている安定した魂です。どんな災難もはねのけ、寄せつけない強さがあり、安定していて、落ち着きのある性質です。冷静沈着で警戒心が強くてスキがなく、頭の回転も速いので、人に頼ることなく自分でなんでもしてしまいます。おとなしく見えますが、度胸があり、大胆な行動をとるときもあり、周囲を驚かせます。

柔軟で、過去の古い体質にとらわれない革新的な部分もあるので、新しい環境にもすぐにムリなく適応してなじめます。面倒見がよく、やさしいので社交的に見えますが、実際はそうでもなく、好きな人とだけ付き合っていきます。人生は豊かで、楽しく毎日を送ることができて、いつも幸せな気持ちでいます。争いを嫌い、平和を愛し、社会をよくするために社会貢献をしようと積極的に行動をし、多くの人を助けていきます。

の

NO
ノ

音のグループ

か（ひ）

【の】で始まる例

のぞむ、のぶき、のぶてる、のぶひこ、のぼる、のりあき、のりお、のりと、のりゆき

のあ、のえる、のぞみ、のぞむ、のどか、ののか、のぶこ、のりえ、のりか、のりこ

のんびりとした部分と敏感な部分、両面のある大きく軽やかな性質

大きくて爽やかで軽い魂です。のどかでのんびりとした部分とピリピリと神経をとがらせて悪いものを除こうとする部分の、両面の性質があります。頭脳明晰で好奇心旺盛、人の動きや時代の流れを正確に読んで、体さえ整っていれば天からの恵みもどんどん受けるので、大きな成功を手に入れられるでしょう。

慎重で冷静沈着なので、自分のすべてをさらけ出すようなことはなく、行動や発言も軽はずみではありません。人にとても親切で、困っている人を見るとすぐに手を差し伸べます。強い意志を持って働きますが、少し頑固なところがあります。自分がなんでもすぐできてしまうので、人のペースが遅いと不満を持ちがちです。大きな組織より、個人で働くほうがストレスが少ないので、最終的には組織を離れることも多いでしょう。何事も計画的なので、失敗することはないでしょう。

は

HA
ハ

音のグループ
すい（みず）
水

人を近づかせない鋭さと勢いがあり、容姿端麗で目立ち、念を飛ばす力が強い

針のようにとがっているところがたくさん出ている魂です。他の人が触ろうとしても、近づかせない鋭さと勢いがあります。常に不満があり、悪気はないものの、なんでも否定して相手の心を刺すようなことを言ったりやったりする性質です。自己中心的で、思っている以上に念を飛ばす力が強く、マイナスのことを考えると、そのまま相手の運気を落とすようなところがあります。自分の能力を生かそうと進んで前に出るものの、認めてくれる人に出会えず、なかなか存分に才能を発揮することができません。意識的にいい言葉を大切に使えば、状況は好転します。

男女ともに容姿端麗で目立つので、結婚など異性の力によって一気に飛躍することも多いでしょう。結婚生活を円満に送るためには強すぎる我をときには抑え、相手のことを気づかうように心がけましょう。

【は】で始まる例

♂
はじめ、はやお、はやて、はやと、はるあき、はるき、はると、はるま、はるや、ばんり

はいり、はぎの、はつえ、はづき、はつね、はな、はる、はるか、はるな、はるみ、はんな

HI

ヒ

音のグループ

【ひ】で始まる例

ひかり、ひかる、ひさお、ひであき、ひでお、ひでき、ひとし、ひびき、ひろき、ひろと

ひかり、ひかる、ひさこ、ひでみ、ひとみ、ひな、ひなこ、ひなの、ひまり、ひより、ひろみ

TPOに合わせて人のために動き、太陽のようにまぶしく、白く輝く

太陽のようにまぶしく、白く光り輝く魂です。爆発的なエネルギーを持ち、活発で明るい性質です。霊的な力を持ち、周囲の人の心を和ませ、安心させる役割を持ちます。落ち込んでいる人には温かいものを、情熱が強すぎて衝突することの多い人には冷たいものを提供して、その人の性格に合わせて動きます。

だれとでもすぐに打ち解けて話せる特技があり、物怖じすることがありません。人間味にあふれ、人にやさしく、目上の人からもかわいがられます。ファッションセンスや容姿がいいので注目を浴びますが、本人はそこまで自信がなく、自分の魅力になかなか気づきません。ただ、何事にも受け身になりがちで、依頼心が強く、ラクをしようとします。控えめなので、チャンスがきても慎重すぎて逃すことも多いので、もう少し積極性を出すとよいでしょう。

ふ

HU
フ

音のグループ

すい（みず）
水

【ふ】で始まる例

♂
ふうが、ふうた、ふくたろう、ふじお、ふみあき、ふみお、ふみひこ、ふみや、ふゆき、ぶんた

♀
ふうか、ふうこ、ふさえ、ふじこ、ふじの、ふたば、ふみえ、ふみか、ふみの、ふゆか、ふゆみ

神と人が一体になった強力パワー。感受性豊かで、即断即決で行動

風船のようにパンパンに膨らんでいる魂です。モノが満ち足りて、神と人とが一体になることを意味していて、明るく強力なパワーを持ちます。歩くところ歩くところで新しい風を起こして、人をよい方向に導くでしょう。ソフトでゆったりとした外見とは違い、中身は勢いがあって、即断即決して行動力があります。

感受性が豊かで、美しいものやきれいなものに敏感に反応します。直観力があって、人の意見には左右されないで、自分の見たこと感じたことだけを信じて判断します。その判断はほとんど正しく、いい結果を生んでいきます。人当たりがよく、気配り上手ですから、人からいつも慕われて人気者となるでしょう。何事もていねいにこなし、きっちりしていて、人との関係では余計なことは言わず、信頼されます。

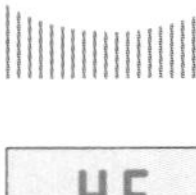

HE
へ

音のグループ

みず（すい）
水

【へ】で始まる例

♂ へいいち、へいご、へいさく、へいじ、へいすけ、へいた、へいや

♀ へいり、べにか、へれな、へれん、へんり

離散しているものをひとつにまとめ、流動的で形をいろいろと変える

流動的で、形をいろいろと変える魂です。天地がひとつとなって、離散してしまったものをひとつにまとめて、幸せをもたらす意味があります。心が純粋で正直で、裏表のない性質で、堅実に地道な努力を続けて目標を達成させます。その途中で困難が訪れても、忍耐力があるうえ、チャレンジ精神が旺盛なので、上手に切り抜けることができます。

頭脳明晰で優秀なので、あまり苦労することはなく、慎重すぎてチャンスを逃すような印象もありますが、まったくそんなことはなく、自分のペースを守ってうまくチャンスにのっていきます。

また、一発勝負と大金を賭けることもありますが、ギャンブル運はもともと弱く、負けてしまうので、くれぐれも控えましょう。

ほ

HO
ホ

音のグループ

すい（みず）
水

【ほ】で始まる例

♂ ほうさく、ほうせい、ほくさい、ほくと、ほしかず、ほしと、ほしひこ、ほしや、ほたか、ほまれ

♀ ほくと、ほしみ、ほずみ、ほたる、ほなみ、ほのか、ほのみ、ほまれ

強さあって驚くことなく動じず、熱しやすく冷めやすい面がある

「は」の魂よりも、さらにツンツンと突き出ている魂です。意志が強く、ちょっとやそっとのことではほとんど驚かず、どんなときでも冷静に行動します。炎のように燃えているところがある半面、冷めやすい性質もあり、人の忠告を全然聞かないで失敗することがあります。

経済的に困ることはまずありませんが、プライドが高くて自信家で、いつも何かと闘っています。負けず嫌いで自己主張が強く、妥協することがありません。強い自分をうまく隠して人当たりはいいので、みんなから愛されて、独創的でスター性があるので、いつも周囲から注目を浴びます。

家族に対しては温かく接するのですが、他人にはかなり厳しいでしょう。細かいところまでチェックをし、余計な指導まですることがあります。

音のグループ

みず（すい）

水

【ま】で始まる例

♂ まお、まこと、まさあき、まさお、まさき、まさと、まさふみ、まさや、まさる、まなぶ

♀ まあさ、まい、まお、まきこ、まこ、まさこ、ますみ、まな、まなみ、まひろ、まみ、まゆ、まり

正義と悪をあわせ持ち、一定さがなく、常に変化をする

色が真っ白になったり、真っ黒になったりと常に変化する魂です。スピード感のある動きをしたかと思えば、じっととどまるといったことを繰り返し、一定することはありません。正義と悪の両方をあわせ持ち、控えめかと思えば大胆だったりと両極端です。

自分の感情に正直で、そのとき思ったとおりに行動しますが、肝心なその感情がよく変わるので、周囲がついていけません。瞬発力にすぐれますが、持続力がなく、能力があるのに、ひとりで何かひとつのことを長く努力し続けるというのは苦手なので、だれかいっしょに歩んでくれる人、導いてくれる人が必要となります。いい人に出会えれば、人の上に立つようなカリスマ性があるので、注目され、名を上げます。ただ、人のよさから足元をすくわれる弱さもあります。弱いフリをする人ほど怖さがあることに気づきましょう。

み

MI
ミ

音のグループ

すい（みず）
水

【み】で始まる例

♂
みきお、みずき、みちお、みちのぶ、みちや、みつお、みつる、みなと、みのり、みひろ、みらい

みう、みお、みか、みく、みさき、みずほ、みつこ、みどり、みな、みのり、みゆき、みれい、みわ

潤いがあり、柔軟で変化を好み、パールのような白い輝きを持つ

パールのような白い輝きを持つ魂です。潤いがあり、柔軟で変化を楽しむ性質です。直観力にすぐれていて、あまり深く考えることがなく、流れに身をまかせるのに抵抗がありません。

陽気で華やかさがあり、さっぱりした性格なので、物事に執着することがあまりありません。静かにじっとしているのは苦手で、ちょこちょこ動きまわり、思ったらすぐ行動しないと気がすみません。楽観的で失敗することは考えず、チャンスも自ら引き寄せます。

時代の流れには敏感で、センスがよく、目立つ存在です。会話も上手で社交的で、人と広く関わっていきます。その場しのぎで動くところがあるので、もう少し考えて計画性を持つようにすると、一気に運気が上昇して成功へ導かれるでしょう。精神的に几帳面ですが、誘惑には弱いところがあります。

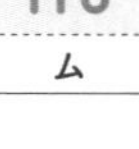

音の
グループ

【む】
で始まる例

むさし、むつお、むつき、むつみ、むねお、むねとし、むねのり、むねひろ、むねゆき

むう、むぎ、むつえ、むつか、むつき、むつこ、むつみ、むつよ

目に見えないやわらかいものがひとつになり、内側へ向かっていく

雲のようなやわらかいものが、どんどん内側へ向かっていく動きをする魂です。目に見えない、はっきりとしないものが、ひとつになって塊をつくっていく性質です。自分の考えに固執して、外へ発展しにくいところがあります。プラス思考でいるうちはいいものが生まれるのですが、マイナス思考になるとどんどんかたいしこりとなり、体内に宿ることもあります。

個性が強く、マイペースでまわりに合わせるのは苦手で、自分の考えを押し通します。外から刺激を得るより、自分のなかにある才能を磨くことに重点を置きます。おけいことにも熱心ですが、器用すぎて、ひとつを極めるタイプではありません。社交性はありそうでなく、友人も限られるでしょう。困難に見舞われやすく、前進しようと思っても障害が多いほうです。

変化の多いところに自ら入り込む。素直で繊細で、困っている人を助ける

優美でかわいらしく、小さな魂です。運気が強く、恵まれたところに生を受けますが、状況が変化をしやすく、しだいに争いの中へ入っていく性質です。

容姿に恵まれて華やかで、何をしてもカッコいい印象があります。素直で繊細で、困った人がいたらすぐに助けるやさしさもあります。純粋で人を裏切ることができず、いい人との出会いであれば、そのまま人生もよくなりますが、よくない人との出会いだとトラブルに巻き込まれてしまい、そこから抜け出すことができません。ときに転落して、波瀾へと突入します。

がまん強くて、自分の本心を人に明かすことはほとんどないので、突然大胆な行動に出てしまい、周囲を驚かせることもあるでしょう。人のアドバイスは聞くようにすれば、状況は改善されるでしょう。

め

ME

メ

音のグループ

すい（みず）
水

【め】で始まる例

♂ めいし、めいじ、めいせい、めいと、めいや、めぐむ、めぐる

めあり、めい、めいこ、めいさ、めいな、めぐ、めぐみ、めぐむ、めり、めりか、める

MO
モ

音のグループ

【も】で始まる例

♂ もとあき、もとき、もとなり、もとのり、もとはる、もとや、もとゆき、もりお、もりしげ、もんた

♀ もあ、もえ、もえか、もとこ、もな、もなみ、もね、もも、ももか、ももこ、ももよ

性的魅力があり、エネルギーが強く、人に影響されていい成果を出す

乳白色の丸いものがたくさん集まっている魂です。性的魅力があり、エネルギーが強く、豊かな実りの多い性質を持ちます。のんびりとしていて、本来人と争うことは好きではありませんが、競争のなかに入ることが多くなりそうです。自分から何かをする積極性はありませんが、人に影響されてよい成果を出していきます。お金に縁があり、経済的に恵まれて、豊かな人生を楽しみます。

自分の考えを変えない頑固さがあっても、甘い誘惑には弱く、すぐにだまされてしまうので、気をつけたほうがいいでしょう。強靭な精神力を持っていて、変化に強くて、目標を持つと真面目に取り組んで発展し、よい成果をあげます。特殊な才能に恵まれ、努力を重ねて成功させることができるでしょう。

や

YA
ヤ

音のグループ

土（ど（つち））

【や】で始まる例

やすあき、やすお、やすき、やすし、やすとも、やすふみ、やすまさ、やたろう、やひろ、やまと

やえ、やえこ、やすえ、やすか、やすこ、やすな、やすの、やすは、やすよ、やちよ、やよい

本性を隠しながら周囲を観察。気持ちを表面に出すことが苦手

表面が黒くてかたく、頑丈な魂です。スピードがある環境のなかで育てられることが多く、自分の本当の気持ちを表面に出すことが苦手です。外見はやさしくて楽しそうですが、中身はかなり真面目でどこか暗さもあり、はっきりしないところがあります。

頼まれたことはすぐにこなしていくので、頼られる存在となります。観察力があり、かなり引っ込み思案ですが、30代後半くらいになると、劇的に変化が出てきます。いつもニコニコしていて感情に支配されることもなく、気持ちが穏やかになります。

仕事が好きで、目標をはっきりと定めたら、そのために努力して昼も夜も働き、堅実に財を成していきます。運動神経もいいので、スポーツを始めてみると、いい成果が得られるでしょう。異性からの影響が強く、いい相手に巡り合えると運気が好転します。

YU
ユ

音のグループ

ど（つち）
土

【ゆ】で始まる例

♂ ゆういち、ゆうき、ゆうご、ゆうさく、ゆうすけ、ゆうだい、ゆうと、ゆうま、ゆきお、ゆたか

♀ ゆい、ゆいな、ゆうか、ゆうこ、ゆか、ゆかり、ゆき、ゆきな、ゆみ、ゆみこ、ゆり、ゆりこ

パワーがあり、タフで弱ることがない。プラス思考で自己中心に行動する

完璧な球体をしていて、他の音をまったく内側に伝えないかたい魂です。肉体的にも精神的にもタフで、弱ることがありません。いつもプラス思考で、自分中心に行動します。また、社交的で、自分を上手にアピールします。外見も素敵ですが、あまりにも洗練されすぎていてスキがないため、人が気安く近づける雰囲気がなく、意外に孤独な印象があります。

性格も控えめで、自分からリーダーになろうとはせず、トップに立つより、みんなで調和して同じ立場にいるほうが責任も軽くて、気持ちがラクで好きです。

愛やお金にも恵まれ、苦労知らずで、親から早く離れて生活をすることが多いでしょう。強いエネルギーは晩年になっても変わらないため、自分のやりたいようにして波瀾を起こし、周囲を驚かせそうです。

よ

YO
ヨ

音のグループ
土(どつち)

【よ】で始まる例

♂ よういち、ようじ、ようすけ、ようへい、よしあき、よしき、よしたか、よしと、よしはる、よしひろ

♀ よう、ようこ、よしえ、よしか、よしこ、よしの、よしみ、よりえ、よりこ

いろいろな種類の気を寄せつける、よくないものを切り捨てれば安定する

角ばったようながっちりした魂です。いろいろな種類の気を寄せつけるところがあるので、よくない気を見分け、よくない情は思い切って捨て、きっぱり切ることが人生を安定させる境目になります。

外見は品よく、華やかな感じです。常識を重んじながらも、冒険も好きで奔放に生きていきます。トラブルが起こってもすぐに立ち直り、元気になります。

もともと運がよく、若いうちからいい生活ができますが、スキができると一気に転落する予感があります。親分肌で人がよく、とことん面倒をみてあげるやさしさがあり、世間知らずのところがあるので、自分の知らない世界に興味を持ちすぎて、悪い人にだまされてしまうので気をつけましょう。異性を見る目もあまりないので、人のアドバイスをよく聞きましょう。

ら

RA
ラ

音のグループ

火(かひ)

【ら】で始まる例

♂ らい、らいぞう、らく、らいた、らくと、らんと

♀ らいか、らいな、らいむ、らむ、らら、らん、らんか、らんこ

熱いものが渦を巻くように回転し、ひらめき輝きながら拡大していく

熱いものが渦を巻くように、ぐるぐる回転している魂です。ひらめきと輝きがあって、周囲の人たちを自分のなかに取り込みながら拡大していく性質があります。自分の意志というよりも、目に見えない力で動かされます。クールでカッコよく、カリスマ性があるため、みんなからいつも注目されます。常に刺激を求め、静かに落ち着くのは苦手です。激しい流れに巻き込まれても動じない強さと、新しい波にうまく乗っていける柔軟さを兼ね備えているので、運の波も上手に乗りこなすでしょう。社交的で人脈も広く築けるため、豊かで楽しい生活を送ることができます。

予期しない災難に見舞われる暗示がありますが、人に助けてもらいながら、切り抜けるでしょう。遊びが大好きで、仕事も遊びの延長のようにとらえていて、自分の才能に合った職に就いて活躍しそうです。

音に敏感な性質を持っていて、人の助けを借りながら大成する

高速で回転しながらも、かたく充実した魂です。特に、音には敏感な性質です。専門的な分野に携わり、機械のように正確な動きができ、平凡ではありません。人に情報や技術を伝える役割を担います。才能に恵まれ、徹底的に勉強をして努力を積み重ねて、成果をあげます。誇り高く、聡明で、妥協することがありません。真面目で筋が通らないことは受けつけず、納得するまで議論をします。

見た目は自信家で華があり、どこにいっても目立つ存在です。そのわりに印象は控えめで謙虚なので、人からも信頼され、好かれます。話し上手で、人をイヤな気持ちにさせることがなく、多くの友だちを持つことができ、その助けを借りながら大成するでしょう。ただ、集中しすぎて自分の世界に入ってしまうと、まったく他が見えなくなって、周囲を気づかうこともなくなります。

り

RI
り

音のグループ

か（ひ）
火

【り】で始まる例

♂ りおん、りき、りく、りつき、りゅう、りゅういち、りゅうじ、りゅうせい、りょう、りょうへい

♀ りいさ、りえ、りお、りかこ、りこ、りさ、りつこ、りな、りの、りほ、りょう、りょうこ、りんご

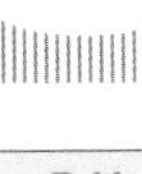

RU
ル

音の
グループ

か（ひ）
火

【る】
で始まる例

♂ るい、るいと、るおん、るか、るしお、るそう、るりお

♀ るい、るいこ、るか、るこ、るな、るね、るみ、るみこ、るり、るりこ

波瀾のなかに飛び込んでは衝突。自然体で人にやわらかく接するが頑固

細かいたくさんの物質が、ぶつかり合いながら動いている魂です。自ら波瀾のなかに飛び込んでいき、そのたびに衝突する性質です。自己中心的な面と人に合わせすぎる面とがあり、人や物事に影響を受けすぎて、自分がはっきりしていないところがあるので、人生の道がある程度見えてくるようになるまでは不安定です。決断が遅くて迷いやすいため、周囲も巻き込みます。

自然体で人にやわらかく接し、だれからも好かれます。流れに逆らわず、おっとりしたように見えますが、内面は頑固で、人の話を聞き入れることもあまりありません。意志の強さで、乗り越えていきます。親分肌でないので、リーダーという感じではありませんが、よく人と関わり、仲間を大切にしながら楽しい時間を過ごします。謙虚さがないと、災いがやってきます。

れ

RE
レ

音のグループ

火（か（ひ））

【れ】で始まる例

♂
れい、れいいち、れいじ、れいすけ、れいた、れお、れおん、れん、れんじ、れんと

れい、れいか、れいこ、れいな、れいみ、れいら、れお、れおな、れな、れみ、れんな

薄いガラスのようなものに包まれ、美しくふわっととらえどころのない性質

美しく、薄いくもりガラスのようなものにおおわれた魂です。とらえどころのない、ふわっとした性質です。気高く、自分は人よりすぐれていると自信があります。負けず嫌いなところがあるものの、人にはやさしく、根は善人なので、計算高く見えて、実はいちばん損をするといった面もあります。

進歩的で流行には敏感で、情報収集能力にすぐれています。頭脳明晰でチャレンジ精神も旺盛なので、仕事も順調で苦労することはありません。ただ、スケジュールが入っていないと心配なところがあり、いつも人といるように、予定を組み込んでいきます。自分の意思とは関係のない災難も多く、苦労もありますが、それを感じさせない強さがあります。

謙虚さを忘れずに目上の人を大切にすると心願成就しますが、しないとエネルギーをぶつけて和を乱すことになります。

ろ

RO

ロ

音のグループ

か（ひ）
火

【ろ】で始まる例

ろい、ろうま、ろか、ろく、ろくすけ、ろくた、ろくろう、ろみお

ろあ、ろうざ、ろうら、ろか、ろこ、ろな、ろみ、ろみか

ろうそくのような色と質感で、回転しながら凝固していく

ろうそくのような色と質感のものが回転しながら、だんだん凝固していく魂です。頭で考えるより、まずは動きまわってみてから、その結果しだいで先を考えていきます。一見して堅実そうに見えるものの、計画性はいっさいなく、そもそもあらかじめ決めたことを守るのは苦手です。強く華やかな雰囲気とまったく逆のナイーブで、繊細な性格なので、深く付き合うほど人は驚くかもしれません。

困難が多くやってきますが、じっと静かに耐え、たいへんさは周囲に見せないでしょう。人を気づかい、自分のことはあと回しにします。知性があり、博学で幅広い知識を持っていて、人から尊敬されます。目上の人からも引き立てを受けられるので、実力以上にいいポジションを得られたりするでしょう。

わ

WA

ワ

音のグループ

ど（つち）

【わ】で始まる例

♂ わいち、わかと、わかふみ、わくと、わたり、わたる、わへい

♀ わか、わかえ、わかこ、わかさ、わかな、わかの、わかば、わこ

天の気を受け、守られて喜びが多く、いつも平和な気持ちでいる

風船のようにパンとハリのある魂です。天の気が穏やかに降りてきて、よく守られます。軽やかでどこにでも動くことができ、どのような色にも変わることができる性質です。絶えず喜びの振動をしていて、周囲を楽しませ、自分自身もいつも平和な気持ちでいられます。シェアする気持ちを持ち、自分が足りれば人にも分けてあげます。安定感があり、落ち着いて物事を考えてから動くので、まず失敗はありません。願いがあれば、あきらめないで努力を続けることで成就します。

依頼心もなく、なんでも自分で道を切り開こうとしていく独立タイプなので、大きな組織にはなかなかなじめません。その半面、調和を何よりも大事にするため、自分を犠牲にすることもあります。口が達者でコミュニケーション能力にも長けていて、社会に影響力を発揮することもありそうです。

N
ン

音のグループ

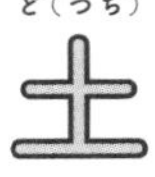

土（ど（つち））

前にある音を強調する働きがあり、家族の絆が強く、お互いに助け合う

全体が真っ白なエネルギーの強い魂です。名前の初めにくることはありませんが、「ん」の前の音を強調する働きがあります（たとえば、真之介＝しんのすけで、「ん」は「し」の音を強調する）。

家族との絆が強く、かといってべたべたするわけでもありませんが、いざというときにはお互いに協力します。家との縁も深いので、たいていの場合は、親と同業の仕事に就いたり、家を継いだりします。

マイペースで、誠実に堅実に、安定した人生を歩んでいきます。ただ、急ぎすぎて失敗する性質でもあるので、ゆったりと落ち着いた行動が大事です。異性関係は人気があるため、たくさんの人から声がかかるでしょう。会話のなかで無意識的に人を否定するところがあるので、人と会ったときは、なにげない会話にも注意が必要です。

5章

音の五行でみる
家族の相性

◆名前のいちばん上の字から、5つの音のタイプに分けられる

中国には古くから陰陽五行思想というものがあります。陰陽五行思想とは、「陰陽思想」と「五行思想」を合わせた思想のこと。「陰陽思想」とはすべての事象は単独で存在するのではなく、「陰」と「陽」という相反する形（たとえば明暗、天地、男女、善悪、吉凶など）で存在して、それぞれが消長を繰り返すという思想で、「五行思想」とは万物は「木、火、土、金、水」という5つの要素から成り立つという思想で、この2つを組み合わせると、複雑な事象をみることができます。

4章でみてきた五十音は、この陰陽五行のうち五行思想にもとづいて、「木、火、土、金、水」と5つの音のタイプに分けられます。この考え方から分けた5つのタイプは、（名字でなく下の）名前のいちばん上の字をみると、どのタイプなのかすぐにわかり、その人の「性質」がわかり、プライベートな生活全般をみることができます。

この5つの分け方は、それぞれの字を口から発するときの発音のしかたによって分かれています。

- 牙音……牙歯にかかって発音されるカ行の音→「木」の音
- 舌音……舌にかかって発音されるタ行、ナ行、ラ行の音→「火」の音
- 喉音……喉の奥から出るア行、ヤ行、ワの音→「土」の音
- 歯音……歯にかかって発音されるサ行の音→「金」の音

・唇音（しんおん）……唇にかかって発音されるハ行、マ行の音→「水（すい）」の音

なぜ、名前のいちばん上の音でみるのかというと、呼び名とその人の魂は密接に関係していて重要であり、いちばん上の文字の音は生まれたときから今までいちばん多く呼ばれていて、その音がその人の魂の形成に大きく影響を与えているからです。

それぞれの性質は、左記のように、「木、火、土、金、水」そのものの持つ雰囲気を思い浮かべれば、解釈しやすいでしょう。

・「木（もく）」の音（おと）……木がぐんぐん枝葉を広げながら伸びていくイメージの魂
・「火（か）」の音……メラメラ激しく燃えるイメージの魂
・「土（ど）」の音……広大不変の大地のイメージの魂
・「金（きん）」の音……地中で熟成された輝く黄金のイメージの魂
・「水（すい）」の音……形を自由自在に変化させる水のイメージの魂

◆家の中でとび交う名前の第1音が家族関係を決める

自分の根底にある魂のイメージがつかめたら、次は、ふだんの生活の基盤となる家庭について考えてみましょう。家というのは、ある閉鎖された空間の中で、何人かの人間によって構成されています。家は体をつくるために大切な睡眠をとり、食事をする場所であり、どういうエ

ネルギーが満たされているかによって、社会での活躍度が決まってくるところがあります。家の中での「音のエネルギー」は、天井や壁、床などに反響して、戸外よりも何倍にも大きく増幅するため、とても重要なのです。なにげなくお互いを呼び合う名前にも「音のエネルギー」があり、それが家族内で調和できているかということが大きな問題になってきます。

自分の家族をみてもわかるように、家族といってもいろいろな名前があるわけで、みんなが同じ性格ではありません。家族だからわかり合うことができるという考えは短絡的すぎるもので、家族といえどもすぐに理解し合える関係でもありません。

家の中では、お互いを名前で呼び合うので、いちばん強く発音する名前の第1音がとび交います。その1音の種類によって、その家にどんな音エネルギーがあるのか、そして家族関係はいいのかどうかがわかります。

◆「五行」チェック表をつかえば、家族の相性が一目瞭然

この五行の音をつかって、家族内の相性をみると、びっくりするほど正確に家族関係がわかります。いちばん理想的なのは、五行の5つの音を循環させた丸い表（以下、「五行」チェック表）の中に、家族全員の名前を5つのグループに分けて入れたとき、家族が切れ目なくひとつながりになっているのがベストです。音と音がひとつながりにならず、間が空いてしまっている（音のグループがひとつとばしになっている）と、家にまとまりがなく、家族がバラバラになってしまいます。家族で一致団結したパワーを出すことができなくなり、家族内外でのトラ

ブルも起こりやすくなります。

家の中に五行全部の人がいれば、エネルギーが循環して最高の相性です。五行全部というと家族が5人以上いなければいけませんが、現代ではそんな家族は少ないほうで、核家族化のためさらに少なくなっていくでしょう。2人家族、3人家族、4人家族でも、足りない音の人を家に入れればいいのです。できれば親族がいいのですが、友人やペットなどでも変化がります。犬や猫がむずかしいときは、金魚や虫に名前をつけてもいいでしょう。その音のエネルギーを持つ生命がいればいいのです。

また、恋愛から結婚へと話が進んだときは、まず、「五行」チェック表を使って、家族の相性をみてください。恋愛であれば、いろんなタイプの人と付き合っていくことが、自分の魅力を高めるためにもいいのですが、いざ結婚となると、話は別です。

配偶者として、同じ屋根の下で暮らすには、この「五行」チェック表で隣の音のグループに当たる人を選ぶといいでしょう。隣の音のグループの人であれば、お互いを生かし合い、よい家庭を自然につくっていくことができます。ただ、ひとつとばしの音のグループのふたりでも、もちろん結婚している夫婦はたくさんいます。その場合はどうしても問題が生じやすくなりますが、ふたりをつなぐもの、子どもや他の親族、ペットなど、間に入る音のグループを入れることで関係は改善されます。

宮沢式「五行」チェック表

名前のいちばん上の文字の音で
家族全員を５つのグループに分けてください。
家族が隣どうしになり、つながる関係がいい相性です。
切れ目なく、丸くつながる関係がベスト。

後ろのグループの人が
前のグループの人をサポートする

なぜかというと、木は摩擦により火が生じ、火が燃えると灰（土）を生じ、土の中から金属（金）が生じ、金属は表面に水分（水）を生じ、水は木を育む。これが「相生（そうしょう）の関係」で、とてもよい関係なのです。

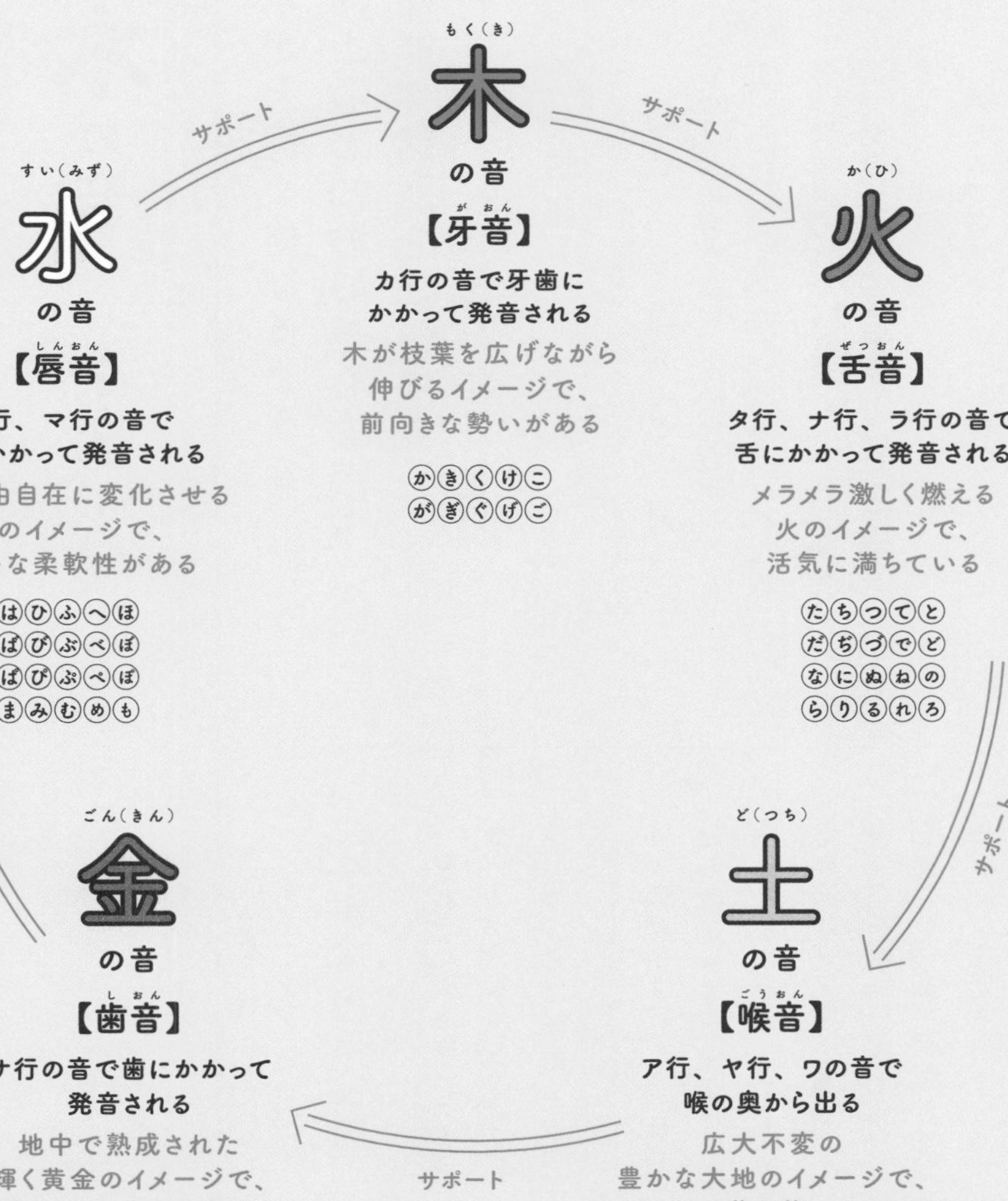
もく(き)
木
の音
【牙音】
カ行の音で牙歯に
かかって発音される
木が枝葉を広げながら
伸びるイメージで、
前向きな勢いがある
かきくけこ
がぎぐげご
サポート
か(ひ)
火
の音
【舌音】
タ行、ナ行、ラ行の音で
舌にかかって発音される
メラメラ激しく燃える
火のイメージで、
活気に満ちている
たちつてと
だぢづでど
なにぬねの
らりるれろ
サポート
ど(つち)
土
の音
【喉音】
ア行、ヤ行、ワの音で
喉の奥から出る
広大不変の
豊かな大地のイメージで、
やさしく落ち着いている
あいうえお
やゆよ　わ
サポート
ごん(きん)
金
の音
【歯音】
サ行の音で歯にかかって
発音される
地中で熟成された
輝く黄金のイメージで、
華やかで目立つ存在
さしすせそ
ざじずぜぞ
サポート
すい(みず)
水
の音
【唇音】
ハ行、マ行の音で
唇にかかって発音される
形を自由自在に変化させる
水のイメージで、
ソフトな柔軟性がある
はひふへほ
ばびぶべぼ
ぱぴぷぺぽ
まみむめも
サポート

木(もく)の音(おと)

か き く け こ　が ぎ ぐ げ ご

木が天高く伸びるような向上心と知的好奇心を持ち、新鮮な話題を提供する

性格

「か、き、く、け、こ、が、ぎ、ぐ、げ、ご」という音の響きには、木の性質があります。この「木の音」の人は、樹木がどんどん天高く伸びていくように、向上心や野心があり、常に上を目指して努力を続けます。

休むのが苦手で、いつも活発に行動し

家庭内の役割

家庭で「木の音」の人は、家の中にアカデミックな風を送り込む役割をします。学ぶことが好きなので、家庭内の〝知〟に対する興味を向上させるでしょう。遊びやスポーツ、音楽や美術など芸術も楽しみ方を提案し、家の中はいつも明るく快適です。いつも新鮮な話題で内容もバラエティーに富み、なごやかに会話する雰囲気をつくります。そして、会話を通して一家が団結して、家族みんなでよりよい生活をしたいとやる気を生みまていないと気がすみません。知的好奇心が旺盛で、たいへんな勉強家であり、自分の興味のある分野をどんどんと追究する力が備わっています。インスピレーションが豊かで、直観力にもすぐれているので、正しい心さえ持っていれば、努力を重ねてよき指導者として、人の上に立って導いていきます。

ただ、上はよく見えていますが、自分の足元は見えていないことが多く、経済的観念が薄く、先々計画的に安定した生活を送ることを考えません。プライドが高く、金儲けなどは俗っぽいことと批判し、純粋に学問を究めていくことを大事にします。早いうちに仕事に就けるといいのですが、理想を追い続けて、いつまでも方向が定まらない場合もあります。

す。多くの知恵を与えるので、家の中は快適となります。

家族との関係

「木の音」の人は、家族内に「水の音（は、ひ、ふ、へ、ほ、ば、び、ぶ、べ、ぼ、ぱ、ぴ、ぷ、ぺ、ぽ、ま、み、む、め、も）」の人がいるとサポートしてもらえ、より大きな力を発揮することができます。

また、「火の音（た、ち、つ、て、と、だ、ぢ、づ、で、ど、な、に、ぬ、ね、の、ら、り、る、れ、ろ）」の人がいるとその人のために尽くし、力を与えることができます。

火(か)の音

たちつてと　だぢづでど
なにぬねの　らりるれろ

炎が燃え上がるように、熱く情熱的。自分の損得を考えずに正義を貫く

性格

「た、ち、つ、て、と、だ、ぢ、づ、で、ど、な、に、ぬ、ね、の、ら、り、る、れ、ろ」という音の響きには、火の性質があります。この「火の音」の人は、炎がメラメラと燃えるようにいつも情熱的で行動力があり、前に前に前進して、周囲に熱いエネルギーを放出していきます。

家庭内の役割

家庭では、家の中に行動のエネルギーを与えて、家族みんなの心を盛り上げる役割があります。情に厚く、気持ちがやさしいので、困っている人がいれば、とことん助けようとして話を聞いてアドバイスをし、自分ができるすべてをしてあげようとします。体調がよくないときは感情のムラが大きく、感情的に行動してしまうときがあります。起伏が激しく、それがそのまま表情や行動に出てしまうと、一気にまわりの空気が悪くなるので弱いものを助けて、強いものに向かっていく強さがあり、自分の損得は考えずに正義を貫きます。駆け引きといったものは苦手で、いつも真っ向勝負で向かいます。目標を持てばそれに向かって全力を注ぎ、あまり先のことまで考えずに行動して、ひとたび目標が達成されると関心がなくなり、次の目標をまた見つけてがんばろうとします。

熱しやすく冷めやすい性質があり、一気に燃え上がりますが、冷めるのも早く、長期戦で先の結果が見えにくいときは途中で飽きてしまい、それまでの熱心さが嘘のように消え、投げ出してしまうこともあります。人に左右されず、自分をきちんと持っているため、マイペースで人生を楽しみます。

気をつけましょう。

家族との関係

「火の音」の人は、家族内に「木の音（か、き、く、け、こ、が、ぎ、ぐ、げ、ご）」の人がいるとサポートしてもらえ、より大きな力を発揮することができます。

また、「土の音（あ、い、う、え、お、や、ゆ、よ、わ）」の人がいるとその人のために尽くし、大きな力を与えることができます。

土(ど)の音

大地のように、人を温かく包み込む。先を見通して堅実に慎重に行動する

性格

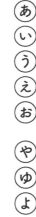

「あ、い、う、え、お、や、ゆ、よ、わ」という音の響きには、土の性質があります。この「土の音」の人は、大地のように落ち着いた広い心を持っていて、すべてのものをやさしく包み込むような温かみがあります。

堅実で細やかな視点を持っていて、慎

家庭内の役割

家庭では、冷静で的確な意見を持ち、堅実に生きることを示唆して、家庭内を安定させる役割を持ちます。家という場所を、みんなが落ち着いて休めるようにしていきます。特に、財産管理には力を発揮し、お金をできるだけ貯蓄するように働きかけて、目先のほしいものよりも先を見通して、本当に必要なものしか買うことはありません。そのため、家の経済は安定し、不安のない生活ができるでしょう。また、他人のトラブルが家庭内重で、軽はずみな行動をとりません。目先の楽しさにおぼれることなく、先々を見通して、今やるべきことを淡々とこなしていきます。一攫千金といったものを狙わず、危ない橋はまず渡りません。だれかが成功したのを見て、大丈夫とわかってから、そのあとを行くため、失敗もほとんどないでしょう。

そのため保守的になりすぎて、やりたいことがあっても考えすぎてしまい、実行まで至らない場合もありそうです。巡ってきたせっかくのチャンスを、もう少し待ってからとワンクッションおいてしまった結果、逃してしまうことも多いでしょう。それを防ぐためには、後押ししてくれるよき助言者をそばにおくようにすれば、飛躍的に運がよくなります。

に持ち込まれそうになっても、はねのける強さがあります。

家族との関係

「土の音」の人は、家族内に名前の始まりが「火の音（た、ち、つ、て、と、だ、ぢ、づ、で、ど、な、に、ぬ、ね、の、ら、り、る、れ、ろ）」の人がいるとサポートしてもらえ、より大きな力を発揮することができます。

また、「金の音（さ、し、す、せ、そ、ざ、じ、ず、ぜ、ぞ）」の人がいるとその人のために尽くし、力を与えます。

金(きん)の音

さしすせそ　ざじずぜぞ

黄金のように光り輝く華やかさとスター性があり、人から注目を浴びる

性格

「さ、し、す、せ、そ、ざ、じ、ず、ぜ、ぞ」という音の響きには、金の性質がありま す。この「金の音」の人は、ゆっくりと固まって生み出されていく黄金のように、光り輝くような華やかさと気品があります。

美のエネルギーによって、人の心を和

家庭内の役割

家庭では品格をもたらし、優雅な時間を提案する役割を担います。環境を整えることを重要視し、住まいを好みのインテリアに変え、食事もゆったりと雰囲気と味を楽しむように、家族みんなを促します。ふだんから会話を大切にして、いかに人生を楽しむかについて、衣食住を豊かにする話を好みます。美しいものを見る目を持ち合わせ、美術や音楽などを上手に家庭内に持ち込み、家族の本物を見る目を育てていくでしょう。服ませて喜ばせ、波長を整えていく特別な存在です。スター性があり、どのような環境でも注目されて、人の中心となり、慕われるでしょう。心は金のように適度に堅いのですが、表面は柔軟なので、自分よりも強いものに会ったときでも、うまく合わせていくことができ、社会的なポジションも自然と上がっていきます。また、感性が豊かでセンスがよく、時代の流行をとらえていく力も持ち合わせています。

しかし、努力不足になると、派手な性格が災いして、自分をよく見せようと実力以上に金銭を使ってしまったり、軽はずみな行動をしたりしやすくなります。よい生活を送れるように、日々、自分を磨いていきましょう。

も品がいいものを選んで着ます。楽観的でプラス思考なので、家族でもマイナス思考の人と合いません。

家族との関係

「金の音」の人は、家族内に名前の始まりが「土の音（あ、い、う、え、お、や、ゆ、よ、わ）」の人がいると助けてもらえ、より大きな力を発揮することができます。

また、「水の音（は、ひ、ふ、へ、ほ、ば、び、ぶ、べ、ぼ、ぱ、ぴ、ぷ、ぺ、ぽ、ま、み、む、め、も）」の人がいるとその人のために尽くし、力を与えることができます。

水の音

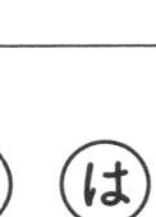

は ひ ふ へ ほ ぱ ぴ ぷ ぺ ぽ
ば び ぶ べ ぼ ま み む め も

**水のように形を変えられる
柔軟さがあり、
コミュニケーション能力にすぐれる**

性格

「は、ひ、ふ、へ、ほ、ば、び、ぶ、べ、ぼ、ぱ、ぴ、ぷ、ぺ、ぽ、ま、み、む、め、も」という音の響きには、水の性質があります。この「水の音」の人は、水のようにどんどん形を変えていきながら、物事になじむことができます。

新しい環境に入っても、すぐに溶け込

家庭内の役割

家庭ではみんなの心を癒やし、前向きにさせる役割を持ちます。エネルギーがかなり強いため、発散できるような仕事や趣味などが充実していないと、家の中の気が乱れてしまうおそれがありますが、気の乱れさえおさまれば、家庭内の余計なエネルギーを外で排出してくれるため、家庭が落ち着き、トラブルもなくなります。話題のところへ出かけるプランを立てたり、季節のイベントを考えたりと、いつもおもしろいことを考えます。だれか

むことができて、苦労することがありません。特に、人との関係づくりが上手で、コミュニケーション能力にすぐれ、どんな相手にも合わせられるため、みんなから好かれ、かわいがられます。ただ、一カ所に落ち着くことがなく、他人に対して気をつかっているために、本当の意味での満足感を得ることがむずかしく、心のどこかにいつも不満のあることが多いでしょう。

また、だれにでも合わせられる分、他の音の人以上に人からの影響力が強く、いい人に出会うことができれば、どんどん道が開けます。出会いがよくないと、人から変な影響を受けてトラブルを生じてしまったり、自分から動くことをせず、ひきこもりになる場合もあります。

悩んで失敗しても、全然違う視点から励まし、よき相談役となります。

家族との関係

「水の音」の人は、家族内に名前の始まりが「金の音（さ、し、す、せ、そ、ざ、じ、ず、ぜ、ぞ）」の人がいると助けてもらえ、より大きな力を発揮することができます。

また、「木の音（か、き、く、け、こ、が、ぎ、ぐ、げ、ご）」の人がいるとその人のために尽くし、力を与えます。

大吉

かきくけこ
がぎぐげご

もく(き)

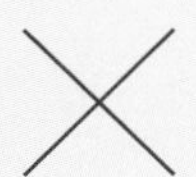

か(ひ)

たちつてと
だぢづでど
なにぬねの
らりるれろ

お互いのよさを引き出す、最良の関係。話題が豊富で楽しく、飽きることがない

「木の音」の人と「火の音」の人の家族の相性は、生かし合う関係で、お互いのよさを引き出し合います。このふたりがいる家というのは、家族みんなが前向きで明るさがあります。話題も豊富で何時間話しても飽きることはなく、趣味やレジャーを積極的に企画してみんなで楽しみます。行動的なので、家族旅行などにもよく出かけるでしょう。このふたりの関係は将来に向けて、どんどん発展する素晴らしい関係です。

夫婦関係においては、「木の音」の夫と「火の音」の妻の場合、夫は妻の美しさとセクシーさにいつも心をときめかせ、妻のほうは知的で向上心があり、聡明な夫を尊敬しているため、仲よし関係が続きます。逆に「火の音」の夫と「木の音」の妻の場合は、夫にとっては品があって常識的でなんでもできてしまう妻のことが自慢で、妻にとっては物事に情熱的に取り組む夫のことを本当にカッコいいと思っていて、ふたりの愛情はいつまでも冷めないでしょう。

小吉

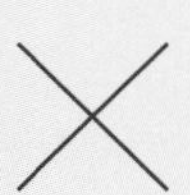

木は進歩的、土は保守的と両極端な性質。価値観の違いが大きく、「火の音」の人が必要

「木の音」の人と「土の音」の人の家族の相性は、刺激的な関係で、真面目なところは似ていますが、考え方がまったく違っています。「木の音」の人は進歩的で家の外の充実を求めますが、「土の音」の人は保守的で何よりも家の中のことを大事にします。ふたりで論争すると、一見、「木の音」の人が強いように見えますが、「土の音」の人のほうが堅実で財をつくることができるので、優位に立ちます。また、ふたりの間に「火の音」の家族が入ると、さらにいい関係になります。

夫婦関係においては、「木の音」の夫と「土の音」の妻の場合、夫は理想ばかり言って不平不満が多くなり、妻は面倒見がよく、がまんしてがんばって、あるときプッツンと切れてしまいます。逆に「土の音」の夫と「木の音」の妻の場合は、夫が家計に対して倹約するのに対し、妻は自分の趣味に浪費する傾向があり、ふたりの経済的な価値観は大きく違います。どちらの場合も、他の音の家族がいないと持続はむずかしいでしょう。

小吉

かきくけこ
がぎぐげご

さしすせそ
ざじずぜぞ

好奇心旺盛なのは似ているが、生き方が正反対。「水の音」の人をプラスすると発展する

「木の音」の人と「金の音」の人の家族の相性は、ふたりとも好奇心旺盛なところは似ているのですが、自分のことばかり主張して交わりにくい関係です。「木の音」の人は知識を、「金の音」の人はお金を何よりも重要視するので、その違いが生き方の違いになります。「木の音」の人は「金の音」の人よりも優位に立ち、「金の音」の人へ無言のプレッシャーをかけるため、「金の音」の人はせっかくの自分のよさが輝かなくなってしまいます。あまりベタベタとしないで、家族といってもドライな気持ちでいたほうがいいでしょう。

夫婦関係においては、「木の音」の夫と「金の音」の妻の場合、会話が少なく、家の空気が寂しくなります。ふたりとも、家族以外のことを考えていることが多いからです。逆に「金の音」の夫と「木の音」の妻の場合は、夫はすべては金で解決できると考え、妻はお金よりも大切なものがあると言って、トラブルも多いでしょう。「水の音」の家族を持つと不和は解消されます。

大吉

はひふへほ
ばびぶべぼ
ぱぴぷぺぽ
まみむめも

お互いを認め合って成長していくいい関係。ふたりでいると世界が広がり、知識も深まる

「木の音」の人と「水の音」の人の家族の相性は、お互いを生かし合う、とてもいい関係です。「水の音」の人が、「木の音」の人をしっかり支える形になります。「木の音」の人は頭がよく、リーダーシップもあるため、「水の音」の人から見るとうらやましく感じます。また、「木の音」の人からすれば、「水の音」の人はだれとでも偏見なく打ち解けて話ができ、魅力的に感じています。このふたりがいれば、「木の音」の人は「水の音」の人の水をどんどん吸収してさらに大きく成長し、「水の音」の人は「木の音」の人が知らない世界を教えてくれるので、知識も深まり、いっしょに成長できます。

夫婦関係においては、理想的なふたりでいつまでも仲よく、お互いのよさをわかっています。「木の音」の夫と「水の音」の妻の場合、夫が優秀できれいな妻が支えるという関係。逆に「水の音」の夫と「木の音」の妻の場合は、妻は勉強好きなわりに、家事を手抜きすることが多いので気をつけましょう。

大吉

パワーを与え合うベストな関係。
お互いの魅力を引き出し合い、財も築ける

「火の音」の人と「土の音」の人の家族の相性は、生かし合うベストな関係です。「火の音」の人は「土の音」の人のやさしさやおおらかさというよさを引き出してくれるうえ、「土の音」の人は「火の音」の人の行動力を見て、チャンスのつかみ方を学んでいきます。ふたりでいると、お互いの魅力はどんどん高まるでしょう。元気が出ないときなどはいっしょに食事をすると、パワーを得られます。

夫婦関係においては、結婚してから着実にかなりの財産を残す組み合わせです。「火の音」の夫と「土の音」の妻の場合、組み合わせのなかでも最高の関係で、夫が猛烈に妻を愛して、どんなことがあっても妻を守り抜くでしょう。ただ、多少移り気なところもありますが、それも一時的なものです。逆に「土の音」の夫と「火の音」の妻の場合は、妻が夫のために全精力を注いで尽くし、いつも美しく輝いていて、「内助の功」で夫は社会で地位と名誉を築いていきます。

小吉

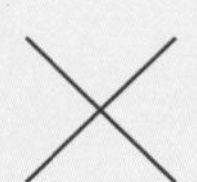

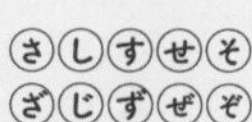

エネルギーが強い者どうしで盛り上がる。調子が悪いときはぶつかることも

「火の音」の人と「金の音」の人の家族の相性は、刺激的な関係で、いっしょにいるとやる気が出たり、がんばろうと気合いが入ったりします。ただ、しばらくするとエネルギーは過剰になり、しだいにうるさく疲れる存在となります。お互いに調子のいいときには話もはずみますが、気分が落ちているときは対立します。人でなくても、ペットなど他の生き物がふたりのそばにいると関係は緩和されます。

夫婦関係においては、子どもが夫婦の間をつないでいるようなところがあって、気をつけないと会話も少なくなりがちです。「火の音」の夫と「金の音」の妻の場合、妻のほうが優位に立ち、夫を〝上品な紳士〟として自分好みに仕立てていきます。夫も美しい妻といっしょにいられる幸せを感じます。逆に「金の音」の夫と「火の音」の妻の場合は、妻のおおざっぱさが夫には理解できず、あれこれと注文をつけるため、妻は価値観の違いを日々感じています。

小吉

いっしょにいると落ち込むことが多い半面、なかなか離れられない関係

「火の音」の人と「水の音」の人の家族の相性は、お互いに刺激的な関係で、「火の音」の人が「水の音」の人よりも優位に立ち、プレッシャーをかけることになります。「水の音」の人は「火の音」の人が何かやろうとすると、気分をそぐようなことを言ったりやったりしがちなので気をつけましょう。それだったら、あまり近づかなければいいのに、やっぱりお互いにそばに行ってしまう離れられないふたりです。

夫婦関係においては、「火の音」の夫と「水の音」の妻の場合、意見が対立して、やすらぎが得られにくいでしょう。価値観がまるで違うため、お金の使い方でもめやすいです。逆に「水の音」の夫と「火の音」の妻の場合は、外では気前がよくて家では細かい夫に妻が不満を持ってしまう関係です。妻は夫に〝愛している〟と言われると、気持ちがほっとします。

また、「木の音」の人をふたりの間に入れると、関係はさらにスムーズになります。

大吉

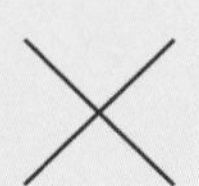

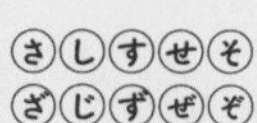

社会で活躍できるエネルギーが生まれる。地位も名誉も財もすべて手に入れられる

「土の音」の人と「金の音」の人の家族の相性は、生かし合う関係で、最良の組み合わせです。ふたりでいるとお互いのよさが引き出され、社会で活躍できるエネルギーを家にいながら、十分補給することができます。「金の音」の人が財運を持ってきて、「土の音」の人が財産を蓄えるという間柄です。そのため、「金の音」の人と「土の音」の人のふたりがいる家は、お金にはまず困らないでしょう。「金の音」の人は、ほしいと思ったものは地位も名誉もすべて得られて、家族をまとめて引っ張っていく働きをします。

夫婦関係においては、「土の音」の夫と「金の音」の妻の場合、いちばん理想的な夫婦であり、経済的にも安定した夫に支えられ、妻はさらに輝き、子どもたちも立派に育ちます。逆に「金の音」の夫と「土の音」の妻の場合は、妻が夫の陰になって細かいサポートをしていくため、夫は社会的に大活躍して、ますます発展していきます。

小吉

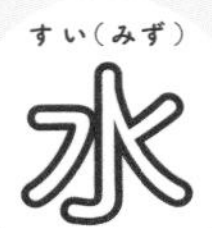

はひふへほ
ばびぶべぼ
ぱぴぷぺぽ
まみむめも

ふたりでいると保守的になり、煮詰まりがち。「金の音」の人が加われば、華やかな日々に

「土の音」の人と「水の音」の人の家族の相性は、刺激し合う関係で、「水の音」の人が「土の音」の人よりも優位に立ちます。ただ、ふたりでいるとどういうわけか保守的になり、新たに行動を起こそうという気持ちが起きません。このまま流されるままでいいと、自分のことまで他人まかせになってしまいそうです。いつもどこかに不満を持ちながら、どうしたらいいかはよく考えようとしないので、発展しにくいでしょう。ふたりでいると、お互いのマイナス面を引き出すため、「金の音」の人を加えれば、明るく華やかな日々と変わります。

夫婦関係においては、「土の音」の夫と「水の音」の妻の場合は、妻が主導権をにぎり、さまざまな要求を突きつけるので、夫はがまんしなければならないこともたくさんあって、気をつけないと爆発してしまいます。逆に「水の音」の夫と「土の音」の妻の場合は、お互いがいいなとあこがれる部分があっていいのですが、夫が社交的すぎるとうまくいきません。

大吉

さしすせそ
ざじずぜぞ

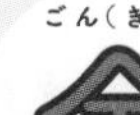

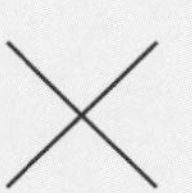

はひふへほ
ばびぶべぼ
ぱぴぷぺぽ
まみむめも

輝かしいオーラがあり、どこに行っても目立つ。言葉を大切にするふたりがいれば、ケンカもない

「金の音」の人と「水の音」の人の家族の相性は、生かし合う最良の関係です。ふたりでいっしょにいると、輝かしいオーラを放つようになり、どこに行っても目立つカップルです。お互いを尊重し合い、言葉を大切に使います。「金の音」の人も「水の音」の人も人付き合いが上手なので、家庭内でもこのふたりがいれば、ケンカになるといったことはほとんどありません。ふたりとも楽しいことが大好きなので、豊かで華やかな印象があり、みんなからうらやましがられる家庭となります。

夫婦関係においては、いつまでたってもラブラブなふたりです。子どもに関して、深く干渉するようなことはありません。「金の音」の夫と「水の音」の妻の場合、見た目も素敵なふたりなので周囲からも注目を浴び、事業をすると大成功をおさめる性質を持っています。逆に「水の音」の夫と「金の音」の妻の場合は、個性が強いふたりなので、夫婦ともに才能を生かしてますます発展するでしょう。

中吉

知識欲が強い者どうしなので深い議論も。ふたりでいれば、ピンチもチャンスに変えられる

「木の音」の人と「木の音」の人の家族の相性は、ふたりでいると知的な性質が高まり、深く論議したり、会話がはずみます。自分の考えをとことん話せる相手なので、気が合います。問題が起こってもふたりでいれば、ピンチがチャンスとなり、闘志がわいて智恵もあるので、正面からぶつかり、乗り切っていけるでしょう。このふたりがそろっていれば、家族にむずかしい問題が起きてもうまく切り抜けていけます。「水の音」の人がいると、さらにパワーをもらえて行動力が生まれます。

夫婦関係においては、男女という雰囲気が初めからなく、あくまでもパートナーという関係で、お互い〝よき親友〟となります。自分の世界をそれぞれ持っていて、その世界を極めようとしています。ただ、むずかしい会話をしすぎて、お互いが譲らないところがあるので気をつけましょう。アイディアが豊富な「水の音」の人、または行動力のある「火の音」の人を家族に持つことで、社会での発展性が生まれてきます。

中吉

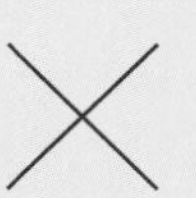

たちつてと
だぢづでど
なにぬねの
らりるれろ

やってみたいことが次々生まれる楽しい関係。熱しやすいのでバトルもあるが、すぐ仲よしに

「火の音」の人と「火の音」の人の家族の相性は、ふたりでいると情熱的な気持ちが高まり、次々にやってみたいことが生まれてきて、楽しい時間を過ごせます。目標を定めてはそれに向かって、ふたりで協力してがんばっていくでしょう。ただ、熱くなりすぎて、言い争うこともありそうですが、時間がたてばすぐに怒りも冷めるので、またすぐに仲のいい関係に戻るでしょう。性格は心やさしく、お互いを思いやるので、絆はますます深まることになります。

夫婦関係においては、日々の気分しだいで、挨拶をしたりしなかったり、相手の話を聞いたり聞かなかったりと気分にムラがあるので、よほど気をつかい合わないかぎり、ケンカが絶えません。移り気なところもあって、異性関係やギャンブルなど〝ほんの遊び〟だと思って始めたことに、つい本気になってしまい、相手やまわりの人たちに迷惑をかける可能性が大きいので、ふだんから慎重に行動しましょう。

中吉

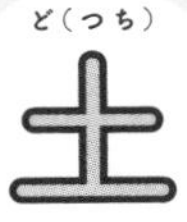

外への関心が薄い者どうしで、家にこもりがちになってしまう

「土の音」の人と「土の音」の人の家族の相性は、とても堅実で、ふたりで見つめ合えるような関係です。相手の悲しい気持ちがよくわかり、親身になって話を聞いてくれるので、困ったときなどは特に心強いでしょう。「土の音」の人はあまり人付き合いが上手ではなく、気配りがきくために、家に「土の音」の人がいるとほっとします。その半面、すべてのことに警戒心を持ち、慎重すぎるあまり、何もしないということにもなってしまうので、他の音の家族も交えて行動したほうがいいでしょう。ただ、いちばん理解し合える関係なので、どんなに長くいっしょにいても疲れません。たいへんなことがあったときは、お互いに支え合います。

夫婦関係においては、慎重できちんとしたふたりなので、よく相談をしてしっかりとした温かい家庭をつくっていくでしょう。具体的な目標を立てると、経済的にも安定し、財産を増やしていけます。子どもも優秀で、親孝行に育ちます。

中吉

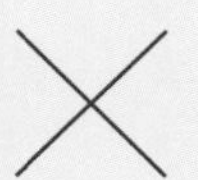

派手なことが好きで、楽しい会話でいっぱい。お金がたくさんあるうちは問題ない

「金の音」の人と「金の音」の人の家族の相性は、いい関係です。お互いに派手好きなので、買い物や旅行などいっしょに行動して楽しんでいます。もともと注目を浴びるタイプなうえ、ふたりがいっしょにいると、普通より何倍も目立つことになります。家の中はいつも明るくて、楽しい会話でいっぱいになるでしょう。ただ、お金もかなり使うので、「土の音」にあたる人がいないと、いくら使っても歯止めがきかなくなり、また、「水の音」の人がいないとお金が入ってきません。お金があるうちはこれ以上ないほど仲よくなりますが、お金がなくなってきたとたんにつまらないことでもめそうです。

夫婦関係においては、結婚当初はいいものの、その後の努力がないと刺激が少なくなり、他の相手に目がいくこともあります。お互いを束縛しすぎないほうが結果的に長続きするでしょう。ふたりだけでいるよりも、家族や友人といっしょにいるほうが発展して、関係はよくなります。

中吉

はひふへほ
ばびぶべぼ
ぱぴぷぺぽ
まみむめも

常にある一定の距離があり、気づかい合う。困ったり落ち込んだりしたときに頼りになる

「水の音」の人と「水の音」の人の家族の相性は、家族といいながらも、お互いに気をつかいながら生活して、ケンカをするようなこともありません。お互いに甘えることがなく、距離をおいたふたりなので、意見が合わないようなときにも、不穏な空気をすぐにキャッチしてさりげなく離れます。相手の深い心の底までわかってしまうようなところがあるので、困ったときや落ち込んだときなどは慰めてくれて、頼りになる存在となり、心強いでしょう。また、ふたりでいると金運は上がり、生活も派手になります。

夫婦関係においては、細かいところまで気配りができるので、活気のあるよい家庭を築くことができます。夫婦で飲食店などの商売をすれば、繁盛するでしょう。また、財運にも恵まれて、大金を動かしていくことができ、家は繁栄します。ただ、ふたりとも性的な魅力にあふれていて、異性からのアプローチが多いので、誘惑に負けないように気をつけましょう。

「五行」でみる家族の相性

家族の名前のいちばん上の音をみて、
それぞれどの音のグループに属するかを
宮沢式「五行」チェック表（235ページ）で確かめましょう。
その位置関係で家族の相性がわかります。

夫婦が同じグループに属する場合

もく（き）
木

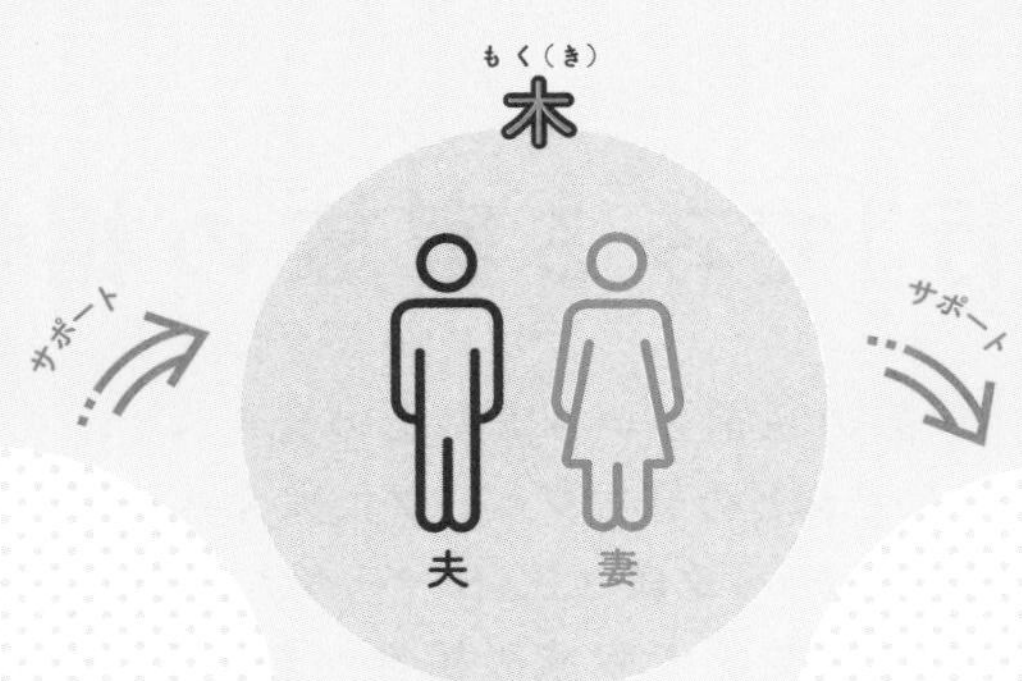

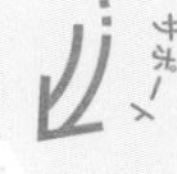

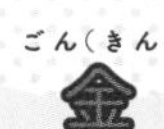

パートナーとしてお互いを助け合う

夫と妻が同じグループのときは、よきパートナーとして、お互いを助け合います。似た者どうしなので悲しい気持ちを共有することができ、理解し合えます。目標を持つことで、より生活を楽しむことができます。

「夫」⇨「妻」と続く場合 ➡ 

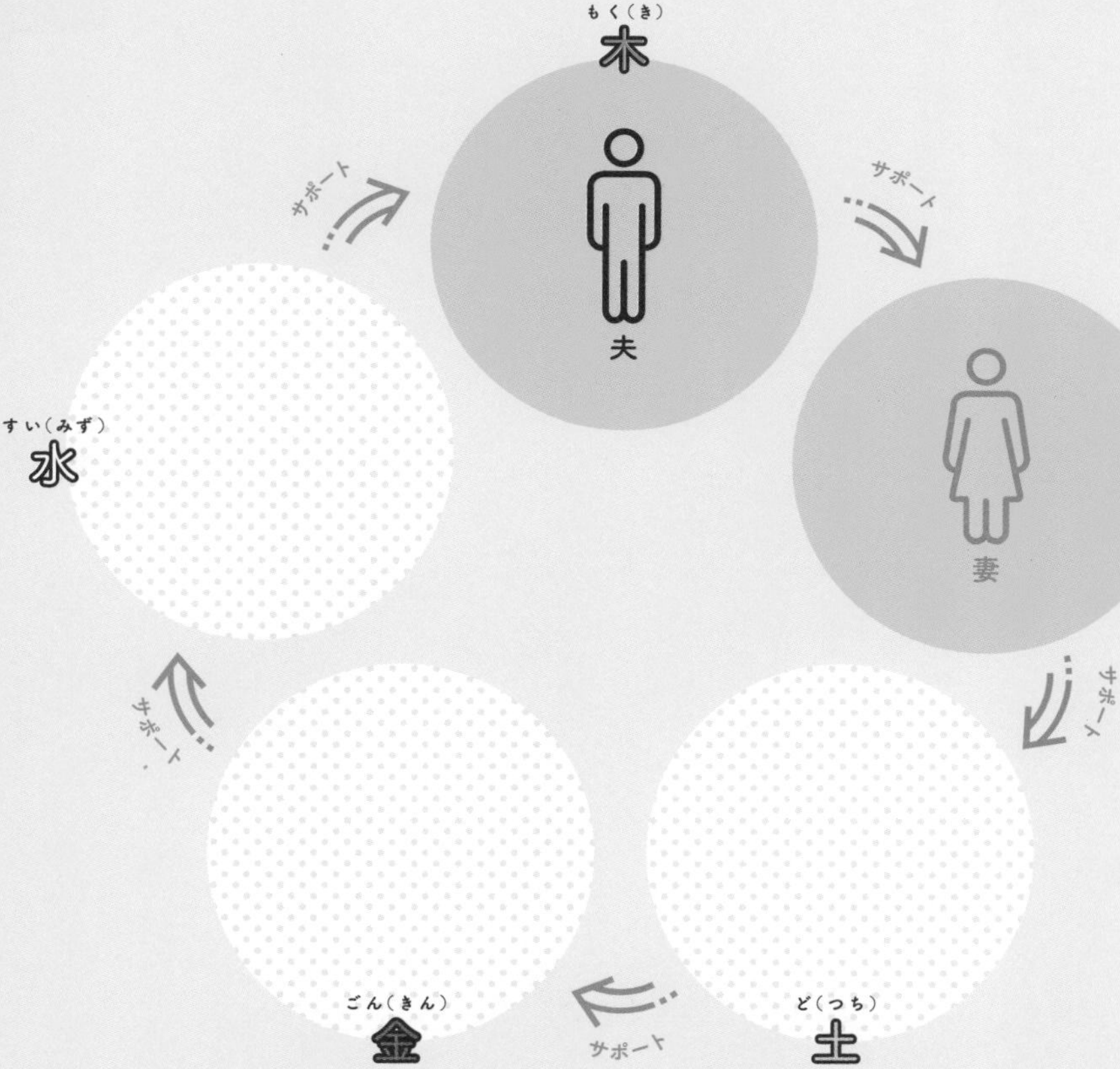

よさを引き出し合う相性は抜群

夫と妻が隣り合うグループのときは、相性は抜群で、お互いのよさが引き出されます。「夫」→「妻」であると、妻は夫に支えられる形で最良相です。逆に「妻」→「夫」となると、妻は全身全霊で夫に尽くします。

「夫」⇨「妻」⇨「子」と続く場合 ➡ 

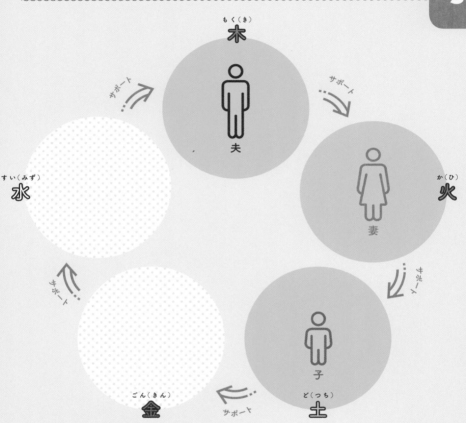

夫が支えて家庭が安定する理想型

「夫」→「妻」→「子」とグループの間に空きがなく連なっているのは、夫が家族全体を支える形になります。妻をしっかり愛し、妻は子どもをきちんと育て上げ、安定した温かい家庭を築くことができます。

「妻」⇨「子」⇨「夫」と続く場合 ➡ 

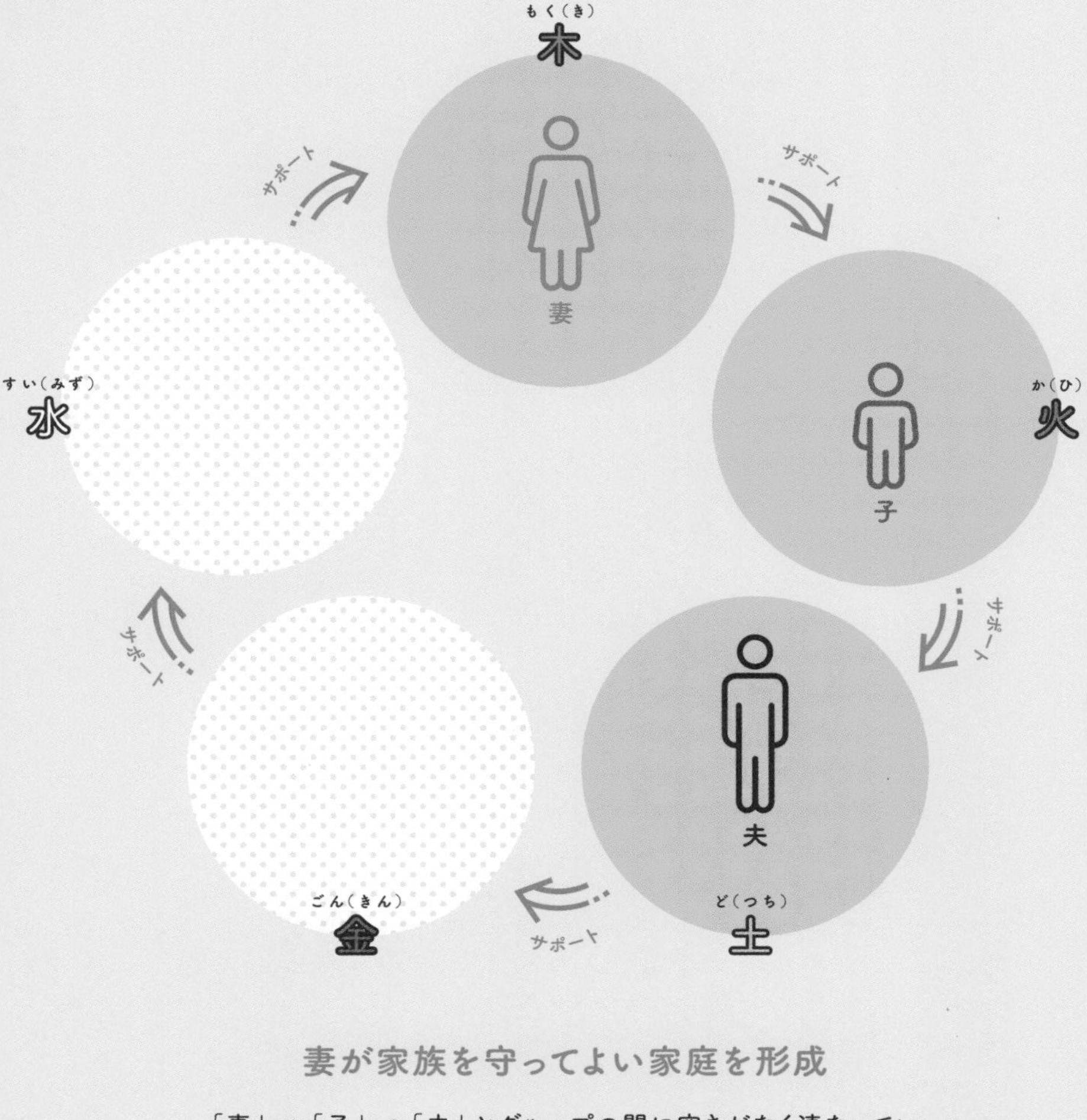

妻が家族を守ってよい家庭を形成

「妻」→「子」→「夫」とグループの間に空きがなく連なっているのは、妻が一家の支えとなりながら子どもと夫をサポートしてよい家庭をつくります。夫妻ふたりよりも、子どもがいるほうが家庭内は安定します。

「妻」⇨「子」が続き、「夫」が離れている場合

もく(き)
木
妻
サポート
か(ひ)
火
子
サポート
ど(つち)
土
サポート
ごん(きん)
金
夫
サポート
すい(みず)
水
サポート

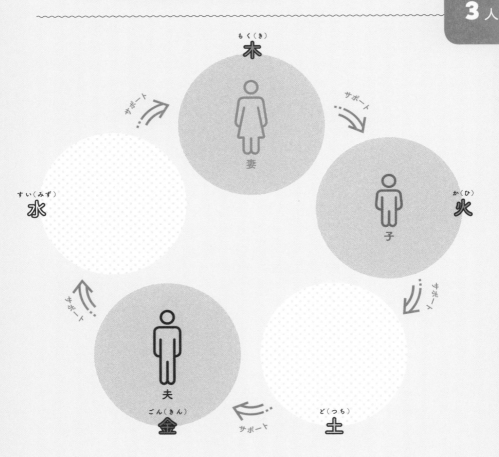

夫は亭主関白で他の家族と距離がある

「妻」→「子」とつながり、「夫」だけが離れていると、夫が亭主関白で家庭内を仕切る関係になります。妻は子どもが味方となってくれるので、心は癒やされます。夫は家庭内で孤独を感じ、仕事に生きることになるでしょう。

「妻」⇨「夫」が続き、「子」が離れている場合 ➡ ✕

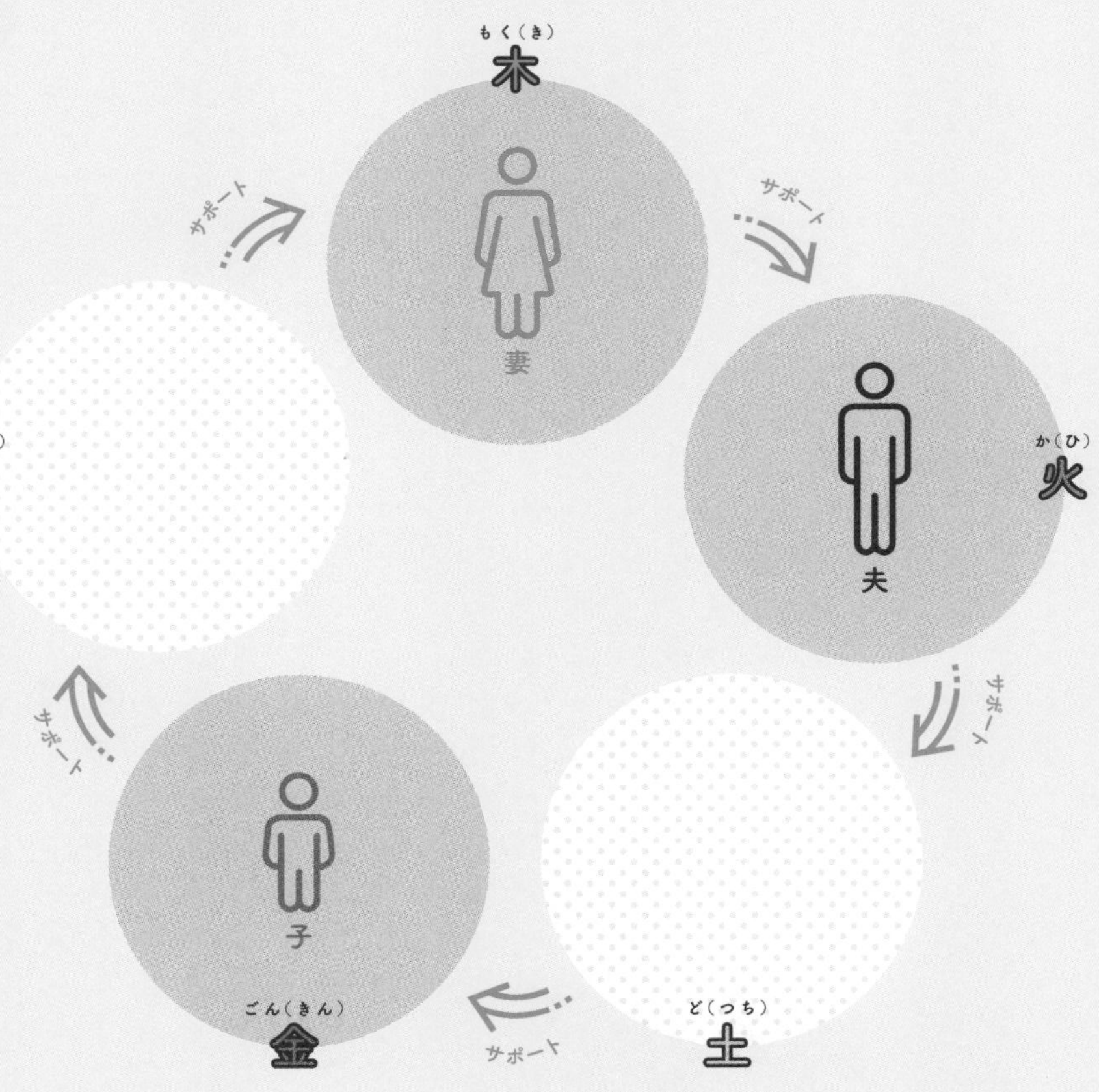

夫婦仲はいいが子どもが孤立しやすい

「妻」→「夫」とつながり、「子」だけが離れていると、妻が夫に尽くして仲がいいですが、子どもが孤立して寂しい思いをさせてしまいがちに。間のグループに兄弟をつくるか、ペットを飼うといいでしょう。

「子」⇨「妻」⇨「夫」⇨「子」と続く場合 ➡ ○

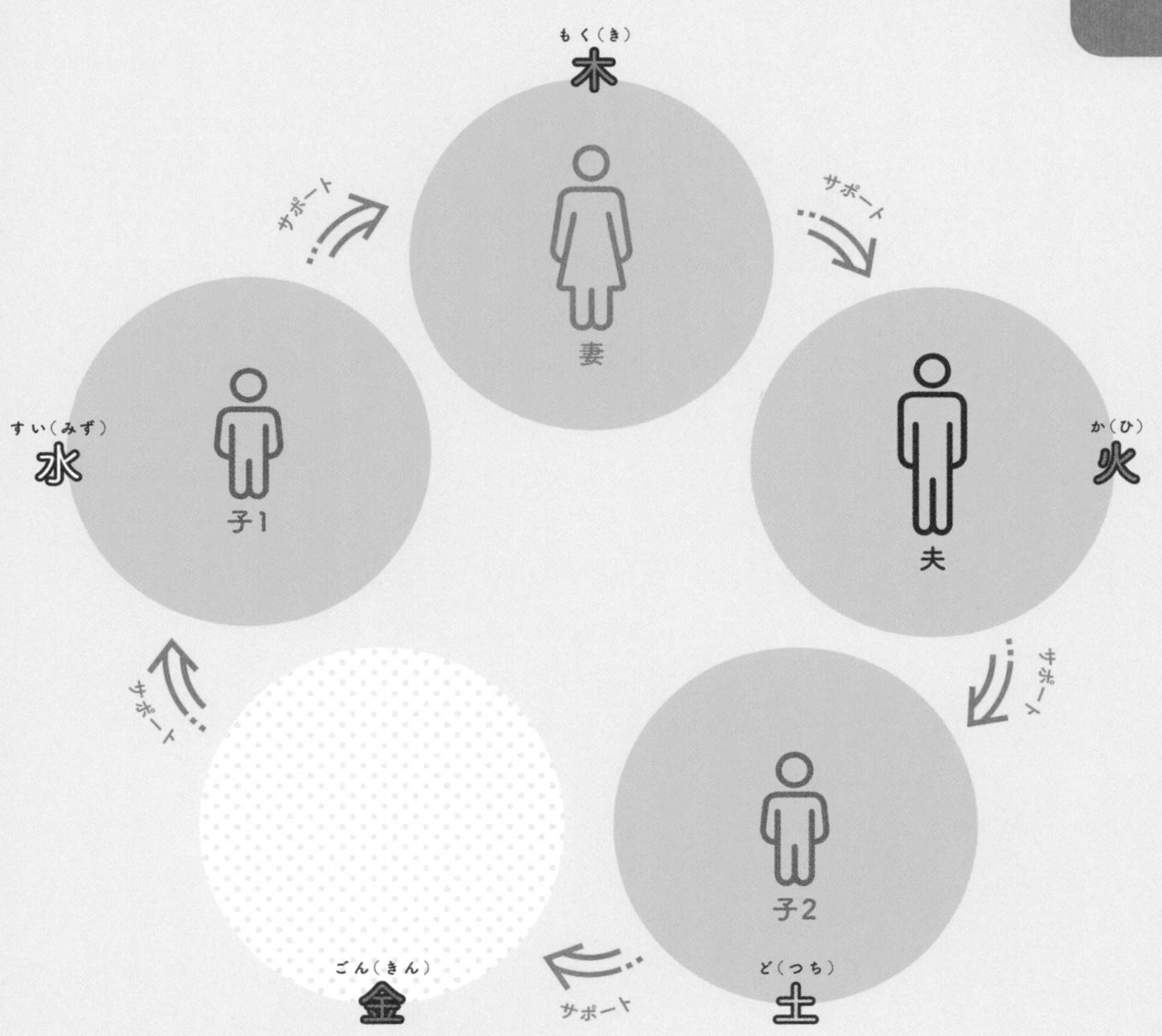

子どもによって家族が支えられる

「子1」→「妻」→「夫」→「子2」とつながって切れ目がないときは、安定したよい家庭です。矢印のいちばん最後にいる子どもが特に家族を支え、矢印のいちばん前にいる子どもを中心に家が回っています。

「夫・子」⇨「妻」が続き、「子」が離れている場合 ➡ ✕

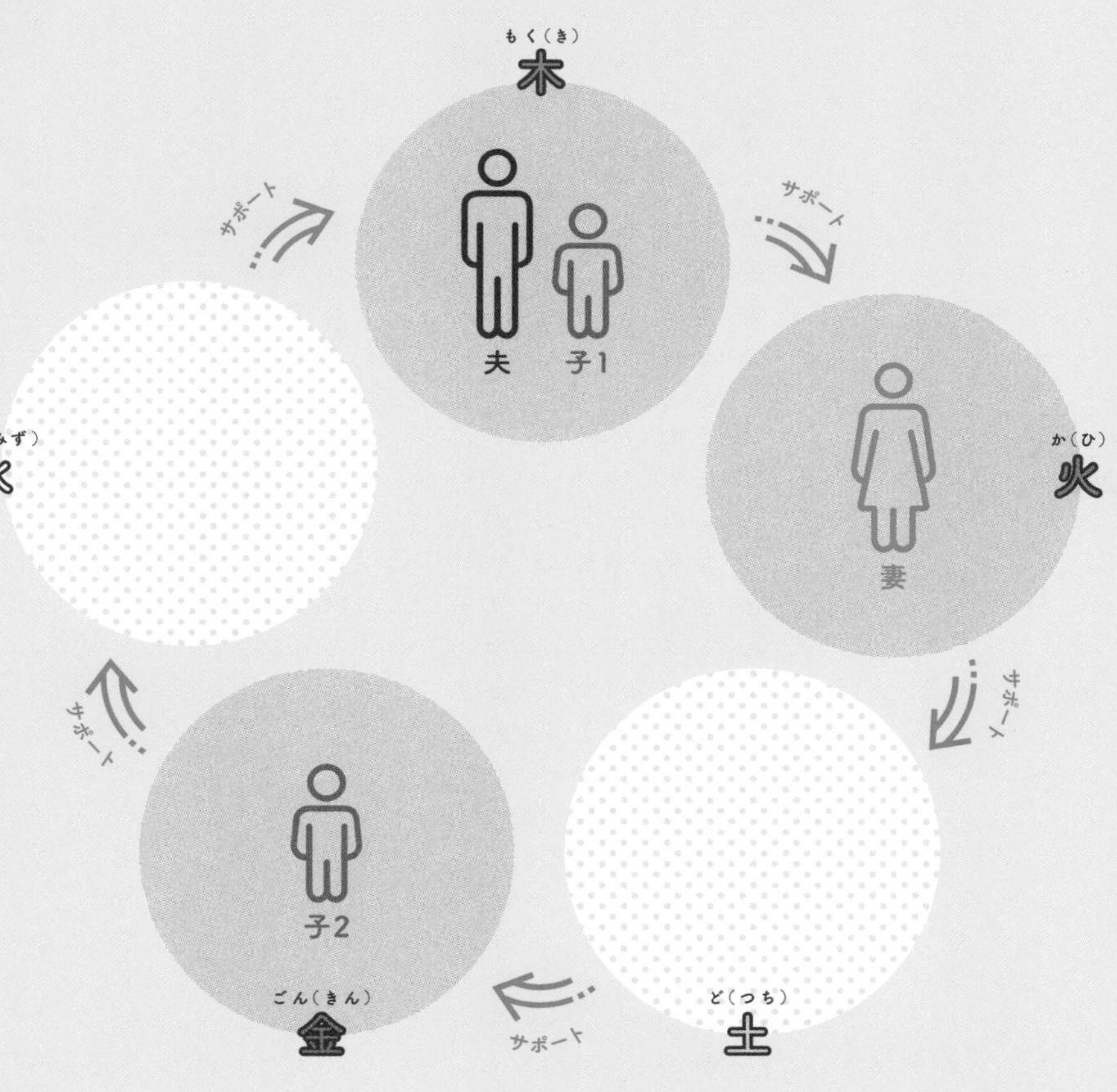

家族に溶け込めずに孤立する子どもが

「夫・子1」→「妻」とつながり、「子2」だけが離れているときは、この離れた子どもだけがひとりぼっちになってしまう傾向があります。特に、「夫・子1」に対して何も言うことができず、萎縮してしまいがちです。

家族5人が循環している場合 ➡

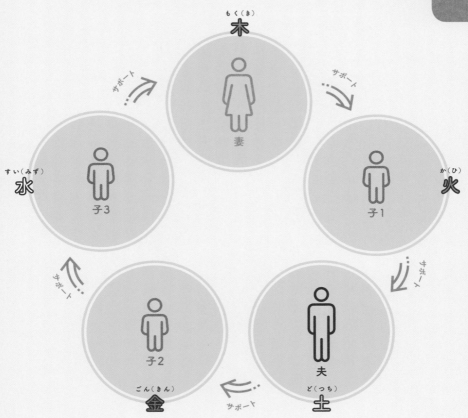

家族全員のよさを引き出す最高家族

家族５人がグループ全部にいるときには、五行がそろうことができ、怖いものなしの最高の家族となります。万一、家に悪いものが近づいてもそれをはねのけるエネルギーが生まれ、家族は安泰となり、発展します。

ペットを入れて循環している場合 ➡ 

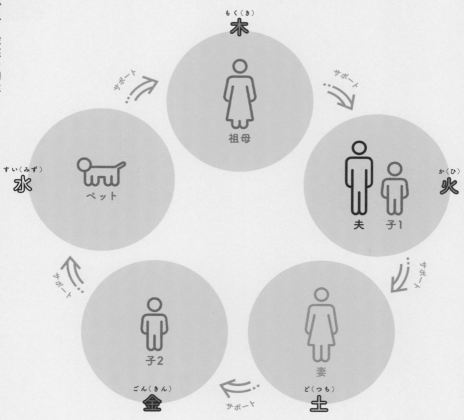

ペットを加えることでさらに安泰

「祖母」→「夫・子1」→「妻」→「子2」となると、祖母が家族を見守って力を与えています。夫婦仲がよく、子どもも安心して育ちます。空いたグループにペットがいると、祖母の負担が軽減してさらによくなります。

2つのかたまりに分かれている場合 ➡ 

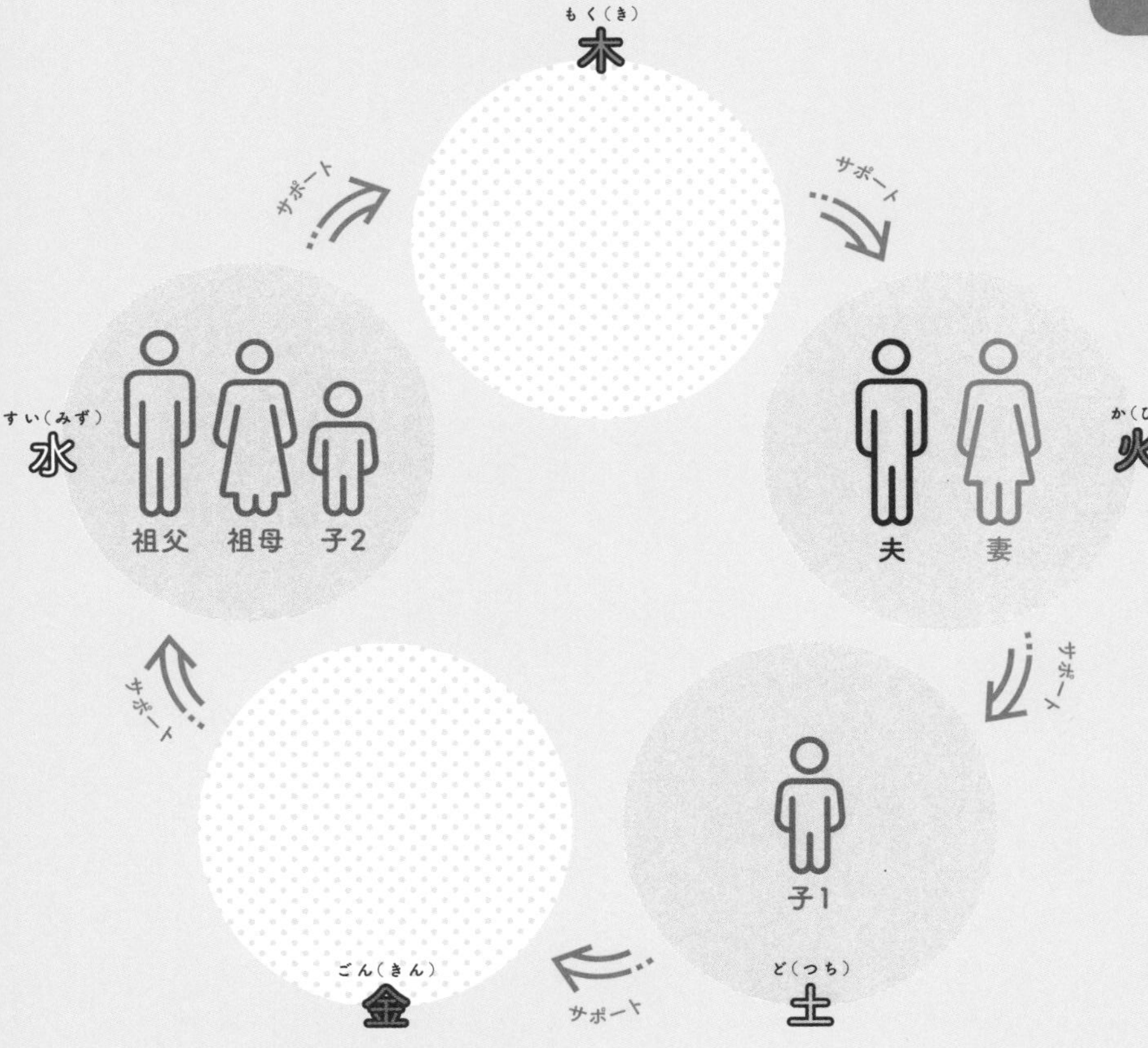

家族は多いと似たものどうしでグループ

家族６人がつながらず、２つのかたまりに分かれているときは、相性がいいものどうしが集まり、結束します。合わないとなかなか理解ができず、気づかいが必要な関係となります。空いたグループは、ペットの名前などでフォローしましょう。

6章

極でみる
仕事運・将来

◆どんな仕事も〝縁〟があり、自分に合ったもの

世の中には、さまざまな職業があります。こんな仕事をしたいなあと思って、実際にその仕事に就けている人もいれば、そうでない人もたくさんいます。仕事というのは、自分で選んでいるかのようにみえて、実は〝縁〟に大きく左右されています。生まれたときからあなたの使命は決まっていて、こういった仕事を果たすように、とある程度決められているのです。

そのために、あなたの能力も、その仕事に向いた部分が発達しています。もちろん、能力があってもそのままではダメで、その能力を磨き、輝かせなければなりません。そのために、それを導いてくれる人たちとの出会いが用意されているわけです。

もしかしたら、今の仕事は、本当にやりたいことではないと思っている人がいるかもしれません。でも、今、その仕事をしているということは、それはほかでもない自分で選択した道であり、たとえ親に言われたから、経済的にしかたなく、そこしかなかったから、などといった理由でも、最終的にその仕事をやると判断したのはあなたです。今の仕事は縁があり、今のあなたに合っている仕事なのです。

自分が本当にしたい仕事って、何なのだろう。それがまだわからない場合は、これからさらに勉強したり、人と関わったり、いろいろな経験が必要です。そして、もし自分がしたい仕事が見つかったら、今度はその仕事ができる自分になる努力をしなければいけません。幸い自分に合った仕事が見つかる場合はいいけれど、そう思える仕事が結局よくわからないまま終わってしまうことだってあるかもしれません。業種によっては子どものころから準備しなければ

ならない職業もあるので、できるだけ早く、自分の使命を知ったほうがよく、本当に就くべき職業はどんな方面なのかがわかれば、生きている時間を有意義につかうことができます。

◆「極」とは自分の理想・使命と経済的安定を足したもの

そのような仕事についての適性をみたいとき、名前が参考になります。名前には、どんな方面の仕事が合っているのかが記されているのです。

自分に合った仕事を知るには、名前のなかの「極」を生かします。「極」とは、名前の両極端、名字のいちばん上の文字の画数と、名前のいちばん下の文字の画数を足した画数のことです。本書では、フルネームのいちばん上の文字といちばん下の文字を足して、その下1ケタをみて、1タイプから0タイプまで10タイプに分けてみていきます。

なぜフルネームのいちばん上といちばん下なのかといえば、名前を体にあてはめてみると、名前のいちばん上は天といちばん近い頭、名前のいちばん下は体を支える脚となります。天からこんな仕事をして世の中に役立ちなさいと頭のてっぺんで指令を受け、この世で生命を維持して生活できるように、経済的に安定する足元が重要だからです。

仕事に対して、やりがいと実際の経済的安定は、そのどちらも大事であり、理想だけでお金が入らなければ生活ができませんし、お金だけ入っても仕事にやりがいがなければ、人生が空しくなってしまいます。その両面を足した数「極」をみることで、今世での自分の役割がわかるわけです。

また、仕事はこの世で果たさなければならない天から受けた最も大切な使命であり、ある意味、宿命でもあるため、それを表す名字のいちばん上の文字の画数と、今世、仕事を通して自分を形成して最終的にこの世に何を残すかを表す名前のいちばん下の文字の画数とが重要となり、それを足すことによって、今世で関わる仕事運がみえてきます。

◆人の評価に惑わされず、努力すれば道は切り開ける

この「極」をみて、自分に向いている仕事がわかれば、ムダな努力をせずにすみ、迷いも消えて生きやすくなります。もしかしたら、やってみたい仕事というのが、夢のように遠く感じ、本当に自分にそんなことができるかなと思うときもあるかもしれません。でも、こんな仕事をやってみたいと思った時点で、その人にはその方面での資質は十分にあり、あとは努力すればいいだけで、叶う可能性はとても高いのです。あと必要なのは、やり続けることができるという〝自信〟だけなのです。

私の周囲には、政治家や俳優、作家、実業家、アーティストなど自分のやりたいことを仕事にしている人が多くいますが、彼らに共通しているのは、他人本位ではなく、いい意味で自分本位であるという点です。人の評価に惑わされず、天から自分が受けたインスピレーションを大切にし、道を切り開くエネルギーを持ち合わせています。そして、人に対しては礼節を持ち、信頼を得て、エネルギーをうまく循環させています。自分の持っている才能を最大に発揮して充実した人生を創造し、次の世代が住みやすい社会を形成していきたいものです。

◆「極」の数え方

姓名判断では、「極」とは、名前の両極端、名字のいちばん上の文字の画数と、名前のいちばん下の文字の画数を足した画数のことです。本書では、下1ケタによって1タイプから0タイプまで、10タイプに分けています。

たとえば、青木友里という名前の場合、フルネームのいちばん上の文字の画数と、いちばん下の文字の画数を足します。「青」が8画、「里」が7画で、合計15画。極が15画となるので、下1ケタの5タイプのところを見てください。

例

山③ 田 ＋ 真 也③ ＝ 極は6画 ↓ 6タイプ

◎本書では戸籍の文字を実際の筆づかいどおりに数えます。ただし、戸籍の文字が旧字であっても、ふだんの生活で新字を使っている場合には、新字で数えた画数の影響も受けるため、旧字、新字の両方を計算してみてください。

◎本書ではあくまでも実際に表記された文字を重視して、一筆（ひとふで）を1画とします。漢字の数え方も、一は1画、二は2画、三は3画、四は5画、五は4画、六は4画、七は2画、八は2画、九は2画と、実際の画数で計算します。

◎「々」は3画、長音符号「ー」は1画とします。濁点（゛）は2画、「ぱ」「ぴ」などの半濁点（゜）は1画と数えます。

◎漢字の画数がよくわからないときには、巻末の画数表「読み方で探す漢字の画数」（306〜333ページ）で確認してください。ひらがな、カタカナの画数は、334ページを参考にしてください。

〖自分自身が会社〗

1画

極 1 11 21 31 41 51

ひらめきと独創性があり、自由が好き。ワンマンで高い志を持つ仕事に向く

ワンマンで、高い志を持つ仕事に向いています。天から世の中のために働くように使命を持たされ、目立つような職種に縁があります。

物腰がやわらかで人当たりがよく、やさしい感じですが、内面は芯が強く、判断力もあり、迷いがありません。トラブルが起こっても、自力で対処して切り開いていきます。人を引きつける人間的魅力にあふれ、だれとでも話を合わせられる巧みな話術を持っています。並々ならぬ努力を重ねますが、努力することは苦痛でなく、何にでも前向きに楽しめる天性を持ち合わせます。常に才能を磨き、輝かせようと努力して成果を上げるので多くの人が集まってきます。

大きな組織での仕事は向かず、自分自身が会社のようにひとりで動くか、自分の目が届く範囲の人数の規模の会社をつくるとうまくいきます。ひらめきと独創性を生かして、**タレント**、**作家**、**エッセイスト**、**ライター**、人と関わって育てるような**小・中学校や高校**、**大学の先生**、**各種専門学校の講師**、**カウンセラー**。美しいものやきれいなものを扱う**宝石鑑別士**、**ジュエリーアドバイザー**、感性を生かして家でも作業できる**プログラマー**、**Webデザイナー**、**ネットビジネス**、個人や家族で**飲食店**、**雑貨店の経営**にも向いています。

2画 〘プロデュースの仕事〙

極 2 12 22 32 42 52

センスよく、時代の先を読むのが得意。人やモノをプロデュースする仕事に向く

人の隠れた才能や魅力を見つけては引き出したり、モノをよりよく見せたりするなど、プロデュースする能力に長けています。自分が前に出るのではなく、人を輝かせる職種が合っているでしょう。時代の先端を行き、センスがよく、バランス感覚にもすぐれて集中力があるため、素晴らしい作品を作っていきます。

外見はおとなしそうですが、内面は粘り強く、しんぼう強く、ていねいで細やかな仕事をします。主に女性を相手にする職種が向いており、手先の器用さを生かして、人を美しくする職種、たとえば、**美容師**や**メイクアップアーティスト**、**ネイリスト**、**エステティシャン**、**マッサージ師**など、美と健康関係の仕事がおすすめです。

時代の先を読むことが得意なところから、**テレビやコマーシャルのプロデューサー**、**ディレクター**。また、気がきいて人のために身を粉にして働くところから、**秘書**や**マネージャー**、**インストラクター**。会社を経営する立場であれば、**美容室チェーン店の経営**、**制作会社の経営**など。人の生活をサポートする生活関連設備の**電気やガス**、**水道の仕事**、または各種の**設計**、**技術者**。また、役所や官庁などの**公務員**、**警察官**、**外交官**などに向いています。

〖ジャーナリストの仕事〗 3画

コミュニケーション能力にすぐれる。物事を伝達して表現する仕事に向く

極 3 13 23 33 43 53

カリスマ性があり、知的なので、自分の考えを伝達したり表現したりする仕事が向いています。コミュニケーション能力にすぐれ、物事を表現する能力に長けています。

性格はエネルギッシュでじっとしていられず、積極的に社会に出て活躍するでしょう。問題意識が高く、社会的弱者の味方となるような正義感を持ちます。知と美も備えて感受性が豊かなので、人を引きつける魅力にあふれ、明るく華やかで目立つ存在です。目上の人からかわいがられ、実力以上の引き立てを得られ、年下や部下の人に対しては育てる力があるので、助けてもらうこともありそうです。

まず、社会のニュースを伝える**ジャーナリスト**や**アナウンサー**、**報道記者**、**ノンフィクション作家**など。芸術的感性を生かして、**音楽家**や**研究者**。人に注目される派手な職種の**歌手**や**俳優**、**声優**など。趣味を生かして、**フラワーアレンジメント**や**生け花の先生**、**スポーツインストラクター**、**語学学校**や**マナー学校の講師**など。国内外の**文化を紹介する会社の社長**、**広報担当**などに向いています。

4画 〘アーティストの仕事〙

極 4 14 24 34 44 54

破壊と創造する力をあわせ持つ。自分の世界を表現する仕事に向く

破壊する力と創造する力といった、一見相反する力をあわせ持ち、感性が豊かなので、自分の世界を表現するアーティスト的な仕事が向いています。インスピレーションがわき、創造性があり、ダイナミックな発想で周囲を驚かせます。性格は複雑で、その人のなかには極端な二面性があり、繊細なところと大胆なところ、おとなしいところと過激なところ、真面目なところと不真面目なところとそのすべて両面が見え隠れしていて、そこが大きな魅力になっています。ただ、飽きっぽさがあり、日によって言っていることが違ったりしますので、仕事のときにはうまくサポートする人が必要です。

家族の縁は薄い傾向がありますが、それがかえって感性の鋭さを自由に仕事を選べることにつながります。そのまま才能を生かして、**画家**や**音楽家**、**作家**、**詩人**、**エッセイスト**、**写真家**、**イラストレーター**、**モデル**、**デザイナー**など。

そのほか、華やかで美しいものを見極めることが得意なところから、**美術商**や**編集者**、**デザイナー**、**メイクアップアーティスト**など。上品で高級なものと縁のあるところから、**ホテルマン**や**バイヤー**、**販売員**などに向いています。

〘移動する仕事〙

5画

国際感覚が抜群でスピード感がある。
移動が多く、世界中をとび回る仕事

極 5 15 25 35 45 55

国際感覚が抜群でフットワークが軽く、世界中をとび回る仕事に向いています。スピード感があり、時流をキャッチすることにも長けています。多才で物事をすぐに吸収し、柔軟で度胸もいいので、新しい環境にもすぐに溶け込めます。性格は温厚で親しみやすく、良識があるため、人からの信頼も厚いでしょう。人やモノを移動させる乗り物に関わる仕事には、とても合っています。

たとえば、乗り物を操縦する**宇宙飛行士**や**パイロット**、**客室乗務員**、**タクシー**や**バス**、**電車**、**荷物輸送の運転手**などが向いています。新しい世界を切り開く**冒険家**や**探検家**。旅行を人に紹介する**旅のレポーター**。また、人の体を行き来する**食品**や**薬品関係の仕事**。**旅行会社**、**道路・鉄道の建設会社**、**医療機器会社の経営またはその職員**。土を扱う**土木作業関係の仕事**。また、仮想空間の世界を描く**SF作家**、**映像制作者**などにも向いています。

6画 〘社会福祉的な仕事〙

極 6 16 26 36 46 56

器用で臨機応変に問題に対処。
人のために尽くす社会福祉的な仕事に向く

自分のためというより、世のため、人のために生きることに生きがいを感じるタイプなので、社会福祉的な仕事に向いています。人が嫌がるようなことも率先してやっていき、今、相手が何を望んでいるのかを敏感に察知して行動することができます。

性格は朗らかでやさしいのですが、感情をあまり外に出すことはありません。自分で何かを成し遂げるより、人から評価され、喜ばれることを好みます。情が厚く、困っている人がいれば、すぐに手助けをして面倒をみてあげます。

また、器用なのでどんなことも短時間でマスターするうえ、臨機応変に問題に対処する柔軟性もあるので、人を相手にする仕事にぴったりです。人の幸せを導く手伝いをすることで、自分の幸せにもつながっていくでしょう。

困っている人を直接助ける**医師**や**看護師**、**弁護士**、**社会福祉士**、**介護福祉士**、**カウンセラー**など。よりよいものを紹介する**商品のプランナー**、**営業マン**。日常の生活問題を取り上げたり、困っている人の味方になったりする、**報道記者**に向いています。

〘お金を扱う仕事〙

7画

個性が強く、自信家で妥協しない。
数字に強く、お金を扱う仕事に向く

極 7 17 27 37 47 57

数字に強くて計算が速く、金銭感覚が抜群なので、お金を扱う仕事に向いています。細かいところまで神経を配り、慎重に手早く、たくさんの仕事をこなすことができるため、人からの評価も高くなります。

また、強烈な個性を持ち、自信家で頭がきれ、時代の先を読む力にもすぐれます。瞬時の判断力は素晴らしく、自分のなかにある経験や知識をフル稼働させて、正確な答えを導いていきます。自我が強く、どんな困難にもへこたれない忍耐力の持ち主です。強力な個性で周囲を圧倒し、大きなお金を上手に動かすことができます。性格については裏表がなく、ストレートに発言して妥協を嫌うため、ときにトラブルを起こし、対立することもあるでしょう。ただ、自分中心に物事を考えるので、落ち込むといったことがなく、楽観的です。仕事はかなり好きなので、没頭しすぎて家庭に波が起こらぬように注意してください。

職業としては、直接お金を扱う**投資家**、**銀行**、**証券関係の仕事**。さらに普通の会社でも**事務**、**経理**など。勘で勝負するギャンブルを扱う**遊技施設の仕事**、人から注目される**芸能関係の仕事**、**タレント**、人と接する**ホテルマン**、**ホステス**、**ホスト**などに向いています。

8画

極 8 18 28 38 48 58

〖人に命令する仕事〗

アイディアが豊富で判断力がある。
リーダー的素質で人の上に立つ仕事が向く

時代の先を読むのが早く、アイディアが豊富で状況判断の速さに長けています。人の面倒見がよく、人の上に立って指示するトップの役割をする仕事に向いています。

前向きで明るく、精神力がタフで、人を引きつけるオーラを持ちます。勉強家で、絶えず新しいことを知ろうと本をよく読み、人の話もよく聞き、多くの情報を得て仕事に生かしていきます。人との関わり方もうまく、距離感が絶妙なので、一度親しくなるとほとんどそのままよい関係が継続します。意志が強く、負けず嫌いなので、人がなんと言おうと自分の思ったことは最後までやり抜きます。フットワークが軽く、思い立ったらすぐ行動し、努力を惜しまないので、携わった仕事の業界ではかなりの成功をおさめることができるでしょう。人を見る目もあるため、よいパートナーと組めることも多く、そうすればさらに才能が発揮されます。

リーダー的素質で人を率いるところから、**政治家**、**社長**、**専務**など。個性を生かして、**作家**、**画家**、**評論家**、**写真家**、**デザイナー**、**芸能プロダクションの経営**など。かたいものを扱うところから、**石材業**、**鉄鋼業の経営者**や**技術者**、**機械の技術者**、**建築家**、**設計士**などに向いています。

〖勝負師の仕事〗

画

極 9 19 29 39 49 59

ギャンブル的なものに才能を発揮する。不特定多数の人と会う仕事

持って生まれた勝負師で、ギャンブル的なものに才能を発揮します。頭がよく、ひらめきがあり、運の波に乗れれば、一気に成功して発展するでしょう。

性格は正直で明るく、物怖じしません。平凡に地味に生きることはがまんできず、会社に入ったとしても一カ所にとどまっているのはむずかしいでしょう。与えられたことは責任を持って最後までやりとおし、まるで機械のように真面目に働きます。手先も器用で何をしても手早く、また、人当たりは柔軟でだれとでも話ができるので、まわりの人からの信頼も厚いでしょう。

ふだんは警戒心が人一倍強く、スキがないのですが、ときとして気分にムラが生じてしまい、そのまま運気の波へとつながってしまうので気をつけましょう。よいパートナーと出会うことで、運が一気に好転するでしょう。

不特定多数の人と会う商売に向いていることから、**自営業**、**事業家**、**飲食店の経営**、人気のものを扱う**芸能関係のプロダクション経営**、**タレント**など。流行のものにも敏感なので、**ファッションデザイナー**、**モデル**、**美容記者**。ギャンブルが得意なので、**遊戯施設の経営またはその職員**などに向いています。

0画 〖普通やらない特殊な仕事〗

極 10 20 30 40 50

知力にすぐれ、思慮深く大器晩成型。普通の人のやらない特殊な仕事が向く

人の評価は関係なく、自分のやりがいのある仕事をしたいという希望が強い人です。また、人があまりやっていないような特殊な仕事に縁があります。

知力にすぐれ、なんでも器用にこなし、才能もありますが、性格が消極的で、人を押しのけてまで前に出ようとはせず、マイペースでいきたいと考えます。対人関係も気をつかいすぎて疲れるので、できれば自分ひとりで楽しむ時間を充実させたいと考えます。思慮深く、大器晩成型なので、ゆっくりと才能に磨きをかけていくといいでしょう。

現実的なことを考えるのは苦手で、理想が高く、いつもこうだったらいいなあとイメージを膨らませています。仕事は大好きなので、本気で仕事に取り組み、厳しさもあります。仕事に満足するといったことがなかなかなくて、目標を掲げてがんばり、大成功する人も多いでしょう。

職業としては、親からの職業をそのまま受け継いで、**会社の社長**、**職人**、**自営業**。特殊な専門的な能力を生かして、**将棋の棋士**、**競馬や競輪の選手**、**難病を扱う医師**、困った人を助ける**弁護士**、**占い師**、**宗教家**、**教育関係者**などに向いています。また、普通の人がチャレンジしないような特殊な分野の仕事に就くといいでしょう。

［COLUMN 2］

書き文字について

文字の形はその人の心そのもの。自分の名前はきれいに書こう！

自分の名前を書く機会は多いですが、実は、名前を書くたびに自分の名前の運気が動いています。

運のいい人というのは、必ずといっていいほど、書かれた名前の文字に勢いがあります。それは乱暴という意味ではなく、文字が生き生きして、力があるのです。1文字の大きさも大きめで、筆圧も強めです。

名前を書くとき大切なことは、「角」はしっかり書き、丸く角を省略しないことです。角を丸くしてしまうのは、ルーズな性格の表れとなります。片づけが苦手で、自分の生活、ひいては人生にこだわりがありません。人の言うまま流されていきます。

また、「はらい」をきちんと書いている人は、自分のなかにたまったエネルギーをきちんと吐き出すことができる術を持った人です。はらわず、はらうべきところを止めて書く人は、常に心のどこかに不満があり、ストレスがたまりやすいでしょう。

また、右上がりの字の人は楽観主義で、なんでもうまくいくと信じ、思い込みがいいほうに転じて、わりとうまく物事が進みます。反対に、右へ上がりも下がりもせずに左とほとんど水平でまっすぐな場合は、真面目で物事をシビアにみていて、簡単にはだまされないと警戒心の強い人です。右下がりの字の人は、いざというときに消極的で、慎重すぎてチャンスを逃しがち。依頼心が強く、だれかが幸せを運んでくれるのではないかと幻想を抱いています。社会ともなじみにくく、友人や異性との関係も打算的です。

さらに、「はね」を強調する人はしつこさがあり、一度イヤなことをされたら、やり返すしぶとさがあります。

美しく整った文字で名前を書けるようになると、人生も整ってきます。ふだん自分の字に自信がない人も、自分の名前くらいは練習してきれいな字をマスターし、署名するときはていねいに書くように心がけましょう。

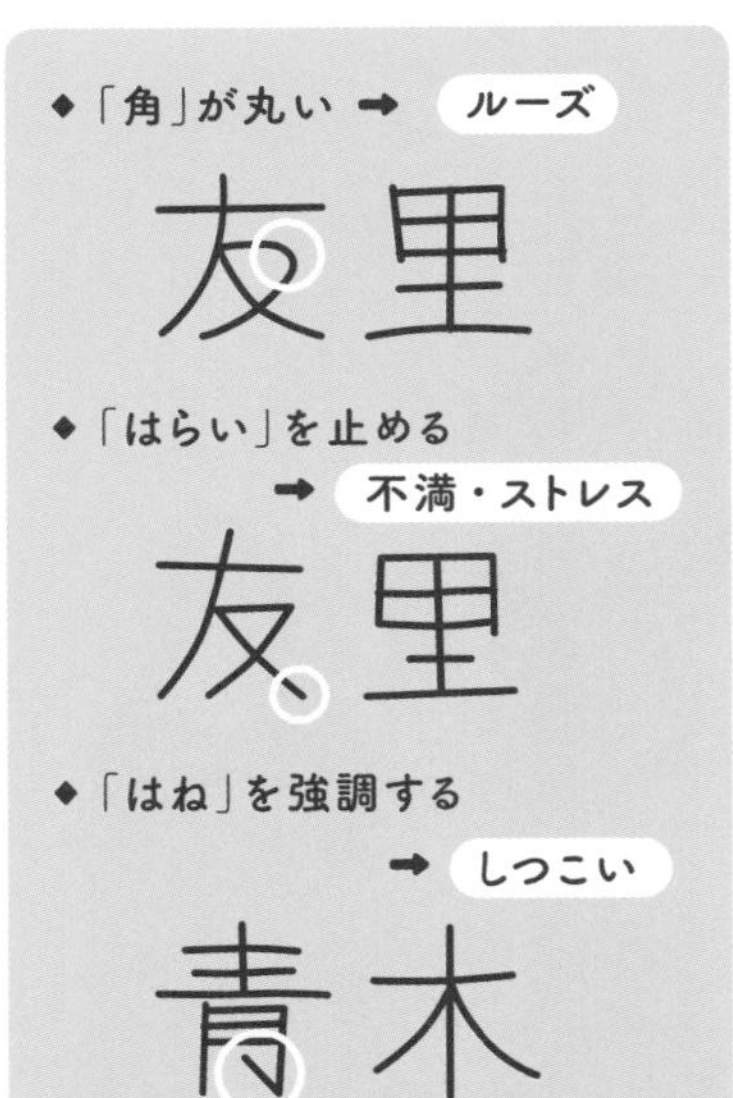

7章

印鑑で変える
今後の運勢

◆印鑑には〝お守り〟的な役割がある

名前の持つ可能性をさらに引き出してくれるものに、印鑑があります。最近はサイン（署名）することが多くなりましたが、それでもまだ、印鑑を使う場面はたくさんあります。印鑑はそもそも自分の身代わりとして大切な書類に押すものであり、印鑑を押したものはそのまま書面に残ります。そして何より、印鑑には、自分の名前の長所をさらに伸ばし、短所を補うという〝お守り〟的な役割があります。

保証人、取引の契約などには、すべて印鑑が必要です。印鑑を押すときには、印鑑を取り出し、印面に朱肉をまんべんなくつけて、印鑑の上下を合わせて、ゆっくりと全体にムラが出ないように押そうとしますが、これもサインにくらべて手間がかかり、特に印鑑を押すときの上下の確認の際、印面と向かい合う瞬間に、この書類に本当に自分は印鑑を押していいのか、最後に確認をしているわけです。この一瞬が、人生の大きな分かれ道になります。印鑑はその人の分身ですから、印鑑を大切にする人は人生も大切にしていて、吉相の印鑑を持っています。印鑑をていねいに扱う人は、人生においても幸せが多く、大事に築いていけます。

印鑑がいちばん効果を発揮するのは、戸籍の名前の画数をよくしたいときです。生まれたときにつけられた名前をすぐに改名するというのはむずかしく、改名したとしても、名前によっては突発的な事故や病気になることもあるため、改名は慎重に慎重を重ねて行わなければなりません。そこで、印鑑を使って、印鑑の印面を今の画数から希望の吉数に変えていきます。

◆開運印のポイントは

印鑑には、今現在の状況がそのまま表れています。あなたの印鑑を一本一本確認してみてください。また、これから印鑑をつくろうという方も、人生を大きく変えるチャンスです。以下の項目をチェックして、開運印を手に入れましょう。

3本の印鑑

個人の印鑑には、「実印」「銀行印」「認印」の3つの種類があります。この3つの種類は、用途によって分ける必要があります。

実印は印鑑証明に登録するものであり、最も大事な特別な印鑑です。車や土地、家屋を買う、だれかの保証人になるなど、きわめて大きな責任を伴うときに用います。実印が充実して欠損などの問題がなければ、人生は安定して発展していきますが、実印に欠けがあったり、三文判であったりすると、印鑑同様に人生も波が多く、才能を生かしきることができません。

銀行印は、主にお金に関する書類に用いるもので、銀行の通帳をつくるときにもっとも適しています。銀行印が充実していると、お金の入りがよくなり、余計な出費を抑えて財を成しますが、貧弱であるとお金の入りが悪く、予想外の出費ばかりでマイナスになることが多いでしょう。お金が全然たまらないという方は、この銀行印を特に気をつけてみてください。

認印は、実印や銀行印以外の、自分の確認に押す印です。認印はいちばん使う頻度が高いもので、人の目にもふれやすいので、印鑑の印象がそのままその持ち主の印象となります。認印が充実していると信用が高まり、対人関係もスムーズに進むようになりますが、貧弱であるとトラブルが多く、人との関係にもトラブルが出てきます。

できるだけ印鑑は3本持ち、つかい分けるようにしたほうがいいでしょう。一気につくるのがたいへんな場合、まず、お金をつかさどる銀行印を調え、お金が入ってきてから、実印、認印と少しずつそろえていくのもいいでしょう。

印鑑のサイズ

実印、銀行印、認印によいサイズは次のとおりです。

実印……直径18㎜

銀行印……直径15㎜

※女性にかぎり、三木のように画数が少ない場合、空間が空きすぎるので13.5㎜とします。

認印……直径12㎜

◉印鑑の欠けがないこと

印鑑全体を細かくみて、ひび割れや欠けがないかを調べます。ひび割れや欠損は、その人の身に何かが起こることを察知して、その身代わりとして印鑑が難を受けてくれた、あるいはその印鑑のエネルギーを使い果たして役割が終わったことを表します。ひび割れや欠けが見つかった場合は、新しく印鑑をつくり替えるときであり、また、自分の生活をあらためて見直すサインでもあります。

◉マークがないこと

印鑑の柄のところに、上下を示すマークが入っているものがあります。便利なのですが、印材そのものの持つ気を乱してしまうのでよくありません。

印鑑の材質

次に、印鑑の材質をみましょう。「実印」「銀行印」「認印」にふさわしい印材は、生気を含んでいるもの（命を吹き込まれたもの）、牙、角、木です。これらは、人間どうしの横のつながりをスムーズにする力を持ちます。

水晶や瑪瑙などの鉱物類は、実印、銀行印、認印にはふさわしくありません。鉱物をつかうと人生の波が多くなり、いいことがあっても長続きしないで挫折しやすくなります。逆に、落款のような自分の作品に押す芸術のための印鑑としては、鉱物類が天から入ってくるインスピレーションをキャッチするのでふさわしいでしょう。生気を含む印鑑と違って形も自由につくることができます。

また、人工的につくられたプラスチック素材も欠けやすく、よい気が入ってこないのでおすすめできません。

◉印材は生まれ年に合っている

印材には印鑑を持つ人との相性があり、それは生まれ年によって変わります。生まれ年に合う印材を選ぶと、姓名のよさを最大限生かすことができます。まず、「九星・本命星早見表」（左ページ）で自分の星を知り、「印材相性表」（296ページ）であなたに合う印材を調べてください。

生まれ年と合わない印鑑を使うと、開運しにくいので、確認してください。さらに積極性や独立心、行動力など〝陽の運気〟を高めたいときは象牙などの陽性の印材を、調和や協調性、愛情など〝陰の運気〟を高めたいときは黒水牛などの陰性の印材を選びます。また、陽性と陰性の両方を持ってつかってても問題ありません。

◉ひとつの材料からできている

ひとつの素材からできている印鑑がベストです。印材をつなぎ合わせたものは中途挫折して、目標を達成できないという意味があります。事故や災難にあいやすいので、心当たりのある人は特に注意してみてみましょう。

◉違う用途のものと合体していない

印鑑がひとつの素材からできていないものはよくありませんが、さらに、まったく違う用途のものと合体している宝飾印もいけません。たとえば、指輪と合体させた指輪印、ペンや万年筆の後ろ先についた印鑑などをつかっていると金運は悪くなり、異性関係もトラブルが多くなります。

［九星・本命星早見表］

本命星	一白水星	二黒土星	三碧木星	四緑木星	五黄土星	六白金星	七赤金星	八白土星	九紫火星
表の中のあなたの生まれた年で、あなたの本命星を調べます。	昭和2	大正15／昭和1	大正14	大正13	大正12	大正11	大正10	大正9	大正8
	昭和11	昭和10	昭和9	昭和8	昭和7	昭和6	昭和5	昭和4	昭和3
	昭和20	昭和19	昭和18	昭和17	昭和16	昭和15	昭和14	昭和13	昭和12
	昭和29	昭和28	昭和27	昭和26	昭和25	昭和24	昭和23	昭和22	昭和21
	昭和38	昭和37	昭和36	昭和35	昭和34	昭和33	昭和32	昭和31	昭和30
	昭和47	昭和46	昭和45	昭和44	昭和43	昭和42	昭和41	昭和40	昭和39
	昭和56	昭和55	昭和54	昭和53	昭和52	昭和51	昭和50	昭和49	昭和48
	平成2	昭和64／平成1	昭和63	昭和62	昭和61	昭和60	昭和59	昭和58	昭和57
	平成11	平成10	平成9	平成8	平成7	平成6	平成5	平成4	平成3
	平成20	平成19	平成18	平成17	平成16	平成15	平成14	平成13	平成12
	平成29	平成28	平成27	平成26	平成25	平成24	平成23	平成22	平成21
	令和8	令和7	令和6	令和5	令和4	令和3	令和2	平成30／令和1	平成30

立春以前の誕生日の人は、前年の本命星になります（立春は年によって異なるので、暦でご確認ください）

[印材相性表]

本命星		一白水星	二黒土星	三碧木星	四緑木星	五黄土星	六白金星	七赤金星	八白土星	九紫火星
陽性		象牙	象牙	×	×	象牙	象牙	象牙	象牙	象牙
		抹香鯨	抹香鯨	×	×	抹香鯨	抹香鯨	抹香鯨	抹香鯨	抹香鯨
		河馬	河馬	×	×	河馬	河馬	河馬	河馬	河馬
		×	白水牛	白水牛	白水牛	白水牛	白水牛	白水牛	白水牛	×
陰性		×	黒水牛	黒水牛	黒水牛	黒水牛	黒水牛	黒水牛	黒水牛	×
		×	×	羊角	羊角	×	×	×	×	×
		拓植	×	拓植	拓植	×	×	×	×	拓植

◉品質がいい

印材は品質のいいものを選んでください。品質の悪いものを使っていると、すぐに割れたり、色が悪くなったりします。自分を守り、運を上げていくためのアイテムなので、できる範囲でベストを尽くしましょう。また、すぐれた印刻者は印材についても目が利きます。よい印材を得たい場合は、信頼できる印刻者に予算をはっきりと伝えて相談するといいでしょう。

印鑑の印面

◉印面の形が丸である

印鑑の面は、人と人との調和を大切にする丸い形の「丸印」が基本です。印面が四角い角印は落款にはいいのですが、実印、銀行印、認印には向きません。角印を用いると、運気に乱れが生じて対人関係は崩れやすく、特に家庭内に問題を生じます。金運もよくなくなり、事故や災難にあいやすくなります。

◉字体は篆書体

印面に彫られる字体は、荘厳で上品で、華やかな「篆書体（てんしょたい）」を基本として、増画法や接点法といった印相独自の方法を用いて「印相体」という書体で印字の配置を行います。篆書体は、その文字の持つ意味を最大限に表現できる生気に満ちた文字です。

また、日常生活でつかう楷書体や行書体、草書体、隷書体（れいしょたい）は陰の気が強すぎ、偽造もされやすいので印鑑には向きません。

◉印面の下方に安定感

印面の下方の形状や文字にしっかりした安定感があると、落ち着きが生まれ、家庭が安泰となります。印面の下方の文字が細くて弱々しいと、家庭内にトラブルが絶えません。印面の下方が不安定にならないように気をつけてください。

◉文字が左右対称

印面の文字は、ある程度左右対称になるように、バランスよく配置しなければいけません。左右の文字量にかたよりがあったり、文字が斜めに彫られたりしたものは、才能運や蓄財運に恵まれず、対人関係に問題が多くなってしまいます。

◉外枠が太すぎない

印面の外枠は欠けることなく、円を描いていることが大事です。ただ、あまりに外枠の円が太すぎると、中の文字が弱々しくみえてしまいます。枠が太すぎる印を持つと、警戒心が強すぎて、外に出ていかなくなる傾向があります。

◉希望の総画数である

印鑑でいちばんいいのは、印面を希望の画数にできるということです。印面の外枠の接点は1接点を1画と数えます。これは「接点法」といわれるもので、それによって画数を自分の希望の画数に増やすことができます。ただし、接点があまりに多すぎると、全体のバランスが崩れるのでかえってマイナスになります。

◉模様を入れない

印面のまわりに、竜や花、雷文(らいもん)などの模様を入れるのもよくありません。人から迷惑をかけられるなどのトラブルが続く原因にもなり、家庭内に乱れが出ます。

◉文字と文字をくっつける

印面の文字と文字をくっつけて彫ることで、文字が一体となって大きな力を発揮するため、印面の文字はみんなどこかくっついているといいでしょう。文字がバラバラでくっついていないときには、文字の勢いが弱まり、運もよくなくなり、損をします。

◉ひび割れや欠損がない

印面にもひび割れや欠損があってはいけません。ひび割れや欠損した箇所があれば、その方位が意味する内容の問題を抱えていることを表します。たとえば、印面の上部が欠けていれば、その部分の意味、成功運がよくなくなり、いくらがんばってもチャンスに恵まれず、左側（押したときに右側）が欠けていれば、対人関係のトラブルに悩まされます。

◉全体に勢いがある

印鑑全体に生気があり、上品で力強く、美しいことが大事です。印鑑に力がなく、不安定なのはよくありません。印相は、印材と印刻者の技量に大きく左右されます。印面を構成する際、いい印相の印刻者は依頼者の希望する部位に慎重に文字を配置し、文字の美しさに常に注意を払って入念に仕上げます。印刻者は信頼できる人を選びましょう。

◉一代印である

印鑑はつくった本人にしか力を発揮しません。親などから譲り受けた印鑑や人が使っていた印鑑を引き継いでつかうと、運気は下降線をたどります。印鑑はだれかがつかっていたものでなく、自分だけの印鑑をつくりましょう。また、だれかの印鑑の印面を削って再度つかうという「彫り直し印」は大凶です。家運は衰退の一途をたどることになります。

◉ほしいと思ったときにつくる

印鑑は人からすすめられてつくるものではありません。自分が本当にほしいと思ったとき、印鑑をつくるのがいちばんです。また、成人したとき、親元を離れるとき、事業を始めるとき、学校に入学したときなど新しい旅立ちにつくるのもおすすめです。また、名前の画数が気になっていたり、自分を変えたいと思ったりしたときもいいでしょう。

◉印鑑の扱い方

印鑑を新しくつくったら、まず、自宅の神棚かお仏壇に供えます。神棚やお仏壇のない人は、座った目線よりも高い位置に印鑑を置きます。そして、自分の分身として働いてくれるように神仏にお願いしてください。印鑑は大安などのいい日から使い始めます。すぐに押すような機会がない場合は、半紙などに初押ししてみてください。

〈使わなくなった印鑑〉

印鑑を新しくつくって、今まで使ってきた印鑑を処分するときは、白い布に包み、神棚かお仏壇に供え、これまで守ってもらったことに感謝します。神棚がない場合には、高い場所に置き、同様に感謝の気持ちを伝えます。そのあと、立ったときの目線よりも高い位置のタンスの引き出しなどに約2年間保管します。保管するのは、印鑑を切り替えても前の印鑑が必要となるときもあるためで、念のためにとっておきます。2年過ぎたら土に埋めます。とても気に入っている印鑑で、ひび割れや欠けなど問題がなければ、そのまま大切に所有してかまいません。

◆印面の八方位

印面は、中心から均等に8つに分けることがあります。それぞれの方位には意味があり、印鑑を実際に真ん中に押してみると、その印鑑の性質がわかります。できるだけ八方位すべてに、バランスよく接点があるのが望ましいでしょう。

また、八方位には自分の本命星を当てはめることができます（この八方位は「吉相八方位図」（303ページを参照）。たとえば、一白水星を表す方位は「北」で、北は住居運を意味します。もともと一白水星の人は住居運を持っていることがわかります。

この住居運をよりよくするために、自分の星とは反対の方位、印面の南にあたる部分に、文字の接点を設けるようにして、印面を充実させることが重要です。南は「成功運」を意味します。住居運をサポートするのが、成功運であるわけです。このように印面の力のバランスをとることによって、自分の運勢全般を安定させ、それによって住居運も成功運もアップするのです。また同様に、四緑木星の人の仕事運を安定させるには、反対の方位・西北にあたる六白金星の蓄財運が重要となります。

八方位のくわしい意味は、次ページのとおりです。

北【一白水星】住居運

安定した住居、日々の暮らしを表します。この部位が充実していると、住居に恵まれて、近所の人たちとの関係もよく、落ち着いた生活を送ることができます。配偶者とも仲よく、子どもも立派に成長します。この部位が欠けていると、よい住居に恵まれず、いつも家のことで悩むことになります。

東北【八白土星 五黄土星の男性】家族運

家族縁、子孫繁栄、相続を表します。この部位が充実していると、家庭円満で、相続でのトラブルが起きません。バイタリティーがあり、やる気に満ちています。この部位が欠けていると、家族内でのトラブルが多くなり、跡継ぎ問題や財産問題などが出てきます。

東【三碧木星】希望運

希望、願いが叶う可能性を表します。この部位が充実していると、気力があり、自己実現のために努力を続け、目標を達成します。新しいことにチャレンジしてもよい結果を得られます。この部位が欠けていると、あせりが生じて何をしても空回りしてしまい、目標を掲げても達成することがむずかしくなります。

東南【四緑木星】仕事運

才能、仕事運、金運を表します。この部位が充実していると、チャンスに恵まれ、自分の才能を存分に発揮することができます。仕事運も向上して、収入もアップします。この部位が欠けていると、人脈が切れてしまったり、信用が失墜したりしてしまいます。

南【九紫火星】成功運

天からの恵み、成功運、上司運、社会的信用を表します。この部位が充実していると、人から引き立てを受けられて、実力以上の力を発揮することができます。この部位が欠けていると、争いが多くなり、裁判や訴訟問題に巻き込まれるおそれがあります。

西南【二黒土星 五黄土星の女性】愛情運

男女の縁、職業上の変化を表します。この部位が充実していると、恋愛はスムーズに進み、喜び多く、仕事でも活躍ができます。この部位が欠けていると、気力に欠けて根気がなく、労働意欲がわかず、怠惰となります。

西【七赤金星】交友運

同輩との対人関係を表します。この部分が充実していると、よい友人と同僚に恵まれ、社交性がアップし、幅広くいろいろなタイプの人と仲よくなれます。対人関係もスムーズで、仲間で楽しいときを過ごすことができます。この部位が欠けていると、同僚や友人との関係がうまくいかず、思いがけないトラブルを抱えることになり、金銭問題も出てきます。

西北【六白金星】蓄財運

財産上の変化を表します。この部分が充実していると、お金の回りがよくなり、ムダな出費は抑えられ、財産を築いていくことができます。信頼も増し、対人関係も良好となります。この部位が欠けていると、目上の人とうまくいかなくなり、信頼を失うことがあります。

吉相八方位図

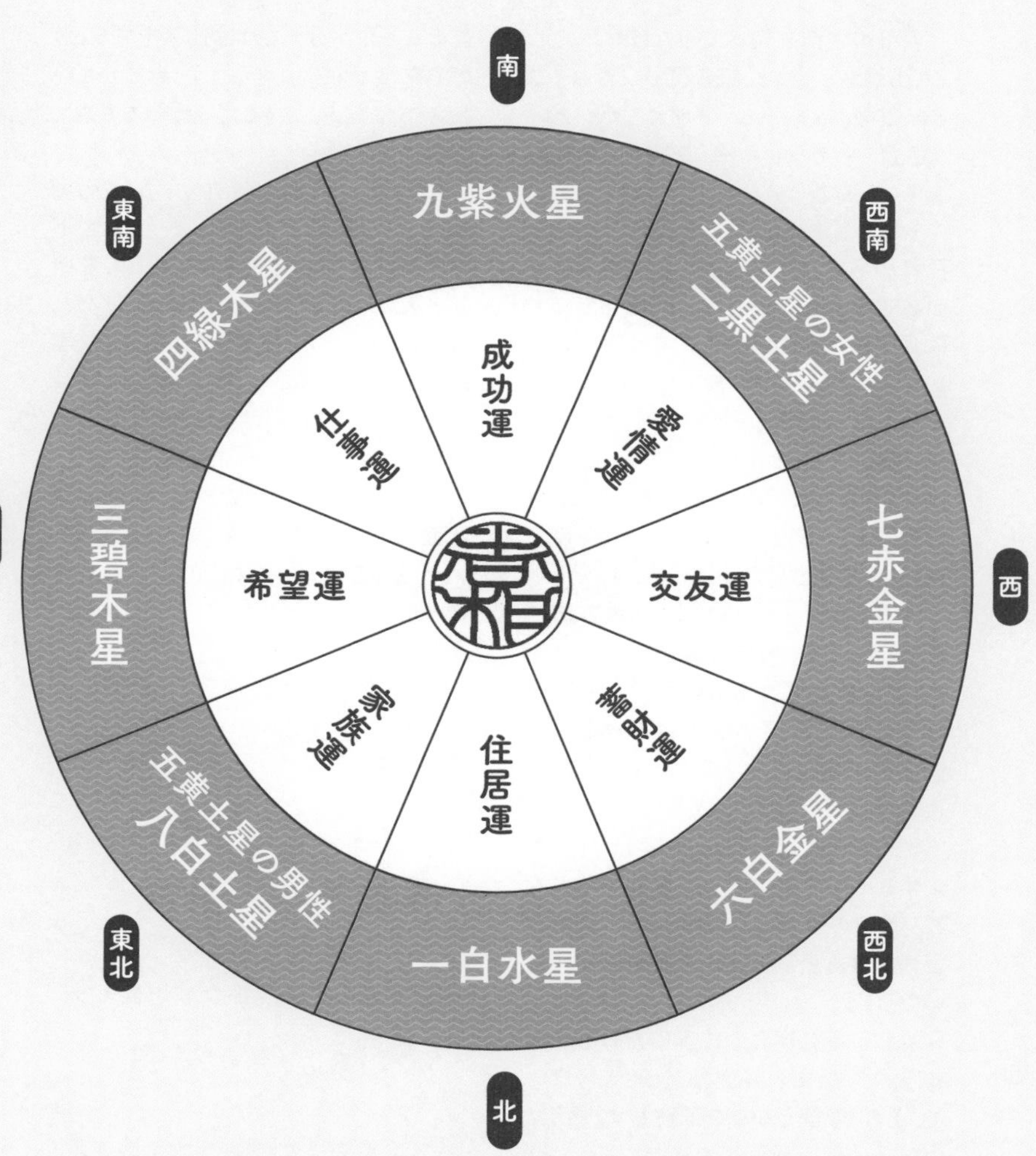

印相学の八方位図では、南を上とします

〔 COLUMN 3 〕

セカンドネームについて

セカンドネームをつけて新しい自分の可能性を引き出そう

自分の名前を調べてみたけれど、どうしても画数が悪い、読み間違えられることが多い、もっといい名前にしたいという場合、セカンドネームを持つことをおすすめします。

セカンドネームとは、その名のとおり、戸籍の名前にプラスして、もうひとつ自分の名前を持つことです。戸籍を変えて改名するのはデリケートな大仕事でむずかしいですし、生まれ持った名前は人生でいちばん影響を持つため、大切にしなければなりません。ですから、改名ではなく、新たに名前を設けることで、自分を変える、まだ発揮できていない自分のよさを引き出していくわけです。

名前を変えるには、いくつかの方法があります。まず、名前の最後の文字を変え、よい画数にする方法です。①最後の字を変える（子→奈、也→太など）、②名前の最後に文字を加える（百合→百合子、翔→翔太）、③最後の字をとって3文字から2文字、2文字から1文字にする（麻衣子→麻衣、良助→良）など、名前の呼び名は変わらず、名前の上の漢字も変えないので違和感が少ないでしょう。

次に、音を変えずに漢字だけを変える方法です。これは愛称などを変えないで、そのまま使えるので手軽です。なりたい自分に近い総画数を選び、それに合うような字を選んで縦書き、横書きにし、バランスをみて決めてください。

さらに、漢字を変えないで読み方を変える方法です。これは仕事をするときの名前変更にいいでしょう。むずかしい読み方は控え、できるだけ簡単なものにしてください。

また、まったく別の名前にするというのもひとつの方法です。ペンネームなど下の名前だけでなく、名字から新しい名前を考えてみてください。ポイントはだれにでも読みやすく書きやすいもので、画数が吉画であることです。目安は電話で説明したときに、相手にすぐ伝わる名前です。

名前を新しく持つことで、自分の可能性も広がります。本を参考にしながら、いい名前を考えてみましょう。

◆最後の文字を変える

伶子（れいこ） → 伶奈（れいな）
翔（しょう） → 翔太（しょうた）
麻衣子（まいこ） → 麻衣（まい）

◆音を変えずに漢字だけを変える

大輝（だいき） → 大樹（だいき）

◆漢字を変えずに読み方を変える

建志（けんじ） → 建志（たけし）

巻末

五十音順

文字の画数

五十音順

読み方で探す漢字の画数

漢字の下の数字は画数、カタカナは音読み、ひらがなは訓読みや名のりをあらわしています。

あ

安	6	あ
有	6	あ
亜	7	ア
阿	8	ア
挨	10	アイ
逢	11	あい
愛	13	アイ
曖	17	アイ
藍	18	あい
間	12	あいだ
青	8	あお
蒼	13	あお
碧	14	あお
葵	12	あおい
丹	4	あか
朱	6	あか
赤	7	あか
明	8	あか
茜	9	あか
紅	9	あか
緋	14	あか
県	9	あがた
縣	16	あがた
茜	9	あかね
灯	6	あかり
礼	5	あき
旭	6	あき
灼	7	あき
旺	8	あき
尭	8	あき
昂	8	あき
招	8	あき
知	8	あき
明	8	あき
映	9	あき
紀	9	あき
研	9	あき
秋	9	あき
昭	9	あき
哲	10	あき
朗	10	あき
晟	10	あき
朗	11	あき
啓	11	あき
章	11	あき
紹	11	あき
彬	11	あき
晨	11	あき
彪	11	あき
堯	12	あき
瑛	12	あき
暁	12	あき
敬	12	あき
晶	12	あき
煌	13	あき
照	13	あき
暉	13	あき
彰	14	あき
輝	15	あき
燦	17	あき
顕	18	あき
禮	18	あき
鏡	19	あき
顯	23	あき
旭	6	あきら
亨	7	あきら
英	8	あきら
旺	8	あきら
侃	8	あきら
享	8	あきら
招	8	あきら
昊	8	あきら
威	9	あきら
昭	9	あきら
亮	9	あきら
玲	9	あきら
晃	10	あきら
祥	10	あきら
朗	10	あきら
晄	10	あきら
晟	10	あきら
祥	11	あきら
章	11	あきら
爽	11	あきら
彬	11	あきら
瑛	12	あきら
暁	12	あきら
晶	12	あきら
皓	12	あきら
煌	13	あきら
詮	13	あきら
暉	13	あきら
滉	13	あきら
彰	14	あきら
劍	15	あきら
審	15	あきら
曉	16	あきら
諦	16	あきら
憲	16	あきら
顕	18	あきら
禮	18	あきら
麒	19	あきら
鏡	19	あきら
麗	19	あきら
握	12	アク
渥	12	アク
朱	6	あけ
緋	14	あけ
曙	17	あけぼの
朱	6	あけみ
旦	5	あさ
旭	6	あさ
浅	9	あさ
麻	11	あさ
晨	11	あさ
朝	12	あさ
字	6	あざ
鮮	17	あざ
旭	6	あさひ
芦	7	あし
葦	13	あし
味	8	あじ
旦	5	あした
晨	11	あした
朝	12	あした
梓	11	あずさ
東	8	あずま
畔	10	あぜ
価	8	あたい
値	10	あたい
價	15	あたい
頭	16	あたま
辺	5	あたり
鼎	13	あたる
充	6	あつ
灼	7	あつ
灸	7	あつ
孜	7	あつ
竺	8	あつ
厚	9	あつ
淳	11	あつ
惇	11	あつ
陸	11	あつ
温	12	あつ
渥	12	あつ
敦	12	あつ
蒐	13	あつ
適	14	あつ
徳	14	あつ
德	15	あつ
醇	15	あつ
諄	15	あつ
篤	16	あつ
纂	20	あつ

海	海	雨	余	甘	天	篤	醇	復	敦	渥	惇	淳	專	専	厚	鐘
10 あま	9 あま	8 あま	7 あま	5 あま	4 あま	16 あつし	15 あつし	12 あつし	12 あつし	12 あつし	11 あつし	11 あつし	11 あつし	9 あつし	9 あつし	20 あつ
章	彩	紋	恵	郁	采	奇	苑	英	朱	礼	文	雨	天	羅	網	遍
11 あや	11 あや	10 あや	10 あや	9 あや	8 あや	8 あや	8 あや	8 あや	6 あや	5 あや	4 あや	8 あめ	4 あめ	19 あみ	14 あみ	12 あまね
有	存	在	嵐	歩	歩	肖	菖	繡	禮	綺	綾	漢	漢	斐	順	絢
6 あり	6 あり	6 あり	12 あらし	8 あゆみ	8 あゆ	7 あゆ	11 あやめ	19 あや	18 あや	14 あや	14 あや	14 あや	13 あや	12 あや	12 あや	12 あや
亥	衣	伊	以	五	井	已	い	杏	闇	庵	晏	案	按	杏	行	安
6 い	6 イ	6 イ	5 イ	4 い	4 い	3 イ		7 あんず	17 アン	11 アン	10 アン	10 アン	9 アン	7 アン	6 アン	6 アン
偉	椅	爲	猪	唯	猪	移	惟	尉	倭	畏	為	威	委	依	医	位
12 イ	12 イ	12 イ	12 い	11 イ	11 い	11 イ	11 イ	11 イ	10 イ	9 イ	9 イ	9 イ	8 イ	8 イ	7 イ	7 イ
粹	域	粋	庵	家	屋	宇	鑄	緯	謂	鋳	遺	慰	維	違	意	葦
14 いき	11 イキ	10 いき	11 いおり	10 いえ	9 いえ	6 いえ	22 い	16 イ	16 イ	15 い	15 イ	15 イ	14 イ	13 イ	13 イ	13 イ
矯	敢	勇	勳	勲	魁	功	驍	勇	武	戰	戦	軍	幾	郁	征	育
17 いさみ	12 いさみ	9 いさみ	16 いさお	15 いさお	14 いさお	5 いさお	22 いさ	9 いさ	8 いさ	16 いくさ	13 いくさ	9 いくさ	12 いく	9 イク	8 いく	8 イク
溢	壱	市	一	顚	頂	悼	活	板	磯	泉	泉	勳	勲	湧	敢	勇
13 イチ	7 イチ	5 いち	1 イチ	19 いただき	11 いただき	11 いた	9 いた	8 いた	17 いそ	9 いずみ	9 いず	16 いさむ	15 いさむ	12 いさむ	12 いさむ	9 いさむ
稲	禾	綸	弦	糸	樹	斎	齊	稜	溢	逸	斎	逸	斉	壱	一	苺
14 いね	5 いね	14 いと	8 いと	6 いと	16 いつき	11 いつき	14 いつ	13 いつ	13 イツ	12 イツ	11 いつ	11 イツ	8 いつ	7 イツ	1 イツ	8 いちご
巌	磐	岩	巖	巌	嚴	厳	磐	岩	彩	色	未	今	楚	茨	命	稲
20 いわお	15 いわお	8 いわお	23 いわ	20 いわ	20 いわ	17 いわ	15 いわ	8 いわ	11 いろ	6 いろ	5 いま	4 いま	13 いばら	9 いばら	8 いのち	15 いね

卯	右	う	韻	飲	寅	院	員	音	胤	姻	因	印	引	允	窟	巖
5 う	5 ウ		19 イン	12 イン	11 イン	10 イン	10 イン	9 イン	9 イン	9 イン	6 イン	6 イン	4 イン	4 イン	13 いわや	23 いわお
吟	渦	埋	碓	臼	潮	牛	兎	初	烏	侑	雨	佑	兎	有	羽	宇
7 うた	12 うず	10 うず	13 うす	6 うす	15 うしお	4 うし	7 うさぎ	7 うい	10 ウ	8 ウ	8 ウ	7 ウ	7 う	6 ウ	6 ウ	6 ウ
午	畝	海	海	器	器	内	謠	謡	謠	謡	歌	頌	詩	詠	唱	唄
4 うま	10 うね	10 うな	9 うな	16 うつわ	15 うつわ	4 うち	17 うたい	16 うたい	17 うた	16 うた	14 うた	13 うた	13 うた	12 うた	11 うた	10 うた
兄	永	え	雲	運	麗	漆	閏	麗	裡	浦	梅	梅	海	洋	海	馬
5 え	5 え		12 ウン	12 ウン	19 うるわ	14 うるし	12 うるう	19 うら	12 うら	10 うら	11 うめ	10 うめ	10 うみ	9 うみ	9 うみ	10 うま
恵	悦	柄	重	廻	栄	苗	枝	姉	画	依	妃	守	江	回	会	衣
10 エ	10 え	9 え	9 え	9 エ	9 え	8 え	8 え	8 え	8 え	8 エ	6 え	6 え	6 え	6 エ	6 エ	6 エ
詠	瑛	営	栄	映	英	泳	永	懐	衛	衞	慧	榮	絵	詠	惠	笑
12 エイ	12 エイ	12 エイ	9 エイ	9 エイ	8 エイ	8 エイ	5 エイ	19 エ	16 エ	16 エ	15 エ	14 え	12 エ	12 え	12 エ	10 え
謁	閲	越	悦	條	枝	条	駅	益	易	役	衛	叡	衞	鋭	影	榮
16 エツ	15 エツ	12 エツ	10 エツ	11 えだ	8 えだ	7 えだ	14 エキ	10 エキ	8 エキ	7 エキ	16 エイ	16 エイ	16 エイ	15 エイ	15 エイ	14 エイ
淵	堰	焔	宴	垣	苑	炎	沿	延	奄	宛	円	襟	衿	笑	咲	榎
12 エン	12 エン	12 エン	10 エン	9 エン	8 エン	8 エン	8 エン	8 エン	8 エン	8 エン	4 エン	18 えり	9 えり	10 えみ	9 えみ	14 えのき
臣	生	央	夫	お	艶	燕	薗	縁	緣	演	鳶	遠	園	圓	媛	援
7 お	5 お	5 お	4 お		19 エン	16 エン	16 エン	15 エン	15 エン	14 エン	14 エン	13 エン	13 エン	13 エン	12 エン	12 エン
織	緒	綸	緒	雄	渚	隆	麻	渚	朗	朗	烏	郎	郎	和	青	男
18 お	15 お	14 お	14 お	12 お	12 お	11 お	11 お	11 お	11 お	10 お	10 オ	10 お	9 お	8 オ	8 お	7 お

鴨	横	横	幌	奥	奥	黄	黄	凰	桜	皇	欧	旺	往	応	央	王
16	16	15	13	13	12	12	11	11	10	9	8	8	8	7	5	4
オウ	オウ	オウ	オウ	オウ	オウ	オウ	オウ	オウ	オウ	オウ	オウ	オウ	オウ	オウ	オウ	オウ
起	恩	氣	宙	沖	阜	岳	岡	丘	仰	巨	大	扇	鷗	櫻	襖	應
10	10	10	8	7	8	8	8	5	6	5	3	10	22	21	18	17
おき	おき	おき	おき	おき	おか	おか	おか	おか	おお	おお	おお	おうぎ	オウ	オウ	オウ	オウ
綜	脩	理	長	治	億	奥	奥	屋	翁	興	熙	業	超	植	幾	息
14	11	11	8	8	15	13	12	9	10	16	15	13	12	12	12	10
おさ	おさ	おさ	おさ	おさ	オク	おく	おく	オク	おきな	おき	おき	おき	おき	おき	おき	おき
乙	乙	雄	忍	鎮	整	督	統	脩	理	修	宰	耕	医	收	司	領
1	1	12	7	18	16	13	12	11	11	10	10	10	7	6	5	14
おと	オツ	おす	おし	おさむ	おさむ	おさむ	おさむ	おさむ	おさむ	おさむ	おさむ	おさむ	おさむ	おさむ	おさむ	おさ
織	織	折	宅	親	面	表	面	主	帯	己	響	響	韻	頌	律	音
18	18	7	6	16	9	8	9	5	10	3	22	20	19	13	9	9
おる	おり	おり	おり	おや	おもて	おもて	おも	おも	おび	おのれ	おと	おと	おと	おと	おと	おと
花	伽	禾	可	加	日	火	化	か	穏	遠	溫	御	温	恩	音	俺
7	7	5	5	5	4	4	4		16	13	13	12	12	10	9	10
カ	カ	カ	カ	カ	か	カ	カ		オン	オン	オン	おん	オン	オン	オン	おれ
菓	華	荷	家	夏	珈	哉	香	珂	架	科	迦	茄	河	果	佳	価
11	10	10	10	10	9	9	9	9	9	9	9	8	8	8	8	8
カ	カ	カ	カ	カ	カ	か	か	カ	カ	カ	カ	カ	カ	カ	カ	カ
霞	課	駕	駈	價	駆	樺	歌	寡	嘉	榎	嘩	翔	過	渦	袈	掛
17	15	15	15	15	14	14	14	14	14	14	13	12	12	12	11	11
カ	カ	カ	か	カ	か	カ	カ	カ	カ	カ	カ	か	カ	カ	カ	カ
会	介	駕	雅	賀	峨	珈	俄	芽	画	我	伽	瓦	牙	馨	蘭	穫
6	4	15	13	12	10	9	9	8	8	7	7	5	4	20	19	18
カイ	カイ	ガ	ガ	ガ	ガ	ガ	ガ	ガ	ガ	ガ	ガ	ガ	ガ	か	か	か
開	絵	械	晦	桧	海	皆	界	海	廻	悔	恢	貝	芥	改	快	回
12	12	11	11	10	10	9	9	9	9	9	9	7	7	7	7	6
カイ	カイ	カイ	カイ	カイ	カイ	カイ	カイ	カイ	カイ	カイ	カイ	かい	カイ	カイ	カイ	カイ

楓	浬	蚕	鎧	概	該	街	凱	涯	劾	亥	外	櫂	檜	魁	解	街
13 かえで	10 かいり	10 かいこ	18 ガイ	14 ガイ	13 ガイ	12 ガイ	12 ガイ	11 ガイ	8 ガイ	6 ガイ	5 ガイ	18 かい	17 カイ	14 カイ	13 カイ	12 カイ
耀	燿	煌	鑑	鏡	馨	薫	薫	郁	芳	馨	香	馨	薫	薫	貌	香
20 かがや	18 かがや	13 かがや	23 かがみ	19 かがみ	20 かおる	17 かおる	16 かおる	9 かおる	7 かおる	20 かおり	9 かおり	20 かお	17 かお	16 かお	14 かお	9 かお
確	閣	摑	較	塙	覚	郭	殻	核	客	革	拡	画	角	鍵	柿	輝
15 カク	14 カク	14 カク	13 カク	13 カク	12 カク	11 カク	11 カク	10 カク	9 カク	9 カク	8 カク	8 カク	7 カク	17 かぎ	9 かき	15 かがやき
壱	主	春	柏	鍛	舵	梶	樫	風	翔	景	樂	楽	岳	学	鶴	穫
7 かず	5 かず	9 かす	9 かしわ	17 かじ	11 かじ	11 かじ	16 かし	9 かざ	12 かける	12 かげ	15 ガク	13 ガク	8 ガク	8 ガク	21 カク	18 カク
容	姿	型	固	形	方	片	風	霞	算	数	員	胤	和	知	利	寿
10 かた	9 かた	9 かた	8 かた	7 かた	4 かた	4 かた	9 かぜ	17 かすみ	14 かず	13 かず	10 かず	9 かず	8 かず	8 かず	7 かず	7 かず
桂	括	活	担	克	甲	且	刀	賢	潟	銘	像	象	硬	堅	崇	粛
10 かつ	9 カツ	9 カツ	8 かつ	7 かつ	5 かつ	5 かつ	2 かたな	16 かた	15 かた	14 かた	14 かた	12 かた	12 かた	12 かた	11 かた	11 かた
叶	奏	金	叶	廉	門	角	圭	糧	葛	桂	克	月	褐	雄	勝	喝
5 かない	9 かな	8 かな	5 かな	13 かど	8 かど	7 かど	6 かど	18 かて	12 かつら	10 かつら	7 かつみ	4 ガツ	13 カツ	12 かつ	12 かつ	11 カツ
庚	叶	鑑	鐘	鏡	鋼	銅	銀	鉱	詠	財	兼	周	具	金	要	鼎
8 かのえ	5 かのう	23 かね	20 かね	19 かね	16 かね	14 かね	14 かね	13 かね	12 かね	10 かね	10 かね	8 かね	8 かね	8 かね	9 かなめ	13 かなえ
萱	茅	鴨	亀	雷	髪	髪	紙	神	神	鎌	窯	兜	蕪	株	樺	椛
12 かや	8 かや	16 かも	11 かめ	13 かみなり	15 かみ	14 かみ	10 かみ	10 かみ	9 かみ	18 かま	15 かま	11 かぶと	15 かぶ	10 かぶ	14 かば	11 かば
刊	干	瓦	革	河	皮	川	軽	彼	軽	騰	雁	烏	柄	殻	唐	粥
5 カン	3 カン	5 かわら	9 かわ	8 かわ	5 かわ	3 かわ	12 かろ	8 かれ	12 かる	20 かり	12 かり	10 からす	9 がら	11 から	10 から	12 かゆ

乾	菅	勘	栞	陥	莞	神	神	看	柑	冠	函	官	侃	完	甲	甘
11 カン	11 カン	11 カン	10 カン	10 カン	10 カン	10 かん	9 かん	9 カン	9 カン	9 カン	8 カン	8 カン	8 カン	7 カン	5 カン	5 カン
綸	関	管	慣	寬	漢	漢	感	幹	寛	勧	間	款	堪	喚	萱	貫
14 カン	14 カン	14 カン	14 カン	14 カン	14 カン	13 カン	13 カン	13 カン	13 カン	13 カン	12 カン	12 カン	12 カン	12 カン	12 カン	11 カン
巌	願	頑	雁	眼	岩	元	丸	鑑	艦	観	簡	韓	環	還	憾	歓
20 ガン	19 ガン	13 ガン	12 ガン	11 ガン	8 ガン	4 ガン	3 ガン	23 カン	21 カン	18 カン	18 カン	18 カン	17 カン	16 カン	16 カン	15 カン
祁	利	束	玖	汽	希	岐	妃	肌	気	机	伎	企	公	己	き	巖
8 キ	7 き	7 き	7 き	7 キ	7 キ	7 キ	6 き	6 キ	6 キ	6 キ	6 キ	6 キ	4 き	3 キ		23 ガン
埼	姫	訓	鬼	起	記	氣	城	軌	紀	祇	祈	枝	宜	季	祈	奇
11 キ	10 キ	10 き	10 キ	10 キ	10 キ	10 キ	9 き	9 キ	9 キ	9 キ	9 キ	8 き	8 き	8 キ	8 キ	8 キ
綺	箕	旗	暉	碁	貴	稀	棋	揮	幾	喜	葵	黃	崎	規	基	黄
14 キ	14 キ	14 キ	13 キ	13 キ	12 キ	12 キ	12 キ	12 キ	12 キ	12 キ	12 キ	12 き	11 キ	11 キ	11 キ	11 き
技	伎	麒	騎	藝	磯	徽	樹	機	器	熙	槻	輝	毅	嬉	器	畿
7 ギ	6 ギ	19 キ	18 キ	18 き	17 キ	17 キ	16 き	16 キ	16 キ	15 キ	15 キ	15 キ	15 キ	15 キ	15 キ	15 キ
岸	萌	萠	兆	妃	鞠	菊	掬	議	藝	擬	誼	儀	義	祇	宜	芸
8 きし	11 きざし	11 きざし	6 きざし	6 きさき	17 キク	11 キク	11 キク	20 ギ	18 ぎ	17 ギ	15 ギ	15 ギ	13 ギ	9 ギ	8 ギ	7 ぎ
江	后	公	牙	甲	杵	砧	縞	絹	砧	衣	橘	喫	桔	吉	絆	研
6 きみ	6 きみ	4 きみ	4 きば	5 きのえ	8 きね	10 きぬた	16 きぬ	13 きぬ	10 きぬ	6 きぬ	16 キツ	12 キツ	10 キツ	6 キチ	11 きずな	9 きし
糾	級	穹	玖	究	求	臼	扱	丘	弓	及	久	九	尊	皇	官	君
9 キュウ	9 キュウ	8 キュウ	7 キュウ	7 キュウ	7 キュウ	6 キュウ	6 キュウ	5 キュウ	3 キュウ	3 キュウ	3 キュウ	2 キュウ	12 きみ	9 きみ	8 きみ	7 きみ

氷	白	心	許	挙	拠	居	巨	牛	鳩	給	毬	球	救	赳	宮	笈
5 きよ	5 きよ	4 きよ	11 キョ	10 キョ	8 キョ	8 キョ	5 キョ	4 ギュウ	13 キュウ	12 キュウ	11 キュウ	11 キュウ	11 キュウ	10 キュウ	10 キュウ	10 キュウ
叫	匡	共	叶	静	澄	聖	涼	雪	清	淑	斎	淨	純	浄	汐	圭
6 キョウ	6 キョウ	6 キョウ	5 キョウ	16 きよ	15 きよ	13 きよ	11 きよ	11 きよ	11 きよ	11 きよ	11 きよ	11 きよ	10 きよ	9 きよ	6 きよ	6 きよ
蕎	喬	卿	経	郷	教	強	梗	恭	香	況	協	供	京	享	亨	杏
15 キョウ	12 キョウ	12 キョウ	11 キョウ	11 キョウ	11 キョウ	11 キョウ	11 キョウ	10 キョウ	9 キョウ	8 キョウ	8 キョウ	8 キョウ	8 キョウ	8 キョウ	7 キョウ	7 キョウ
驍	曉	暁	堯	尭	行	仰	驍	饗	響	響	競	鏡	矯	興	橋	頬
22 ギョウ	16 ギョウ	12 ギョウ	12 ギョウ	8 ギョウ	6 ギョウ	6 ギョウ	22 キョウ	22 キョウ	22 キョウ	20 キョウ	20 キョウ	19 キョウ	17 キョウ	16 キョウ	16 キョウ	16 キョウ
錐	桐	燦	煌	晄	晃	雪	潔	粛	淨	清	浄	玉	極	局	曲	旭
16 きり	10 きり	17 きら	13 きら	10 きら	10 きら	11 きよみ	15 きよし	11 きよし	11 きよし	11 きよし	9 きよし	5 ギョク	12 キョク	7 キョク	6 キョク	6 キョク
緊	勤	琴	欽	勤	菫	訓	金	欣	近	芹	均	今	際	極	究	霧
15 キン	13 キン	12 キン	12 キン	12 キン	11 キン	10 キン	8 キン	8 キン	7 キン	7 キン	7 キン	4 キン	14 きわ	12 きわ	7 きわ	19 きり
来	玖	求	功	句	勾	区	工	久	九	く	銀	吟	謹	謹	檎	錦
7 く	7 ク	7 く	5 ク	5 ク	4 く	4 ク	3 ク	3 ク	2 ク		14 ギン	7 ギン	18 キン	17 キン	17 キン	16 キン
空	虞	俱	具	駒	駈	駆	鳩	琥	徠	貢	恭	宮	倶	紅	供	來
8 クウ	13 グ	10 グ	8 グ	15 ク	15 ク	14 ク	13 ク	12 く	11 く	10 ク	10 く	10 ク	10 ク	9 ク	8 ク	8 く
藥	薬	樟	楠	楠	葛	樟	楠	鯨	草	釘	茎	隅	遇	寓	偶	宮
18 くすり	16 くすり	15 くすのき	13 くすのき	13 ぐす	12 くず	15 くす	13 くす	19 くじら	9 くさ	10 くぎ	8 くき	12 グウ	12 グウ	12 グウ	11 グウ	10 グウ
隈	阿	窪	漢	漢	國	晋	郡	国	邦	宋	一	堀	掘	沓	口	管
12 くま	8 くま	14 くぼ	14 くに	13 くに	11 くに	10 くに	10 くに	8 くに	7 くに	7 くに	1 くに	11 クツ	11 クツ	8 くつ	3 くち	14 くだ

紅 9 くれない	昏 8 くれ	呉 7 くれ	車 7 くるま	來 8 くる	来 7 くる	栗 10 くり	藏 18 くら	蔵 15 くら	倉 10 くら	曇 16 くも	雲 12 くも	綸 14 くみ	組 11 くみ	紐 10 くみ	汲 7 くみ	熊 14 くま
斗 4 け	化 4 ケ	け	群 13 グン	軍 9 グン	薰 17 クン	薫 16 クン	勳 16 クン	勲 15 クン	訓 10 クン	君 7 クン	鍬 17 くわ	桑 10 くわ	黑 12 くろ	黒 11 くろ	畔 10 くろ	玄 5 くろ
京 8 ケイ	佳 8 けい	系 7 ケイ	形 7 ケイ	圭 6 ケイ	兄 5 ケイ	解 13 ゲ	夏 10 ゲ	外 5 ゲ	稀 12 ケ	袈 11 ケ	華 10 ケ	家 10 ケ	氣 10 ケ	迦 9 け	希 7 け	気 6 ケ
敬 12 ケイ	惠 12 ケイ	揭 12 ケイ	卿 12 ケイ	蛍 11 ケイ	経 11 ケイ	渓 11 ケイ	掲 11 ケイ	啓 11 ケイ	桂 10 ケイ	恵 10 ケイ	奎 9 ケイ	勁 9 ケイ	計 9 ケイ	契 9 ケイ	茎 8 ケイ	径 8 ケイ
撃 15 ゲキ	劇 15 ゲキ	藝 18 ゲイ	詣 13 ゲイ	迎 7 ゲイ	芸 7 ゲイ	競 20 ケイ	馨 20 ケイ	警 19 ケイ	繋 19 ケイ	憩 16 ケイ	慧 15 ケイ	慶 15 ケイ	肇 14 けい	継 13 ケイ	詣 13 ケイ	景 12 ケイ
剣 10 ケン	兼 10 ケン	倹 10 ケン	倦 10 ケン	県 9 ケン	研 9 ケン	建 9 ケン	見 7 ケン	月 4 ゲツ	潔 15 ケツ	傑 13 ケツ	結 12 ケツ	訣 11 ケツ	桔 10 ケツ	頁 9 ケツ	決 7 ケツ	激 16 ゲキ
絹 13 ケン	献 13 ケン	検 12 ケン	堅 12 ケン	圏 12 ケン	間 12 ケン	萱 12 ケン	絢 12 ケン	硯 12 ケン	健 11 ケン	舷 11 ケン	牽 11 ケン	菅 11 ケン	圈 11 ケン	栞 10 けん	軒 10 ケン	拳 10 ケン
言 7 ゲン	玄 5 ゲン	幻 4 ゲン	元 4 ゲン	顯 23 ケン	繭 18 ケン	顕 18 ケン	謙 17 ケン	鍵 17 ケン	檢 17 ケン	賢 16 ケン	憲 16 ケン	險 16 ケン	縣 16 ケン	権 15 ケン	劍 15 ケン	儉 15 ケン
小 3 こ	子 3 こ	己 3 コ	こ	嚴 20 ゲン	厳 17 ゲン	権 15 げん	源 13 ゲン	硯 12 ゲン	絃 11 ゲン	現 11 ゲン	眼 11 ゲン	舷 11 ゲン	原 10 ゲン	彦 9 ゲン	限 9 ゲン	弦 8 ゲン
斯 12 こ	黃 12 こ	許 11 コ	黄 11 こ	袴 11 コ	恋 10 こ	庫 10 コ	胡 9 コ	虎 8 コ	固 8 コ	呼 8 コ	兒 8 こ	児 7 こ	乎 5 コ	古 5 コ	木 4 こ	戸 4 コ

胡	冴	吾	呉	伍	午	互	五	顧	濃	醐	糊	瑚	鼓	誇	湖	琥
9 ゴ	7 ゴ	7 ゴ	7 ゴ	6 ゴ	4 ゴ	4 ゴ	4 ゴ	21 コ	16 こ	16 コ	15 コ	13 コ	13 コ	13 コ	12 コ	12 コ
公	工	鯉	恋	護	檎	醐	語	碁	瑚	御	棋	期	梧	悟	娯	庫
4 コウ	3 コウ	18 こい	10 こい	20 ゴ	17 ゴ	16 ゴ	14 ゴ	13 ゴ	13 ゴ	12 ゴ	12 ゴ	12 ゴ	11 ゴ	10 ゴ	10 ゴ	10 ご
考	江	好	后	向	光	交	仰	匡	亙	甲	弘	広	巧	功	孔	勾
6 コウ	6 コウ	6 コウ	6 コウ	6 コウ	6 コウ	6 コウ	6 コウ	6 こう	6 コウ	5 コウ	5 コウ	5 コウ	5 コウ	5 コウ	4 コウ	4 コウ
昊	岬	肴	肯	昂	庚	幸	効	享	劫	更	攻	宏	孝	亨	亘	行
8 コウ	8 コウ	8 コウ	8 コウ	8 コウ	8 コウ	8 コウ	8 コウ	8 コウ	7 コウ	7 コウ	7 コウ	7 コウ	7 コウ	7 コウ	6 コウ	6 コウ
倖	候	狭	神	洸	虹	神	香	紅	皇	洪	恒	厚	侯	恰	恆	巷
10 コウ	10 コウ	10 コウ	10 こう	9 コウ	9 コウ	9 こう	9 コウ	9 コウ	9 コウ	9 コウ	9 コウ	9 コウ	9 コウ	9 コウ	9 コウ	9 コウ
黃	皐	康	黄	梗	凰	晄	耗	高	降	貢	航	耕	紘	浩	校	晃
12 コウ	11 コウ	11 コウ	11 コウ	11 コウ	11 コウ	10 コウ	10 コウ	10 コウ	10 コウ	10 コウ	10 コウ	10 コウ	10 コウ	10 コウ	10 コウ	10 コウ
稿	廣	綱	構	閤	膏	滉	督	鉱	幌	塙	煌	皓	項	絞	硬	港
15 コウ	15 コウ	14 コウ	14 コウ	14 コウ	14 コウ	13 コウ	13 こう	13 コウ	13 コウ	13 コウ	13 コウ	12 コウ	12 コウ	12 コウ	12 コウ	12 コウ
郷	強	剛	巷	昂	迎	劫	合	号	鴻	購	講	藁	壕	鋼	興	縞
11 ゴウ	11 ゴウ	10 ゴウ	9 ごう	8 ゴウ	7 ゴウ	7 ゴウ	6 ゴウ	5 ゴウ	17 コウ	17 コウ	17 コウ	17 コウ	17 コウ	16 コウ	16 コウ	16 コウ
極	穀	穀	黑	黒	國	国	刻	告	克	氷	声	吟	轟	壕	豪	業
12 ゴク	15 コク	14 コク	12 コク	11 コク	11 コク	8 コク	8 コク	7 コク	7 コク	5 こおり	7 こえ	7 こえ	21 ゴウ	17 ゴウ	14 ゴウ	13 ゴウ
詞	琴	異	事	采	言	櫂	標	槙	槇	梢	梶	輿	腰	越	心	苔
12 こと	12 こと	11 こと	8 こと	8 こと	7 こと	18 こずえ	15 こずえ	14 こずえ	14 こずえ	11 こずえ	11 こずえ	17 こし	13 こし	12 こし	4 こころ	8 こけ

衣	維	斯	惟	伊	曆	暦	米	駒	細	拳	此	好	壽	寿	誼	語
6 ころも	14 これ	12 これ	11 これ	6 これ	16 こよみ	14 こよみ	6 こめ	15 こま	11 こま	10 こぶし	6 この	6 この	14 ことぶき	7 ことぶき	15 こと	14 こと
叉	さ	嚴	厳	権	勤	欣	言	懇	謹	墾	献	紺	根	昆	金	今
3 サ		20 ゴン	17 ゴン	15 ゴン	12 ゴン	8 ゴン	7 ゴン	17 コン	17 コン	16 コン	13 コン	11 コン	10 コン	8 コン	8 コン	4 コン
裟	嵯	爽	皐	紗	唆	砂	茶	咲	査	些	妙	作	沙	佐	左	三
13 サ	13 サ	11 さ	11 さ	10 サ	10 サ	9 サ	9 サ	9 さ	9 サ	8 サ	7 さ	7 サ	7 サ	7 サ	5 サ	3 さ
細	斎	祭	済	彩	宰	栽	哉	斉	采	妻	再	才	坐	左	醍	瑳
11 サイ	11 サイ	11 サイ	11 サイ	11 サイ	10 サイ	10 サイ	9 サイ	8 サイ	8 サイ	8 サイ	6 サイ	3 サイ	7 ザ	5 ざ	16 さ	14 サ
栄	阪	坂	早	冴	財	材	在	際	齊	載	催	裁	最	犀	偲	菜
9 さか	7 さか	7 さか	6 さお	7 さえ	10 ザイ	7 ザイ	6 ザイ	14 サイ	14 サイ	13 サイ	13 サイ	12 サイ	12 サイ	12 サイ	11 サイ	11 サイ
開	崎	埼	閃	笑	咲	前	早	先	榊	榮	栄	境	堺	界	榮	酒
12 さき	11 さき	11 さき	10 さき	10 さき	9 さき	9 さき	6 さき	6 さき	14 さかき	14 さかえ	9 さかえ	14 さかい	12 さかい	9 さかい	14 さか	10 さか
貞	定	篠	笹	支	櫻	桜	錯	策	速	索	朔	咲	作	魁	鷺	魁
9 さだ	8 さだ	17 ささ	11 ささ	4 ささ	21 さくら	10 さくら	16 サク	12 サク	10 さく	10 サク	10 サク	9 さく	7 サク	14 さきがけ	24 さぎ	14 さき
薩	颯	察	拶	福	福	祥	祥	倖	祐	祐	幸	寧	禎	禎	偵	渉
17 サツ	14 サツ	14 サツ	9 サツ	14 さち	13 さち	11 さち	10 さち	10 さち	10 さち	9 さち	8 さち	14 さだ	14 さだ	13 さだ	11 さだ	10 さだ
叡	熙	慧	聡	禅	聖	惺	智	郷	敏	敏	哲	悟	怜	里	邑	擦
16 さと	15 さと	15 さと	14 さと	13 さと	13 さと	12 さと	12 さと	11 さと	11 さと	10 さと	10 さと	10 さと	8 さと	7 さと	7 さと	17 サツ
慧	菩	哲	悟	諭	叡	曉	慧	聡	惺	敏	敏	哲	悟	禪	諭	賢
15 さとる	11 さとる	10 さとる	10 さとる	16 さとし	16 さとし	16 さとし	15 さとし	14 さとし	12 さとし	11 さとし	10 さとし	10 さとし	10 さとし	17 さと	16 さと	16 さと

燦	算	産	蚕	桟	珊	参	山	三	沢	申	爽	清	雨	実	字	諭
17 サン	14 サン	11 サン	10 サン	10 サン	9 サン	8 サン	3 サン	3 サン	7 さわ	5 さる	11 さや	11 さや	8 さめ	8 さね	6 さね	16 さとる
伺	次	至	糸	示	四	史	司	氏	支	巳	之	子	士	し	讃	纂
7 シ	6 シ	6 シ	6 シ	5 シ	5 シ	5 シ	5 シ	4 シ	4 シ	3 シ	3 シ	3 シ	3 シ		22 サン	20 サン
紫	視	視	梓	紙	師	砥	思	姿	茨	祉	祇	祉	枝	始	孜	志
12 シ	12 シ	11 シ	11 シ	10 シ	10 シ	10 シ	9 シ	9 シ	9 シ	9 シ	9 シ	8 シ	8 シ	8 シ	7 シ	7 シ
地	而	次	至	示	士	二	識	賜	誌	慈	資	試	嗣	詩	獅	詞
6 ジ	6 ジ	6 ジ	6 ジ	5 ジ	3 ジ	2 じ	19 し	15 シ	14 シ	13 し	13 シ	13 シ	13 シ	13 シ	13 シ	12 シ
路	蒔	慈	嗣	馳	智	滋	詞	時	是	持	治	侍	兒	冶	志	弐
13 じ	13 ジ	13 ジ	13 じ	13 ジ	12 じ	12 ジ	12 じ	10 ジ	9 じ	9 ジ	8 ジ	8 ジ	8 ジ	7 じ	7 じ	6 ジ
竺	直	識	織	敷	色	式	布	爾	鹿	栞	潮	塩	汐	椎	璽	爾
8 ジク	8 ジキ	19 シキ	18 シキ	15 しき	6 シキ	6 シキ	5 しき	14 しか	11 しか	10 しおり	15 しお	13 しお	6 しお	12 しい	19 ジ	14 ジ
慈	滋	董	隆	盛	莊	荘	甚	重	為	茂	枝	苑	成	戊	軸	柚
13 しげ	12 しげ	12 しげ	11 しげ	11 しげ	10 しげ	9 しげ	9 しげ	9 しげ	9 しげ	8 しげ	8 しげ	8 しげ	6 しげ	5 しげ	12 ジク	9 ジク
鎮	靜	寧	静	惺	淨	倭	浄	獅	繁	繁	慈	滋	茂	戊	繁	繁
18 しず	16 しず	14 しず	14 しず	12 しず	11 しず	10 しず	9 しず	13 しし	17 しげる	16 しげる	13 しげる	12 しげる	8 しげる	5 しげる	17 しげ	16 しげ
品	姿	科	實	実	質	漆	執	室	質	七	滴	雫	靜	静	惺	鎮
9 しな	9 しな	9 しな	14 ジツ	8 ジツ	15 シツ	14 シツ	11 シツ	9 シツ	15 シチ	2 シチ	14 しずく	11 しずく	16 しずか	14 しずか	12 しずか	18 しず
車	社	沙	叉	霜	縞	嶋	島	洲	澁	渋	柴	芝	偲	恕	忍	篠
7 シャ	7 シャ	7 シャ	3 シャ	17 しも	16 しま	14 しま	10 しま	9 しま	15 しぶ	11 しぶ	10 しば	6 しば	11 しのぶ	10 しのぶ	7 しのぶ	17 しの

朱	守	主	着	雀	若	爵	錫	釈	赤	灼	紗	射	者	者	舎	社
6 シュ	6 シュ	5 シュ	12 ジャク	11 ジャク	8 ジャク	17 シャク	16 シャク	11 シャク	7 シャク	7 シャク	10 シャ	10 シャ	9 シャ	8 シャ	8 シャ	8 シャ
収	樹	儒	需	竪	壽	就	授	珠	受	寿	撞	趣	脩	修	珠	殊
4 シュウ	16 ジュ	16 ジュ	14 ジュ	14 ジュ	14 ジュ	12 ジュ	11 ジュ	10 じゅ	8 ジュ	7 ジュ	15 シュ	15 シュ	11 シュ	10 シュ	10 シュ	10 シュ
萩	集	就	脩	執	修	袖	祝	柊	祝	秋	洲	宗	周	秀	舟	收
12 シュウ	12 シュウ	12 シュウ	11 シュウ	11 シュウ	10 シュウ	10 シュウ	10 シュウ	9 シュウ	9 シュウ	9 シュウ	9 シュウ	8 シュウ	8 シュウ	7 シュウ	6 シュウ	6 シュウ
宿	祝	祝	澁	銃	渋	重	柔	住	充	十	鷲	蹴	繡	輯	愁	楢
11 シュク	10 シュク	9 シュク	15 ジュウ	14 ジュウ	11 ジュウ	9 ジュウ	9 ジュウ	7 ジュウ	6 ジュウ	2 ジュウ	23 シュウ	19 シュウ	19 シュウ	16 シュウ	13 シュウ	13 シュウ
瞬	駿	舜	竣	淳	隼	峻	殉	洵	春	俊	旬	術	熟	蹴	粛	淑
18 シュン	17 シュン	13 シュン	12 シュン	11 シュン	10 シュン	10 シュン	10 シュン	9 シュン	9 シュン	9 シュン	6 シュン	11 ジュツ	15 ジュク	19 シュク	11 シュク	11 シュク
潤	詢	楯	順	循	絢	閏	惇	淳	隼	純	准	殉	洵	盾	巡	旬
15 ジュン	13 ジュン	13 ジュン	12 ジュン	12 ジュン	12 じゅん	12 ジュン	11 ジュン	11 ジュン	10 ジュン	10 ジュン	10 ジュン	10 ジュン	9 ジュン	9 ジュン	6 ジュン	6 ジュン
井	上	小	敍	恕	徐	叙	序	助	渚	渚	書	杵	初	諄	醇	遵
4 ショウ	3 ショウ	3 ショウ	11 ジョ	10 ジョ	10 ジョ	9 ジョ	7 ジョ	7 ジョ	12 ショ	11 ショ	10 ショ	8 ショ	7 ショ	15 ジュン	15 ジュン	15 ジュン
昌	昇	招	承	尚	声	肖	抄	壯	壮	丞	庄	匠	生	正	召	升
8 ショウ	8 ショウ	8 ショウ	8 ショウ	8 ショウ	7 ショウ	7 ショウ	7 ショウ	7 ショウ	6 ショウ	6 ショウ	6 ショウ	6 ショウ	5 ショウ	5 ショウ	5 ショウ	4 ショウ
祥	笑	祥	将	宵	莊	涉	哨	秤	荘	相	星	政	昭	青	沼	松
11 ショウ	10 ショウ	10 ショウ	10 ショウ	10 ショウ	10 ショウ	10 ショウ	10 ショウ	10 ショウ	9 ショウ	9 ショウ	9 ショウ	9 ショウ	9 ショウ	8 ショウ	8 ショウ	8 ショウ
硝	晶	勝	湘	笙	清	訟	菖	紹	章	渉	梢	捷	唱	商	從	將
12 ショウ	12 ショウ	12 ショウ	12 ショウ	11 ショウ	11 ショウ	11 ショウ	11 ショウ	11 ショウ	11 ショウ	11 ショウ	11 ショウ	11 ショウ	11 ショウ	11 ショウ	11 ショウ	11 ショウ

彰	裳	奬	摺	蔣	頌	摂	聖	詳	照	奨	裝	翔	装	詔	証	粧
14 ショウ	14 ショウ	14 ショウ	14 ショウ	14 ショウ	13 ショウ	13 しょう	13 ショウ	13 ショウ	13 ショウ	13 ショウ	13 ショウ	12 ショウ	12 ショウ	12 ショウ	12 ショウ	12 ショウ
帖	条	成	丞	丈	上	鐘	礁	償	篠	焼	鞘	憧	賞	蕉	樟	精
8 ジョウ	7 ジョウ	6 ジョウ	6 ジョウ	3 ジョウ	3 ジョウ	20 ショウ	17 ショウ	17 ショウ	17 ショウ	16 ショウ	16 ショウ	15 ショウ	15 ショウ	15 ショウ	15 ショウ	14 ショウ
静	場	剰	盛	常	剩	尉	淨	條	紹	晟	乘	貞	浄	城	乗	定
14 ジョウ	12 ジョウ	12 ジョウ	11 ジョウ	11 ジョウ	11 ジョウ	11 じょう	11 ジョウ	11 ジョウ	11 ジョウ	10 ジョウ	10 ジョウ	9 ジョウ	9 ジョウ	9 ジョウ	9 ジョウ	8 ジョウ
色	式	佑	釀	讓	穰	疊	醸	譲	嬢	穣	櫂	濃	錠	壌	靜	鄭
6 ショク	6 ショク	7 じょう	24 ジョウ	24 ジョウ	22 ジョウ	22 ジョウ	20 ジョウ	20 ジョウ	20 ジョウ	18 ジョウ	18 ジョウ	16 ジョウ	16 ジョウ	16 ジョウ	16 ジョウ	15 ジョウ
城	白	代	験	印	銘	訓	記	白	職	織	燭	飾	殖	植	埴	拭
9 しろ	5 しろ	5 しろ	18 しるし	6 しるし	14 しる	10 しる	10 しる	5 しら	18 ショク	18 ショク	17 ショク	13 ショク	12 ショク	12 ショク	11 ショク	9 ショク
針	秦	真	晋	眞	神	津	神	侵	信	辰	身	芯	臣	伸	申	心
10 シン	10 シン	10 シン	10 シン	10 シン	10 シン	9 シン	9 シン	9 シン	9 シン	7 シン	7 シン	7 シン	7 シン	7 シン	5 シン	4 シン
人	鎮	鎭	親	薪	請	審	槙	榛	槇	新	慎	愼	晨	進	紳	深
2 ジン	18 しん	18 しん	16 シン	16 シン	15 シン	15 シン	14 しん	14 シン	14 しん	13 シン	13 シン	13 シン	11 シン	11 シン	11 シン	11 シン
守	主	す	稔	腎	尋	陣	訊	神	甚	神	臣	任	迅	尽	仁	壬
6 ス	5 ス		13 ジン	13 ジン	12 ジン	10 ジン	10 ジン	10 ジン	9 ジン	9 ジン	7 ジン	6 ジン	6 ジン	6 ジン	4 ジン	4 ジン
帥	出	水	逗	津	事	豆	図	諏	統	須	素	栖	洲	抄	沙	州
9 スイ	5 スイ	4 スイ	11 ズ	9 ず	8 ズ	7 ズ	7 ズ	15 ス	12 す	12 ス	10 ス	10 す	9 ス	7 す	7 す	6 す
瑞	随	穗	錘	錐	穂	酔	翠	粹	瑞	睡	椎	遂	彗	推	粋	珀
13 ズイ	12 ズイ	17 スイ	16 スイ	16 スイ	15 スイ	15 スイ	14 スイ	14 スイ	13 スイ	13 スイ	12 スイ	12 スイ	11 スイ	11 スイ	10 スイ	9 すい

隙	姿	廉	菅	殿	陶	梢	淑	梶	季	宋	肖	夕	雛	嵩	崇	枢
13 すき	9 すがた	13 すが	11 すが	13 すえ	11 すえ	11 すえ	11 すえ	11 すえ	8 すえ	7 すえ	7 すえ	3 すえ	18 スウ	13 スウ	11 スウ	8 スウ
延	育	佑	甫	扶	助	佐	芸	弐	丞	介	驍	勝	逸	俊	卓	杉
8 すけ	8 すけ	7 すけ	7 すけ	7 すけ	7 すけ	7 すけ	7 すけ	6 すけ	6 すけ	4 すけ	22 すぐる	12 すぐる	11 すぐる	9 すぐる	8 すぐる	7 すぎ
管	菅	讃	藝	輔	維	奬	奨	資	補	涼	紹	祐	祐	宥	相	承
14 すげ	11 すげ	22 すけ	18 すけ	14 すけ	14 すけ	14 すけ	13 すけ	13 すけ	12 すけ	11 すけ	11 すけ	10 すけ	9 すけ	9 すけ	9 すけ	8 すけ
謹	範	奬	奨	勧	皐	迪	函	呈	丞	進	漱	鈴	涼	紗	凉	筋
18 すすむ	15 すすむ	14 すすむ	13 すすむ	13 すすむ	11 すすむ	8 すすむ	8 すすむ	7 すすむ	6 すすむ	11 すすみ	14 すすぐ	13 すず	11 すず	10 すず	10 すず	12 すじ
清	粛	宿	逗	速	恭	住	角	皇	昴	素	純	侃	朴	砂	沙	硯
11 すみ	11 すみ	11 すみ	11 すみ	10 すみ	10 すみ	7 すみ	7 すみ	9 すべ	9 すばる	10 すなお	10 すなお	8 すなお	6 すなお	9 すな	7 すな	12 すずり
瀬	瀨	勢	施	世	**せ**	李	菫	純	泉	潜	澄	潔	墨	墨	棲	隅
19 せ	19 せ	13 せ	9 せ	5 せ		7 すもも	11 すみれ	10 ずみ	9 ずみ	15 すみ	15 すみ	15 すみ	15 すみ	14 すみ	12 すみ	12 すみ
盛	清	晟	星	政	斉	青	征	制	声	西	成	生	正	世	井	是
11 セイ	11 セイ	10 セイ	9 セイ	9 セイ	8 セイ	8 セイ	8 セイ	8 セイ	7 セイ	6 セイ	6 セイ	5 セイ	5 セイ	5 セイ	4 セイ	9 ぜ
夕	整	醒	靜	錆	請	静	誓	製	齊	誠	聖	勢	靖	惺	晴	犀
3 セキ	16 セイ	16 セイ	16 セイ	16 セイ	15 セイ	14 セイ	14 セイ	14 セイ	14 セイ	13 セイ	13 セイ	13 セイ	13 セイ	12 セイ	12 セイ	12 セイ
蹟	績	積	潟	碩	関	跡	堰	責	戚	隻	舎	岩	赤	汐	石	斥
18 セキ	17 セキ	16 セキ	15 セキ	14 セキ	14 せき	13 セキ	12 せき	11 セキ	11 セキ	10 セキ	8 セキ	8 せき	7 セキ	6 セキ	5 セキ	5 セキ
川	千	芹	攝	節	説	綴	節	摂	雪	設	接	刹	折	節	節	籍
3 セン	3 セン	7 せり	21 セツ	15 セツ	14 セツ	14 せつ	13 セツ	13 セツ	11 セツ	11 セツ	11 セツ	8 セツ	7 セツ	15 セチ	13 セチ	20 セキ

戦	詮	船	旋	釧	專	閃	栓	扇	染	泉	専	宣	茜	亘	先	仙
13 セン	13 セン	11 セン	11 セン	11 セン	11 セン	10 セン	10 セン	10 セン	9 セン	9 セン	9 セン	9 セン	9 セン	6 セン	6 セン	5 セン
禅	然	善	前	全	纖	蟬	鮮	繊	薦	戰	遷	選	線	潜	撰	践
13 ゼン	12 ゼン	12 ゼン	9 ゼン	6 ゼン	23 セン	18 セン	17 セン	17 セン	16 セン	16 セン	15 セン	15 セン	15 セン	15 セン	15 セン	13 セン
楚	疏	曾	組	曽	素	租	祖	祖	染	其	そ	繕	蟬	禪	膳	漸
13 ソ	12 ソ	12 ソ	11 ソ	11 ソ	10 ソ	10 ソ	10 ソ	9 ソ	9 そ	8 そ		18 ゼン	18 ゼン	17 ゼン	16 ゼン	14 ゼン
草	相	奏	宗	爭	走	宋	壯	争	早	壮	双	礎	噌	遡	想	塑
9 ソウ	9 ソウ	9 ソウ	8 ソウ	8 ソウ	7 ソウ	7 ソウ	7 ソウ	6 ソウ	6 ソウ	6 ソウ	4 ソウ	18 ソ	15 ソ	14 ソ	13 ソ	13 ソ
裝	装	惣	創	湊	曾	湘	笙	窓	曹	爽	曽	插	倉	桑	莊	荘
13 ソウ	12 ソウ	12 ソウ	12 ソウ	12 ソウ	12 ソウ	12 ソウ	11 ソウ	11 ソウ	11 ソウ	11 ソウ	11 ソウ	10 ソウ	10 ソウ	10 ソウ	10 ソウ	9 ソウ
槽	層	噌	颯	漱	遭	聡	綜	総	層	漕	僧	蔣	蒼	想	僧	滝
15 ソウ	15 ソウ	15 ソウ	14 ソウ	14 ソウ	14 ソウ	14 ソウ	14 ソウ	14 ソウ	14 ソウ	14 ソウ	14 ソウ	14 ソウ	13 ソウ	13 ソウ	13 ソウ	13 ソウ
憎	藏	增	増	像	漕	創	象	造	藻	瀧	贈	贈	叢	醤	燥	操
16 ぞう	15 ゾウ	15 ゾウ	14 ゾウ	14 ゾウ	14 ぞう	12 ぞう	12 ゾウ	10 ゾウ	19 ソウ	19 ソウ	19 ソウ	18 ソウ	18 ソウ	18 ソウ	17 ソウ	16 ソウ
率	帥	卒	帥	続	属	粟	燭	測	側	速	息	則	束	贈	贈	藏
11 ソツ	9 ソツ	8 ソツ	9 そち	13 ゾク	12 ゾク	12 ゾク	17 ソク	12 ソク	11 ソク	10 ソク	10 ソク	9 ソク	7 ソク	19 ゾウ	18 ゾウ	18 ゾウ
村	存	揃	漢	漢	穹	昊	宙	空	天	蕎	薗	園	圃	苑	外	袖
7 ソン	6 ソン	12 そろ	14 そら	13 そら	8 そら	8 そら	8 そら	8 そら	4 そら	15 そば	16 その	13 その	10 その	8 その	5 そと	10 そで
詫	球	舵	陀	汰	多	田	太	た	存	鱒	樽	噂	遜	巽	尊	孫
13 タ	11 た	11 タ	8 タ	7 タ	6 タ	5 た	4 タ		6 ゾン	23 ソン	16 ソン	15 ソン	14 ソン	12 ソン	12 ソン	10 ソン

対	体	汰	平	台	代	太	大	楕	梛	蛇	雫	舵	陀	那	田	打
7 タイ	7 タイ	7 タイ	5 たい	5 タイ	5 タイ	4 タイ	3 タイ	13 ダ	11 ダ	11 ダ	11 ダ	11 ダ	8 ダ	7 ダ	5 だ	5 ダ
態	滯	滞	碓	敦	隊	貸	替	袋	堆	梯	帶	泰	帯	待	耐	苔
14 タイ	14 タイ	13 タイ	13 タイ	12 タイ	12 タイ	12 タイ	12 タイ	11 タイ	11 タイ	11 タイ	11 タイ	10 タイ	10 タイ	9 タイ	9 タイ	8 タイ
紗	妙	布	題	蹄	諦	醍	第	台	代	内	大	乃	鯛	戴	黛	醍
10 たえ	7 たえ	5 たえ	18 ダイ	16 ダイ	16 ダイ	16 ダイ	11 ダイ	5 ダイ	5 ダイ	4 ダイ	3 ダイ	2 ダイ	19 たい	17 タイ	16 タイ	16 タイ
貴	堯	隆	猛	崇	峰	峻	高	峨	卓	昂	空	岳	孝	考	宇	天
12 たか	12 たか	11 たか	11 たか	11 たか	10 たか	10 たか	10 たか	10 たか	8 たか	8 たか	8 たか	8 たか	7 たか	6 たか	6 たか	4 たか
峰	峻	高	峨	峯	俊	尭	岳	孝	鷹	稜	嵩	資	尊	堅	敬	喬
10 たかし	10 たかし	10 たかし	10 たかし	10 たかし	9 たかし	8 たかし	8 たかし	7 たかし	24 たか	13 たか	13 たか	13 たか	12 たか	12 たか	12 たか	12 たか
宅	巧	工	薪	瀧	滝	宝	駿	矯	嵩	竣	喬	堯	崚	隆	皐	梁
6 タク	5 たく	3 たく	16 たきぎ	19 たき	13 たき	8 たから	17 たかし	17 たかし	13 たかし	12 たかし	12 たかし	12 たかし	11 たかし	11 たかし	11 たかし	11 たかし
匠	巧	工	諾	櫂	濯	擢	琢	琢	託	啄	看	拓	卓	沢	択	托
6 たくみ	5 たくみ	3 たくみ	15 ダク	18 たく	17 タク	17 タク	12 タク	11 タク	10 タク	10 タク	9 たく	8 タク	8 タク	7 タク	7 タク	6 タク
献	貴	猛	強	剛	高	勇	茸	建	武	長	岳	壯	竹	壮	丈	技
13 たけ	12 たけ	11 たけ	11 たけ	10 たけ	10 たけ	9 たけ	9 たけ	9 たけ	8 たけ	8 たけ	8 たけ	7 たけ	6 たけ	6 たけ	3 たけ	7 たくみ
忠	但	只	正	輔	猛	瀧	矯	毅	豪	健	剛	洸	建	威	驍	嵩
8 ただ	7 ただ	5 ただ	5 ただ	14 たすく	11 たける	19 たけし	17 たけし	15 たけし	14 たけし	11 たけし	10 たけし	9 たけし	9 たけし	9 たけし	22 たけ	13 たけ
匡	叡	儀	彰	維	齊	禎	禎	萱	董	理	唯	斎	規	惟	柾	直
6 ただし	16 ただ	15 ただ	14 ただ	14 ただ	14 ただ	14 ただ	13 ただ	12 ただ	12 ただ	11 ただ	11 ただ	11 ただ	11 ただ	11 ただ	9 ただ	8 ただ

糾	9	ただし
董	12	ただし
肇	14	ただし
徳	15	ただし
憲	16	ただし
整	16	ただし
達	12	たち
楯	13	たち
館	16	たち
橘	16	たちばな
立	5	たつ
辰	7	たつ
武	8	たつ
建	9	たつ
竜	10	たつ
植	12	たつ
達	12	タツ
竪	14	たつ
龍	16	たつ
巽	12	たつみ
盾	9	たて
達	12	たて
楯	13	たて
竪	14	たて
縦	16	たて
縱	17	たて
谷	7	たに
渓	11	たに
苗	8	たね
胤	9	たね
殖	12	たね
種	14	たね
束	7	たば
旅	10	たび
丸	3	たま
玉	5	たま
圭	6	たま
玖	7	たま
玲	9	たま
珀	9	たま
珠	10	たま
球	11	たま
瑛	12	たま
弾	12	たま
琳	12	たま
瑶	13	たま
碧	14	たま
彈	15	たま
霊	15	たま
環	17	たま
釧	11	たまき
環	17	たまき
民	5	たみ
扶	7	たもつ
保	9	たもつ
将	10	たもつ
妙	7	たゆ
足	7	たり
給	12	たり
枢	8	たる
稜	13	たる
丹	4	タン
旦	5	タン
但	7	タン
担	8	タン
坦	8	タン
段	9	タン
耽	10	タン
探	11	タン
淡	11	タン
單	12	タン
湛	12	タン
誕	15	タン
壇	16	タン
鍛	17	タン
簞	18	タン
団	6	ダン
男	7	ダン
段	9	ダン
弾	12	ダン
暖	13	ダン
楠	13	ダン
團	14	ダン
彈	15	ダン
談	15	ダン
壇	16	ダン
檀	17	ダン
灘	22	ダン

ち

千	3	ち
市	5	ち
地	6	チ
弛	6	チ
池	6	チ
茅	8	ち
治	8	チ
知	8	チ
値	10	チ
致	10	チ
智	12	チ
馳	13	チ
稚	13	チ
薙	16	チ
史	5	ちか
近	7	ちか
周	8	ちか
直	8	ちか
哉	9	ちか
愛	13	ちか
誓	14	ちか
親	16	ちか
力	2	ちから
税	12	ちから
竹	6	チク
竺	8	チク
筑	12	チク
築	16	チク
父	4	ちち
茶	9	チャ
仲	6	チュウ
沖	7	チュウ
宙	8	チュウ
忠	8	チュウ
抽	8	チュウ
柱	9	チュウ
衷	10	チュウ
紐	10	チュウ
晝	11	チュウ
紬	11	チュウ
註	12	チュウ
鋳	15	チュウ
鑄	22	チュウ
椿	13	チュン
緒	14	チョ
緖	15	チョ
丁	2	チョウ
庁	5	チョウ
兆	6	チョウ
帖	8	チョウ
長	8	チョウ
恰	9	チョウ
重	9	チョウ
挑	9	チョウ
帳	11	チョウ
張	11	チョウ
彫	11	チョウ
眺	11	チョウ
頂	11	チョウ
鳥	11	チョウ
喋	12	チョウ
朝	12	チョウ
超	12	チョウ
牒	13	チョウ
跳	13	チョウ
徴	14	チョウ
暢	14	チョウ
肇	14	チョウ
澄	15	チョウ
潮	15	チョウ
蝶	15	チョウ
調	15	チョウ
聴	17	チョウ
寵	19	チョウ
聽	22	チョウ
廳	25	チョウ
直	8	チョク
勅	9	チョク
砧	10	チン
朕	10	チン
塡	13	チン

柄 9 つか	束 7 つか	楚 13 つえ	通 10 ツウ	碓 13 ツイ	椎 12 ツイ	堆 11 ツイ	追 9 ツイ	鶴 21 つ	都 12 ツ	都 11 ツ	通 10 ツ	津 9 つ	**つ**	鎮 18 チン	鎭 18 チン	椿 13 チン
次 6 つぐ	司 5 つぐ	繋 19 つぎ	遵 15 つぎ	嗣 13 つぎ	継 13 つぎ	連 10 つぎ	胤 9 つぎ	承 8 つぎ	次 6 つぎ	月 4 つぎ	晋 10 つき	月 4 つき	師 10 つかさ	宰 10 つかさ	司 5 つかさ	寮 15 つか
戊 5 つちのえ	壌 16 つち	椎 12 つち	土 3 つち	蔦 14 つた	辻 6 つじ	柘 9 つげ	繋 19 つぐ	嗣 13 つぐ	継 13 つぐ	皓 12 つぐ	統 12 つぐ	詔 12 つぐ	紹 11 つぐ	胤 9 つぐ	承 8 つぐ	序 7 つぐ
獎 14 つとむ	奨 13 つとむ	勤 13 つとむ	敦 12 つとむ	勤 12 つとむ	務 11 つとむ	勉 10 つとむ	莫 10 つとむ	勉 9 つとむ	励 7 つとむ	努 7 つとむ	孜 7 つとむ	鼓 13 つづみ	堤 12 つつみ	綴 14 つづ	筒 12 つつ	包 5 つつ
翼 17 つばさ	椿 13 つばき	角 7 つの	識 19 つね	庸 11 つね	常 11 つね	経 11 つね	恒 9 つね	恆 9 つね	每 7 つね	毎 6 つね	繋 19 つな	綱 14 つな	紘 10 つな	勳 16 つとむ	勲 15 つとむ	魁 14 つとむ
丁 2 つよし	露 21 つゆ	艶 19 つや	釉 12 つや	色 6 つや	紬 11 つむぎ	績 17 つむ	錘 16 つむ	紡 10 つむ	績 17 つみ	積 16 つみ	摘 14 つみ	妻 8 つま	蕾 16 つぼみ	局 7 つぼね	坪 8 つぼ	燕 16 つばめ
汀 5 テイ	丁 2 テイ	出 5 で	手 4 て	**て**	劍 15 つるぎ	剣 10 つるぎ	鶴 21 つる	蔓 14 つる	釣 11 つる	絃 11 つる	弦 8 つる	釣 11 つり	毅 15 つよし	堅 12 つよし	強 11 つよし	剛 10 つよし
提 12 テイ	堤 12 テイ	偵 11 テイ	停 11 テイ	逞 11 テイ	逓 10 テイ	挺 10 テイ	悌 10 テイ	庭 10 テイ	帝 9 テイ	貞 9 テイ	亭 9 テイ	邸 8 テイ	定 8 テイ	廷 7 テイ	呈 7 テイ	体 7 テイ
的 8 テキ	禰 19 デイ	廳 25 テイ	蹄 16 テイ	薙 16 テイ	諦 16 テイ	醍 16 テイ	締 15 テイ	鄭 15 テイ	綴 14 テイ	滯 14 テイ	禎 14 テイ	艇 13 テイ	禎 13 テイ	滞 13 テイ	鼎 13 テイ	程 12 テイ
彩 11 てる	毘 9 てる	昭 9 てる	映 9 てる	寺 6 てら	鋼 16 てつ	撤 15 テツ	徹 15 テツ	綴 14 テツ	鉄 13 テツ	哲 10 テツ	擢 17 テキ	適 14 テキ	滴 14 テキ	摘 14 テキ	笛 11 テキ	迪 8 テキ

瑛	12	てる
揮	12	てる
晶	12	てる
晴	12	てる
陽	12	てる
照	13	てる
暉	13	てる
輝	15	てる
曜	18	てる
耀	20	てる
天	4	テン
典	8	テン
展	10	テン
塡	13	テン
槇	14	テン
槙	14	テン
顚	19	テン
纏	21	テン
田	5	デン
伝	6	デン
佃	7	デン
傳	13	デン
殿	13	デン
電	13	デン

と

十	2	と
人	2	と
士	3	と
土	3	ト
戸	4	と
斗	4	ト
図	7	ト
兎	7	ト
杜	7	ト
研	9	と
飛	9	と
砥	10	と
徒	10	ト
兜	11	ト
冨	11	と
都	11	ト
堵	12	ト
都	12	ト
渡	12	ト
登	12	ト
富	12	と
跳	13	と
頭	16	ト
土	3	ド
戸	4	ど
努	7	ド
冬	5	トウ
灯	6	トウ
豆	7	トウ
宕	8	トウ
到	8	トウ
柔	9	とう
桐	10	トウ
唐	10	トウ
桃	10	トウ
透	10	トウ
逗	11	トウ
悼	11	トウ
萄	11	トウ
祷	11	トウ
深	11	とう
陶	11	トウ
董	12	トウ
湯	12	トウ
統	12	トウ
道	12	トウ
遠	13	とう
樋	15	トウ
稲	15	トウ
撞	15	トウ
燈	16	トウ
橙	16	トウ
謄	17	トウ
瞳	17	トウ
櫂	18	トウ
闘	18	トウ
禱	19	トウ
騰	20	トウ
洞	9	ドウ
桐	10	ドウ
萄	11	ドウ
動	11	ドウ
堂	11	ドウ
童	12	ドウ
道	12	ドウ
働	13	ドウ
銅	14	ドウ
導	15	ドウ
憧	15	ドウ
撞	15	ドウ
瞳	17	ドウ
十	2	とお
途	10	とお
遠	13	とお
遼	15	とお
亘	6	とおる
亨	7	とおる
享	8	とおる
亮	9	とおる
透	10	とおる
貫	11	とおる
澄	15	とおる
徹	15	とおる
旬	6	とき
季	8	とき
刻	8	とき
時	10	とき
伽	7	とぎ
特	10	トク
督	13	トク
徳	14	トク
徳	15	トク
篤	16	トク
独	9	ドク
寿	7	とし
臣	7	とし
利	7	とし
季	8	とし
俊	9	とし
峻	10	とし
敏	10	とし
敏	11	とし
淑	11	とし
智	12	とし
舜	13	とし
駿	17	とし
験	18	とし
驚	22	とし
歳	13	とせ
栃	9	とち
轟	21	とどろき
吉	6	とみ
冨	11	とみ
富	12	とみ
福	13	とみ
福	14	とみ
巴	4	とも
友	4	とも
共	6	とも
灯	6	とも
供	8	とも
具	8	とも
奉	8	とも
朋	8	とも
和	8	とも
倶	10	とも
智	12	とも
朝	12	とも
巴	4	ともえ
晨	11	とよ
豊	13	とよ
虎	8	とら
寅	11	とら
彪	11	とら
酉	7	とり
鳥	11	とり
惇	11	トン
敦	12	トン

な

凪	6	な
名	6	な
那	7	ナ
茄	8	な
奈	8	ナ
波	8	な

直	尚	若	而	苗	禰	祢	内	乃	薙	銘	梛	捺	菜	雫	納	南
8 なお	8 なお	8 なお	6 なお	8 なえ	19 ナイ	9 ナイ	4 ナイ	2 ナイ	16 な	14 な	11 ナ	11 ナ	11 な	11 ナ	10 ナ	9 ナ
梨	渚	汀	梛	渚	凪	鳴	暢	長	永	大	齢	掌	仲	央	中	心
11 なし	11 なぎさ	5 なぎさ	11 なぎ	11 なぎ	6 なぎ	14 なき	14 なが	8 なが	5 なが	3 なが	17 なか	12 なか	6 なか	5 なか	4 なか	4 なか
就	爲	為	哉	成	也	楢	漣	浪	波	双	七	捺	夏	灘	宥	茄
12 なり	12 なり	9 なり	9 なり	6 なり	3 なり	13 なら	14 なみ	10 なみ	8 なみ	4 なみ	2 なな	11 ナツ	10 なつ	22 なだ	9 なだ	8 なす
爾	荷	児	弐	丹	仁	二	に	楠	納	南	縄	苗	親	鳴	業	然
14 ニ	10 に	7 ニ	6 ニ	4 に	4 ニ	2 ニ		13 ナン	10 ナン	9 ナン	15 なわ	8 なわ	16 なる	14 なる	13 なり	12 なり
繡	縫	抽	ぬ	認	忍	任	壬	人	庭	柔	入	螺	日	錦	虹	西
19 ぬい	16 ぬい	8 ぬ		14 ニン	7 ニン	6 ニン	4 ニン	2 ニン	10 にわ	9 ニュウ	2 ニュウ	17 にな	4 ニチ	16 にしき	9 にじ	6 にし
稔	然	捻	念	熱	寧	稻	稲	根	祢	音	子	ね	布	主	貫	額
13 ネン	12 ネン	11 ネン	8 ネン	15 ネツ	14 ネイ	15 ね	14 ね	10 ね	9 ネ	9 ね	3 ね		5 ぬの	5 ぬし	11 ぬき	18 ぬか
温	和	望	希	軒	宇	濃	農	能	納	暢	野	埜	之	乃	の	燃
12 のどか	8 のどか	11 のぞみ	7 のぞみ	10 のき	6 のき	16 ノウ	13 ノウ	10 ノウ	10 ノウ	14 の	11 の	11 の	3 の	2 の		16 ネン
紀	法	典	忠	登	昇	昂	暢	喜	展	宣	信	恒	宜	延	伸	溫
9 のり	8 のり	8 のり	8 のり	12 のぼる	8 のぼる	8 のぼる	14 のぶ	12 のぶ	10 のぶ	9 のぶ	9 のぶ	9 のぶ	8 のぶ	8 のぶ	7 のぶ	13 のどか
羽	巴	刃	は	識	頼	憲	論	範	徳	詔	詞	教	規	倫	則	祝
6 は	4 ハ	3 は		19 のり	16 のり	16 のり	15 のり	15 のり	14 のり	12 のり	12 のり	11 のり	11 のり	10 のり	9 のり	9 のり
場	馬	庭	波	芭	覇	馳	塡	葉	晴	琶	派	波	杷	果	芭	把
12 ば	10 バ	10 ば	8 ば	7 バ	19 ハ	13 は	13 は	12 は	12 は	12 ハ	9 ハ	8 ハ	8 ハ	8 は	7 ハ	7 ハ

秤	袴	鋼	陪	培	菩	梅	倍	唄	梅	苺	輩	菩	配	俳	唄	拝
10	11	16	11	11	11	11	10	10	10	8	15	11	10	10	10	8
はかり	はかま	はがね	バイ	バイ	バイ	バイ	バイ	バイ	バイ	バイ	ハイ	ハイ	ハイ	ハイ	ハイ	ハイ

博	莫	麦	簿	箔	博	舶	珀	柏	迫	泊	拍	伯	白	萩	議	斗
12	10	7	19	14	12	11	9	9	8	8	8	7	5	12	20	4
バク	バク	バク	ハク	ハク	ハク	ハク	ハク	ハク	ハク	ハク	ハク	ハク	ハク	はぎ	はかる	はかる

肇	源	創	基	朔	孟	始	初	元	一	橋	端	箱	函	貌	幕	漠
14	13	12	11	10	8	8	7	4	1	16	14	15	8	14	13	13
はじめ	はじめ	はじめ	はじめ	はじめ	はじめ	はじめ	はじめ	はじめ	はじめ	はし	はし	はこ	はこ	バク	バク	バク

鳩	肇	発	初	鉢	蜂	八	機	幡	綺	旗	秦	畠	畑	蓮	蓉	芙
13	14	9	7	13	13	2	16	15	14	14	10	10	9	13	13	7
はと	はつ	ハツ	はつ	ハチ	はち	ハチ	はた	はた	はた	はた	はた	はた	はた	はす	はす	はす

敏	隼	速	快	早	瀕	浜	幅	母	羽	埴	赤	塙	話	華	芳	花
10	10	10	7	6	19	10	12	5	6	11	7	13	13	10	7	7
はや	はや	はや	はや	はや	はま	はま	はば	はは	はね	はに	はに	はなわ	はなし	はな	はな	はな

栄	知	治	冶	花	玄	梁	針	原	隼	隼	林	駿	駿	馳	捷	敏
9	8	8	7	7	5	11	10	10	10	10	8	17	17	13	11	11
はる	はる	はる	はる	はる	はる	はり	はり	はら	はやぶさ	はやと	はやし	はやお	はや	はや	はや	はや

遼	遙	遥	悠	櫻	榛	遙	榮	暖	溫	遥	晴	温	絢	晏	桜	春
15	14	12	11	21	14	14	14	13	13	12	12	12	12	10	10	9
はるか	はるか	はるか	はるか	はる	はる	はる	はる	はる	はる	はる	はる	はる	はる	はる	はる	はる

藩	繁	繁	範	蕃	幡	磐	搬	絆	般	畔	班	伴	阪	坂	帆	半
18	17	16	15	15	15	15	13	11	10	10	10	7	7	7	6	5
ハン	ハン	ハン	ハン	ハン	ハン	ハン	ハン	ハン	ハン	ハン	ハン	ハン	ハン	ハン	ハン	ハン

妃	灯	日	火	干	ひ	盤	蕃	磐	蔓	番	萬	晩	挽	伴	判	万
6	6	4	4	3		15	15	15	14	12	12	11	10	7	7	3
ヒ	ひ	ひ	ひ	ひ		バン	バン	バン	バン	バン	バン	バン	バン	バン	バン	バン

眉	毘	弥	枇	尾	燈	彈	樋	緋	陽	琵	桧	毘	飛	枇	披	昆
9	9	8	8	7	16	15	15	14	12	12	10	9	9	8	8	8
ビ	ビ	ビ	ビ	ビ	ひ	ひ	ひ	ヒ	ひ	ヒ	ひ	ヒ	ヒ	ヒ	ヒ	ひ

皓	晄	閃	晃	光	玄	暉	光	東	熙	柊	秀	彌	備	琵	梶	美
12 ひかる	10 ひかる	10 ひかる	10 ひかる	6 ひかる	5 ひかる	13 ひかり	6 ひかり	8 ひがし	15 ひか	9 ひいらぎ	7 ひい	17 ビ	12 ビ	12 ビ	11 ビ	9 ビ
桐	恒	胡	弥	長	尚	寿	玖	史	央	永	久	彦	率	牽	帥	輝
10 ひさ	9 ひさ	9 ひさ	8 ひさ	8 ひさ	8 ひさ	7 ひさ	7 ひさ	5 ひさ	5 ひさ	5 ひさ	3 ひさ	9 ひこ	11 ひき	11 ひき	9 ひき	15 ひかる
英	秀	未	禾	筆	畢	拂	疋	聖	菱	悠	恒	恆	久	彌	壽	悠
8 ひで	7 ひで	5 ひで	5 ひで	12 ヒツ	11 ヒツ	8 ヒツ	5 ヒツ	13 ひじり	11 ひし	11 ひさし	9 ひさし	9 ひさし	3 ひさし	17 ひさ	14 ひさ	11 ひさ
洵	均	仁	儒	齊	等	單	独	斉	均	人	一	傑	彬	毘	征	昆
9 ひとし	7 ひとし	4 ひとし	16 ひと	14 ひと	12 ひと	12 ひと	9 ひと	8 ひと	7 ひと	2 ひと	1 ひと	13 ひで	11 ひで	9 ひで	8 ひで	8 ひで
兵	白	百	紐	媛	姫	妃	女	響	檜	桧	雛	瞳	眸	衡	準	欽
7 ヒョウ	5 ビャク	6 ヒャク	10 ひも	12 ひめ	10 ひめ	6 ひめ	3 ひめ	20 ひび	17 ひのき	10 ひのき	18 ひな	17 ひとみ	11 ひとみ	16 ひとし	13 ひとし	12 ひとし
開	通	拳	砥	迪	坦	平	苗	瓢	標	評	票	彪	俵	豹	表	拍
12 ひら	10 ひら	10 ひら	10 ひら	8 ひら	8 ひら	5 ひら	8 ビョウ	17 ヒョウ	15 ヒョウ	12 ヒョウ	11 ヒョウ	11 ヒョウ	10 ヒョウ	10 ヒョウ	8 ヒョウ	8 ヒョウ
泰	紘	浩	祐	洸	洋	祐	宥	恢	昊	竺	宏	弘	広	央	太	衡
10 ひろ	10 ひろ	10 ひろ	10 ひろ	9 ひろ	9 ひろ	9 ひろ	9 ひろ	9 ひろ	8 ひろ	8 ひろ	7 ひろ	5 ひろ	5 ひろ	5 ひろ	4 ひろ	16 ひら
昊	宙	拓	宏	弘	広	熙	廣	嘉	寛	滉	寛	皓	裕	博	尋	啓
8 ひろし	8 ひろし	8 ひろし	7 ひろし	5 ひろし	5 ひろし	15 ひろ	15 ひろ	14 ひろ	14 ひろ	13 ひろ	13 ひろ	12 ひろ	12 ひろ	12 ひろ	12 ひろ	11 ひろ
父	夫	二	ふ	敏	敏	賓	品	滉	寛	裕	博	尋	啓	浩	洸	洋
4 フ	4 フ	2 ふ		11 ビン	10 ビン	15 ヒン	9 ヒン	13 ひろし	13 ひろし	12 ひろし	12 ひろし	12 ひろし	11 ひろし	10 ひろし	9 ひろし	9 ひろし
譜	賦	輔	蒲	普	富	符	冨	浮	風	歩	阜	府	甫	芙	扶	布
19 フ	15 フ	14 フ	13 フ	12 フ	12 フ	11 フ	11 フ	10 フ	9 フ	8 フ	8 フ	8 フ	7 フ	7 フ	7 フ	5 フ

淵	深	笛	楓	富	冨	風	封	夫	舞	蕪	葡	奉	歩	武	歩	分
12 ふか	11 ふか	11 ふえ	13 フウ	12 フウ	11 フウ	9 フウ	9 フウ	4 フウ	15 ブ	15 ブ	12 ブ	8 ブ	8 ブ	8 ブ	7 ブ	4 ブ
両	双	二	藤	総	房	弦	英	芳	複	福	福	復	副	服	蕗	吹
6 ふた	4 ふた	2 ふた	18 ふじ	14 ふさ	8 ふさ	8 ふさ	8 ふさ	7 ふさ	14 フク	14 フク	13 フク	12 フク	11 フク	8 フク	16 ふき	7 ふき
記	奎	美	郁	史	文	船	航	舟	船	舟	太	太	筆	物	佛	仏
10 ふみ	9 ふみ	9 ふみ	9 ふみ	5 ふみ	4 ふみ	11 ふね	10 ふね	6 ふね	11 ふな	6 ふな	4 ふとし	4 ふと	12 ふで	8 ブツ	7 ブツ	4 ブツ
へ	聞	文	奮	噴	雰	焚	粉	分	揮	那	冬	麓	履	詞	章	書
	14 ブン	4 ブン	16 フン	15 フン	12 フン	12 フン	10 フン	4 フン	12 ふる	7 ふゆ	5 ふゆ	19 ふもと	15 ふみ	12 ふみ	11 ふみ	10 ふみ
壁	碧	兵	米	皿	幣	蔽	弊	餅	陛	柄	並	坪	兵	平	部	辺
16 ヘキ	14 ヘキ	7 ぺい	6 ベイ	5 ベイ	15 ヘイ	15 ヘイ	15 ヘイ	15 ヘイ	10 ヘイ	9 ヘイ	8 ヘイ	8 ヘイ	7 ヘイ	5 ヘイ	11 べ	5 べ
保	歩	甫	扶	歩	帆	ほ	勉	便	勉	弁	編	篇	辺	片	蛇	紅
9 ホ	8 ホ	7 ホ	7 ホ	7 ホ	6 ほ		10 ベン	9 ベン	9 ベン	5 ベン	15 ヘン	15 ヘン	5 ヘン	4 ヘン	11 へび	9 べに
方	簿	模	暮	慕	募	菩	莫	牡	戊	穂	穂	輔	蒲	葡	圃	浦
4 ホウ	19 ボ	14 ボ	14 ボ	14 ボ	12 ボ	11 ボ	10 ボ	7 ボ	5 ボ	17 ほ	15 ほ	14 ホ	13 ホ	12 ホ	10 ホ	10 ホ
捧	萠	逢	砲	峰	俸	峯	泡	法	朋	放	抱	宝	奉	邦	芳	包
11 ホウ	11 ホウ	11 ホウ	10 ホウ	10 ホウ	10 ホウ	10 ホウ	8 ホウ	8 ホウ	8 ホウ	8 ホウ	8 ホウ	8 ホウ	8 ホウ	7 ホウ	7 ホウ	5 ホウ
剖	昴	冒	苺	房	坊	牟	戊	鵬	縫	鋒	褒	鳳	蓬	豊	棚	萌
10 ボウ	9 ボウ	9 ボウ	8 ボウ	8 ボウ	7 ボウ	6 ボウ	5 ボウ	19 ホウ	16 ホウ	15 ホウ	15 ホウ	14 ホウ	14 ホウ	13 ホウ	12 ホウ	11 ホウ
細	星	斗	墨	墨	睦	牧	朴	目	木	卜	北	貌	貿	帽	望	紡
11 ほそ	9 ほし	4 ほし	15 ボク	14 ボク	13 ボク	8 ボク	6 ボク	5 ボク	4 ボク	2 ボク	5 ホク	14 ボウ	12 ボウ	12 ボウ	11 ボウ	10 ボウ

間	萬	麻	馬	真	眞	茉	万	ま	盆	本	頬	焔	炎	佛	仏	蛍
12	12	11	10	10	10	8	3		9	5	16	12	8	7	4	11
ま	ま	マ	ま	ま	ま	マ	ま		ボン	ホン	ほほ	ほのお	ほのお	ほとけ	ほとけ	ほたる

巻	牧	巻	前	舞	詣	埋	昧	苺	参	毎	毎	米	魔	磨	摩	舞
9	8	8	9	15	13	10	9	8	8	7	6	6	21	16	15	15
まき	まき	まき	まえ	まい	まい	マイ	マイ	マイ	まい	マイ	マイ	マイ	マ	マ	マ	ま

誠	慎	愼	惇	真	眞	洵	亮	信	允	膜	幕	纏	薪	槙	槇	蒔
13	13	13	11	10	10	9	9	9	4	14	13	21	16	14	14	13
まこと	まこと	まこと	まこと	まこと	まこと	まこと	まこと	まこと	まこと	マク	マク	まき	まき	まき	まき	まき

晶	萱	將	晟	将	柾	政	昌	若	壯	壮	匡	正	大	諄	諒	詢
12	12	11	10	10	9	9	8	8	7	6	6	5	3	15	15	13
まさ	まさ	まさ	まさ	まさ	まさ	まさ	まさ	まさ	まさ	まさ	まさ	まさ	まさ	まこと	まこと	まこと

真	益	眞	斗	升	益	優	雅	克	政	昌	匡	正	優	賢	雅	雄
10	10	10	4	4	10	17	13	7	9	8	6	5	17	16	13	12
ます	ます	ます	ます	ます	まし	まさる	まさる	まさる	まさし	まさし	まさし	まさし	まさ	まさ	まさ	まさ

末	街	待	町	市	俣	叉	又	增	増	満	殖	剰	陪	培	剰	倍
5	12	9	7	5	9	3	2	15	14	12	12	12	11	11	11	10
マツ	まち	まち	まち	まち	また	また	また	ます	ます	ます	ます	ます	ます	ます	ます	ます

愛	眼	真	眞	團	圓	団	円	窓	的	祭	寮	待	茉	沫	抹	松
13	11	10	10	14	13	6	4	11	8	11	15	9	8	8	8	8
まな	まな	まな	まな	まどか	まどか	まどか	まどか	まど	まと	まつり	まつ	まつ	マツ	マツ	マツ	まつ

圓	円	丸	鞠	毬	檀	黛	繭	眉	護	衛	衞	葵	守	豆	学	眼
13	4	3	17	11	17	16	18	9	20	16	16	12	6	7	8	11
まる	まる	まる	まり	まり	まゆみ	まゆずみ	まゆ	まゆ	まもる	まもる	まもる	まもる	まもる	まめ	まなぶ	まなこ

巳	子	三	己	み	蔓	漫	慢	満	萬	万	麿	鮮	賓	稀	希	團
3	3	3	3		14	14	14	12	12	3	18	17	15	12	7	14
み	み	み	み		マン	マン	マン	マン	マン	マン	まろ	まれ	まれ	まれ	まれ	まる

珠	海	美	泉	皆	海	弥	味	実	妙	身	見	后	未	示	史	心
10	10	9	9	9	9	8	8	8	7	7	7	6	5	5	5	4
み	み	ミ	み	み	み	ミ	ミ	み	み	み	み	み	ミ	み	み	み

深	11	み
望	11	み
視	12	み
穂	15	み
魅	15	ミ
彌	17	ミ
穗	17	み
観	18	み
覽	22	み
鑑	23	み
澪	16	みお
帝	9	みかど
基	11	みき
幹	13	みき
樹	16	みき
右	5	みぎ
汀	5	みぎわ
操	16	みさ
貞	9	みさお
操	16	みさお
岬	8	みさき
水	4	みず
瑞	13	みず
由	5	みち
充	6	みち
岐	7	みち
径	8	みち
宙	8	みち
典	8	みち
迪	8	みち
通	10	みち
倫	10	みち
條	11	みち
進	11	みち
理	11	みち
道	12	みち
遥	12	みち
路	13	みち
賓	14	みち
遙	14	みち
導	15	みち
三	3	みつ
光	6	みつ
充	6	みつ
実	8	みつ
晃	10	みつ
貢	10	みつ
閃	10	みつ
晄	10	みつ
満	12	みつ
溢	13	みつ
塡	13	みつ
寛	14	みつ
蜜	14	ミツ
實	14	みつ
廣	15	みつ
鞠	17	みつ
十	2	みつる
充	6	みつる
満	12	みつる
爾	14	みつる
綠	14	みどり
翠	14	みどり
碧	14	みどり
緑	14	みどり
尽	6	みな
皆	9	みな
南	9	みな
畢	11	みな
湊	12	みなと
港	12	みなと
南	9	みなみ
峯	10	みね
峻	10	みね
峰	10	みね
嶺	17	みね
蓑	13	みの
季	8	みのる
実	8	みのる
秋	9	みのる
豊	13	みのる
稔	13	みのる
實	14	みのる
穫	18	みのる
穣	18	みのる
穰	22	みのる
耳	6	みみ
宮	10	みや
都	11	みや
都	12	みや
京	8	みやこ
洛	9	みやこ
都	11	みやこ
都	12	みやこ
畿	15	みやこ
雅	13	みやび
幸	8	みゆき
名	6	ミョウ
妙	7	ミョウ
命	8	ミョウ
明	8	ミョウ
民	5	ミン
む		
六	4	む
矛	5	ム
牟	6	ム
武	8	ム
務	11	ム
陸	11	む
畝	11	ム
睦	13	む
夢	13	ム
霧	19	ム
麦	7	むぎ
椋	12	むく
虫	6	むし
六	4	むつ
陸	11	むつ
睦	13	むつ
輯	16	むつ
睦	13	むつみ
宗	8	むね
梁	11	むね
崇	11	むね
統	12	むね
邑	7	むら
紫	12	むらさき
室	9	むろ
め		
目	5	め
米	6	め
芽	8	め
萠	11	め
萌	11	め
名	6	メイ
芽	8	めい
命	8	メイ
明	8	メイ
盟	13	メイ
銘	14	メイ
巡	6	めぐ
廻	9	めぐ
恵	10	めぐ
惠	12	めぐ
恩	10	めぐみ
恵	10	めぐみ
萠	11	めぐみ
萌	11	めぐみ
惠	12	めぐみ
面	9	メン
綿	14	メン
も		
母	5	モ
百	6	も
茂	8	モ
藻	19	も
毛	4	モウ
孟	8	モウ
望	11	モウ
猛	11	モウ
詣	13	もう
蒙	13	モウ
網	14	モウ
萠	11	もえ
萌	11	もえ
木	4	モク
目	5	モク
持	9	もち
荷	10	もち
餅	15	もち

源	幹	雅	許	規	基	素	索	原	宗	始	志	民	本	元	物	繕
13 もと	13 もと	13 もと	11 もと	11 もと	11 もと	10 もと	10 もと	10 もと	8 もと	8 もと	7 もと	5 もと	5 もと	4 もと	8 モツ	18 もち
専	師	専	護	森	盛	杜	托	守	桃	李	百	椛	穀	籾	物	者
11 もろ	10 もろ	9 もろ	20 もり	12 もり	11 もり	7 もり	6 もり	6 もり	10 もも	7 もも	6 もも	11 もみじ	14 もみ	9 もみ	8 もの	8 もの
埜	耶	哉	夜	弥	冶	矢	乎	也	八	や	聞	紋	門	文	諸	諸
11 ヤ	9 ヤ	9 や	8 ヤ	8 や	7 ヤ	5 や	5 や	3 ヤ	2 や		14 モン	10 モン	8 モン	4 モン	16 もろ	15 もろ
奉	宜	快	安	椰	躍	藥	薬	益	約	役	燒	焼	刃	彌	椰	野
8 やす	8 やす	7 やす	6 やす	13 やし	21 ヤク	18 ヤク	16 ヤク	10 ヤク	9 ヤク	7 ヤク	16 やき	12 やき	3 やいば	17 や	13 ヤ	11 ヤ
悌	欣	安	懐	鎮	鎭	彌	慶	綏	徳	靖	裕	庸	康	泰	修	保
10 やすし	8 やすし	6 やすし	19 やす	18 やす	18 やす	17 やす	15 やす	15 やす	14 やす	13 やす	12 やす	11 やす	11 やす	10 やす	10 やす	9 やす
癒	輸	諭	遊	愉	湯	結	柚	由	友	弓	ゆ	槍	倭	山	梁	靖
18 ユ	16 ユ	16 ユ	12 ユ	12 ユ	12 ゆ	12 ゆ	9 ゆ	5 ユ	4 ゆ	3 ゆ		14 やり	10 やまと	3 やま	11 やな	13 やすし
悠	祐	祐	柚	宥	勇	郁	侑	邑	佑	有	由	友	夕	結	唯	由
11 ユウ	10 ユウ	9 ユウ	9 ユウ	9 ユウ	9 ユウ	9 ゆう	8 ユウ	7 ユウ	7 ユウ	6 ユウ	5 ユウ	4 ユウ	3 ゆう	12 ゆい	11 ユイ	5 ユイ
幸	往	行	弘	之	緣	縁	優	憂	楢	雄	遊	裕	猶	湧	結	釉
8 ゆき	8 ゆき	6 ゆき	5 ゆき	3 ゆき	15 ゆか	15 ゆか	17 ユウ	15 ユウ	13 ユウ	12 ユウ	12 ユウ	12 ユウ	12 ユウ	12 ユウ	12 ゆう	12 ユウ
与	よ	夢	弓	穰	穣	碩	豊	裕	富	讓	譲	柚	弓	雪	倖	征
3 ヨ		13 ゆめ	3 ゆみ	22 ゆたか	18 ゆたか	14 ゆたか	13 ゆたか	12 ゆたか	12 ゆたか	24 ゆずる	20 ゆずる	9 ゆず	3 ゆげ	11 ゆき	10 ゆき	8 ゆき
揺	揚	湧	庸	容	洋	輿	預	誉	與	宵	依	余	代	世	四	予
12 ヨウ	12 ヨウ	12 ヨウ	11 ヨウ	10 ヨウ	9 ヨウ	17 ヨ	13 ヨ	13 ヨ	13 ヨ	10 よ	8 よ	7 ヨ	5 よ	5 よ	5 よ	4 ヨ

抑	鷹	耀	曜	燿	謠	謡	踊	遙	瑶	蓉	楊	傭	搖	陽	遥	葉
7 ヨク	24 ヨウ	20 ヨウ	18 ヨウ	18 ヨウ	17 ヨウ	16 ヨウ	14 ヨウ	14 ヨウ	13 ヨウ	13 ヨウ	13 ヨウ	13 ヨウ	13 ヨウ	12 ヨウ	12 ヨウ	12 ヨウ
宣	視	叔	欣	宜	佳	芳	芹	好	吉	伊	由	巧	允	翼	翌	浴
9 よし	9 よし	8 よし	8 よし	8 よし	8 よし	7 よし	7 よし	6 よし	6 よし	6 よし	5 よし	5 よし	4 よし	17 ヨク	11 ヨク	10 ヨク
葦	愼	溫	欽	喜	善	淳	淑	菜	康	逞	祥	泰	祥	祐	悦	美
13 よし	13 よし	13 よし	12 よし	12 よし	12 よし	11 よし	11 よし	11 よし	11 よし	11 よし	11 よし	10 よし	10 よし	10 よし	10 よし	9 よし
編	慶	誼	儀	嬉	儉	德	徳	嘉	禎	寬	禎	慎	舜	義	幹	寛
15 よし	15 よし	15 よし	15 よし	15 よし	15 よし	15 よし	14 よし	14 よし	14 よし	14 よし	13 よし	13 よし	13 よし	13 よし	13 よし	13 よし
選	遵	緣	縁	楼	猶	寄	移	依	蓬	読	淀	誼	濯	燦	徽	歓
15 より	15 より	15 より	15 より	13 より	12 より	11 より	11 より	8 より	14 よもぎ	14 よみ	11 よど	15 よしみ	17 よし	17 よし	17 よし	15 よし
来	礼	羅	螺	良	ら	四	萬	万	鎧	籍	繕	蹟	職	賴	頼	輯
7 ライ	5 ライ	19 ラ	17 ラ	7 ら		5 よん	12 よろず	3 よろず	18 よろい	20 より	18 より	18 より	18 より	16 より	16 より	16 より
卵	樂	酪	楽	落	絡	洛	瀨	瀬	禮	賴	頼	蕾	雷	徠	萊	來
7 ラン	15 ラク	13 ラク	13 ラク	12 ラク	12 ラク	9 ラク	19 ライ	19 ライ	18 ライ	16 ライ	16 ライ	16 ライ	13 ライ	11 ライ	11 ライ	8 ライ
理	梨	莉	哩	浬	俐	里	李	吏	り	覽	欄	欄	蘭	藍	濫	覧
11 リ	11 リ	10 リ	10 リ	10 リ	9 リ	7 リ	7 リ	6 リ		22 ラン	21 ラン	20 ラン	19 ラン	18 ラン	18 ラン	17 ラン
竜	留	流	柳	立	率	栗	律	立	律	睦	陸	六	力	鯉	璃	裡
10 リュウ	10 リュウ	10 リュウ	9 リュウ	5 リュウ	11 リツ	10 リツ	9 リツ	5 リツ	9 リチ	13 りく	11 リク	4 リク	2 リキ	18 リ	15 リ	12 リ
玲	亮	良	両	了	慮	旅	侶	呂	龍	劉	瑠	溜	隆	粒	琉	笠
9 リョウ	9 リョウ	7 リョウ	6 リョウ	2 リョウ	15 リョ	10 リョ	9 リョ	7 リョ	16 リュウ	15 リュウ	14 リュウ	13 リュウ	11 リュウ	11 リュウ	11 リュウ	11 リュウ

諒	寮	領	僚	綾	稜	量	椋	羚	崚	涼	菱	梁	料	凌	竜	凉
15 リョウ	15 リョウ	14 リョウ	14 リョウ	14 リョウ	13 リョウ	12 リョウ	12 リョウ	11 リョウ	11 リョウ	11 リョウ	11 リョウ	11 リョウ	10 リョウ	10 リョウ	10 リョウ	10 リョウ
鈴	琳	梨	倫	厘	林	綠	緑	力	糧	嶺	瞭	療	燎	澪	龍	遼
13 リン	12 リン	11 りん	10 リン	9 リン	8 リン	14 リョク	14 リョク	2 リョク	18 リョウ	17 リョウ	17 リョウ	17 リョウ	16 リョウ	16 リョウ	16 リョウ	15 リョウ
塁	累	瑠	溜	琉	留	流	る	麟	鱗	臨	隣	凜	輪	凛	綸	稟
12 ルイ	11 ルイ	14 ル	13 ル	11 ル	10 ル	10 ル		24 リン	24 リン	18 リン	16 リン	15 リン	15 リン	15 リン	14 リン	13 リン
澪	黎	零	鈴	羚	玲	怜	例	励	冷	伶	礼	令	麗	玲	れ	壘
16 レイ	15 レイ	13 レイ	13 レイ	11 レイ	9 レイ	8 レイ	8 レイ	7 レイ	7 レイ	7 レイ	5 レイ	5 レイ	19 れ	9 れ		18 ルイ
漣	蓮	廉	煉	連	恋	怜	裂	烈	列	歷	曆	歴	暦	麗	禮	嶺
14 レン	13 レン	13 レン	13 レン	10 レン	10 レン	8 レン	12 レツ	10 レツ	6 レツ	16 レキ	16 レキ	14 レキ	14 レキ	19 レイ	18 レイ	17 レイ
労	鷺	露	櫓	蕗	魯	路	侶	呂	芦	ろ	簾	鎌	鍊	錬	練	練
7 ロウ	24 ロ	21 ロ	19 ロ	16 ロ	15 ロ	13 ロ	9 ロ	7 ロ	7 ロ		19 レン	18 レン	17 レン	16 レン	15 レン	14 レン
鹿	肋	六	露	糧	摺	楼	路	滝	廊	廊	朗	浪	朗	狼	郎	郎
11 ロク	6 ロク	4 ロク	21 ロウ	18 ロウ	14 ロウ	13 ロウ	13 ろう	13 ロウ	13 ロウ	12 ロウ	11 ロウ	10 ロウ	10 ロウ	10 ロウ	10 ロウ	9 ロウ
沖	環	輪	話	稚	倭	和	わ	論	麓	綠	録	緑	祿	錄	禄	陸
7 わか	17 わ	15 わ	13 ワ	13 わ	10 ワ	8 ワ		15 ロン	19 ロク	16 ロク	16 ロク	14 ロク	14 ロク	13 ロク	12 ロク	11 ロク
渡	渉	渉	綿	渡	津	鷲	業	技	伎	訳	別	惑	枠	或	湧	若
12 わたり	11 わたり	10 わたり	14 わた	12 わた	9 わた	23 わし	13 わざ	7 わざ	6 わざ	11 わけ	7 わけ	12 ワク	8 わく	8 ワク	12 わき	8 わか
		碗	腕	湾	椀	吾	我	蕨	藁	笑	渡	渉	航	渉	亘	亙
		13 ワン	12 ワン	12 ワン	12 ワン	7 われ	7 われ	15 わらび	17 わら	10 わら	12 わたる	11 わたる	10 わたる	10 わたる	6 わたる	6 わたる

ひらがなの画数

ん	わ	ら	や	ま	は	な	た	さ	か	あ
2	3	3	3	4	4	5	4	3	3	3
	ゐ	り		み	ひ	に	ち	し	き	い
	3	2		3	2	3	3	1	4	2
		る	ゆ	む	ふ	ぬ	つ	す	く	う
		3	3	3	4	3	1	3	1	2
	ゑ	れ		め	へ	ね	て	せ	け	え
	6	3		2	1	4	2	3	3	3
	を	ろ	よ	も	ほ	の	と	そ	こ	お
	4	2	3	3	5	1	2	4	2	4

カタカナの画数

ン	ワ	ラ	ヤ	マ	ハ	ナ	タ	サ	カ	ア
2	2	2	2	2	2	2	3	3	2	2
	ヰ	リ		ミ	ヒ	ニ	チ	シ	キ	イ
	4	2		3	2	2	3	3	3	2
		ル	ユ	ム	フ	ヌ	ツ	ス	ク	ウ
		2	2	2	1	2	3	2	2	3
	ヱ	レ		メ	ヘ	ネ	テ	セ	ケ	エ
	3	1		2	1	4	3	2	3	3
	ヲ	ロ	ヨ	モ	ホ	ノ	ト	ソ	コ	オ
	3	3	3	3	4	1	2	2	2	3

濁点（゛）は2画、半濁点（゜）は1画と数えます

アルファベットの画数

大文字

Z	U	P	K	F	A
3	1	2	3	3	3
	V	Q	L	G	B
	2	2	2	3	3
	W	R	M	H	C
	4	3	4	3	1
	X	S	N	I	D
	2	1	3	1	2
	Y	T	O	J	E
	3	2	1	2	4

小文字

z	u	p	k	f	a
3	2	2	3	2	2
	v	q	l	g	b
	2	2	1	3	2
	w	r	m	h	c
	4	2	3	2	1
	x	s	n	i	d
	2	1	2	2	2
	y	t	o	j	e
	2	2	1	2	2

宮沢みち

運命学研究家。

日本女子大学、同大学院にて社会福祉学を専攻。福祉コミュニケーションの普及のために、人と人とのかかわりをより円滑にするさまざまな手法を研究。命名や改名の鑑定ほか、講演会を行う。また、福祉的な観点から、個人がよりよく生きるための生活術を提案している。『びっくりするほど当たる！手相占い』（主婦の友社）、『リアル手相占い』（永岡書店）、『新版日本で一番わかりやすい人相診断の本』（PHP研究所）、『呼び名の持つパワー　音でわかる名前占い』（日貿出版社）、『愛蔵版ハッピーになれる名前占い』（金の星社）など著書多数。

◎「宮沢みちオフィシャルサイト」

http://michi-miyazawa-official.com/

デザイン　髙橋朱里（マルサンカク）

イラスト　北原明日香

印鑑協力　塩谷慶雲

DTP　伊大知桂子（主婦の友社）

編集担当　東明高史（主婦の友社）

名前が人を幸せにする！
姓名判断大全

2020年6月30日　第1刷発行
2020年8月31日　第2刷発行

著　者　宮沢みち

発行者　平野健一

発行所　株式会社主婦の友社

〒141-0021

東京都品川区上大崎3-1-1

目黒セントラルスクエア

電話　03-5280-7537（編集）

03-5280-7551（販売）

印刷所　大日本印刷株式会社

ISBN978-4-07-443223-3

●本書の内容に関するお問い合わせ、また、印刷・製本など製造上の不良がございましたら、主婦の友社（電話03-5280-7537）までご連絡ください。

●主婦の友社が発行する書籍・ムックのご注文は、お近くの書店か主婦の友社コールセンター（電話0120-916-892）まで。

＊お問い合わせ受付時間　月～金（祝日を除く）9：30～17：30

主婦の友社ホームページ　https://shufunotomo.co.jp/

※本書は『自分の名前の生かし方』を改訂して再構成したものです。